ESSAI

D'UNE

BIBLIOGRAPHIE HISTORIQUE

DE

L'ENSEIGNEMENT SECONDAIRE ET SUPÉRIEUR EN FRANCE

AVANT LA RÉVOLUTION

Par A. SILVY

Ancien conseiller d'État
Directeur honoraire au ministère de l'Instruction publique

Extrait du Bulletin de la Société générale d'éducation
et d'enseignement

PARIS
SOCIÉTÉ GÉNÉRALE D'ÉDUCATION ET D'ENSEIGNEMENT
Rue de Grenelle, 35

ESSAI

D'UNE

BIBLIOGRAPHIE HISTORIQUE

DE

L'ENSEIGNEMENT SECONDAIRE ET SUPÉRIEUR EN FRANCE

AVANT LA RÉVOLUTION

ESSAI

D'UNE

BIBLIOGRAPHIE HISTORIQUE

DE

L'ENSEIGNEMENT SECONDAIRE ET SUPÉRIEUR EN FRANCE

AVANT LA RÉVOLUTION

Par A. SILVY

Ancien conseiller d'État
Directeur honoraire au ministère de l'Instruction publique

Extrait du Bulletin de la Société générale d'éducation
et d'enseignement

PARIS

SOCIÉTÉ GÉNÉRALE D'ÉDUCATION ET D'ENSEIGNEMENT

Rue de Grenelle, 35

ESSAI D'UNE BIBLIOGRAPHIE HISTORIQUE

DE L'ENSEIGNEMENT SECONDAIRE ET SUPÉRIEUR EN FRANCE
AVANT LA RÉVOLUTION

INTRODUCTION

L'histoire des anciennes écoles, à peine ébauchée au xvie siècle, avait été, au siècle suivant, l'objet de sérieuses études. Du Boulay avait publié ses six volumes in-folio sur l'Université de Paris; Guyon, l'histoire de l'Université des lois d'Orléans; Rangeard et le P. Abram laissaient en mourant la monographie manuscrite des grandes écoles d'Angers et de Pont-à-Mousson. Ce mouvement se généralisait dans les Universités, quand le xviiie siècle vint l'arrêter brusquement. Le xviiie siècle détestait les institutions traditionnelles, universités, collèges ou couvents; il voulait les détruire. Pourquoi se serait-il préoccupé de leur histoire? N'était-ce pas, d'ailleurs, comme un principe admis par la plupart des philosophes du temps, que, dans les sciences morales, la tradition, l'expérience ne sont rien, que la raison abstraite suffit? Et, dans la pratique de la discussion, n'avait-on pas alors remplacé la logique, les règles incommodes et barbares qu'avait formulées Aristote, par l'ironie légère où excellait M. de Voltaire et par la sentimentalité éloquente de J.-J. Rousseau? Les publications sur l'histoire de l'enseignement se trouvèrent donc interrompues; les manuscrits de Rangeard et du P. Abram n'ont été livrés au public que dans ces dernières années; la *Bibliothèque historique de la France* du P. Lelong constate cet oubli complet du passé, car dans son édition définitive de 1778, elle ne peut guère citer d'autres œuvres originales sur l'histoire des écoles, que celles de du Boulay et de son abréviateur Crevier.

On sait à quel désastre ont conduit les erreurs de principe et de méthode du xviiie siècle. L'instruction publique s'en relèvera-t-elle jamais en France? La Révolution détruisit d'abord universités et collèges. Pour élever les jeunes générations, n'avait-elle pas devant elle assez de *Plans d'éducation nationale?* Depuis cinquante ans, on ne cessait de composer de ces plans; plusieurs membres des assemblées politiques en avaient publié eux-mêmes; les législateurs en recevaient de nouveaux chaque jour. Il n'y avait, ce semble, qu'à choisir. Cependant les écoles restaient fermées. On n'aurait pas mieux demandé que d'en ouvrir d'autres, mais la solution du problème s'éloignait à mesure qu'on étudiait de plus près. Enfin, après deux ou trois tentatives infructueuses, après huit ou dix années de désorganisation totale, voici à quoi aboutirent tous les efforts.

On revint au passé, aux facultés, aux collèges, aux vieux programmes. L'aveu d'impuissance était complet. Mais ce qu'on ne put rendre aux nouvelles écoles, décorées de noms anciens, c'est leur fortune, leurs revenus, ce qui avait fait leur dignité, leur indépendance et leur durée séculaire. Désormais la personnalité des écoles était détruite; pour jamais l'enseignement sera à la merci de l'État, c'est-à-dire d'une majorité législative, d'un vote plus ou moins aléatoire; il court, de plus, ce danger, que les vénérables fondateurs des anciens établissements redoutaient à ce point qu'ils donnaient leurs biens pour le conjurer, il court ce danger qui menace incessamment les institutions perpétuelles, et que, avec une prévoyance inconnue de nos jours, nos pères appelaient, dans leurs testaments, de son vrai nom, *la pénurie accidentelle du trésor public*.

Dès le commencement de ce siècle, on s'est remis à étudier le passé de la France universitaire. De grands enseignements sont sortis de ces recherches. Ainsi, quand la loi de 1850 a rendu à l'Église des libertés nécessaires, l'histoire des anciennes écoles n'a pas été, tant s'en faut, étrangère à ce succès. On se souvient, en effet, de l'impression profonde qu'avait produite, en 1844, l'*Histoire de l'enseignement en France* de M. de Riancey, établissant contre M. Troplong, un libéral du temps, et sur documents aussi solides qu'inattendus, que la liberté de l'enseignement était non seulement écrite dans l'ancien droit public français, mais qu'elle avait été constamment pratiquée avant la Révolution.

Depuis 1850, les recherches ont continué. J'ai eu l'occasion d'en exposer, il y a quelques années, les principaux résultats, qui se résumaient ainsi : 1° pour les anciennes universités, sept histoires complètes et de sérieux travaux sur presque toutes les autres ; 2° pour les collèges, des notices publiées sur près de quatre cents établissements, soit dans des monographies propres, soit dans des monographies embrassant l'ensemble des foyers d'instruction d'une même région. Et dans ces dernières années, le travail a été poursuivi avec plus d'ardeur que jamais. On le comprend. En présence des lois nouvelles qui ont chassé la Religion de l'école et nous ont précipités dans le plus effrayant des inconnus, en présence de la décadence des études et du débordement des mauvaises mœurs, chacun a senti que l'appel à l'expérience reste comme notre dernière ressource et qu'il faut rétablir dans sa vérité le passé de ces grandes écoles qui ont fait si longtemps la stabilité sociale, le bonheur et la dignité des personnes, la gloire de la Nation. Aujourd'hui, ce n'est plus de l'antique liberté et de la fortune des établissements scolaires qu'il s'agit; tout cela s'est effondré depuis un siècle; ce qu'il faut sauver cette fois, ce sont les leçons mêmes du passé et avec elles ce qui reste de la fortune morale et intellectuelle de la France.

C'est une grande œuvre, c'est l'œuvre essentielle. Elle est assez avancée, car bien des préjugés sont dissipés; mais, si l'on veut fonder sur une analyse complète une synthèse incontestable, il y a encore beaucoup à faire. Pour faciliter ce travail, le premier besoin paraît être, en ce moment, la publication d'une bibliographie spéciale de l'ancien enseignement. Après tant de monographies qui ont paru en ces derniers temps, il faut éclairer les historiens dans leurs recherches, il faut présenter un tableau d'ensemble qui permette de saisir d'un coup d'œil ce qui a été fait et ce qui reste à faire. Rien n'a été encore essayé en ce genre. Aussi bien doit-on reconnaître qu'il n'est pas facile de découvrir des écrits publiés sur tous les points du territoire, souvent à l'état de fragments; qui semblent se cacher, les uns dans d'anciens recueils oubliés, les autres, dans des histoires locales; ceux-ci, dans des mémoires d'académies de province; ceux-là, dans des journaux de chefs-lieux d'arrondissement.

Quand je me suis consacré, il y a douze ans, à l'histoire de l'enseignement, j'ai éprouvé une difficulté sérieuse à découvrir ces études partout éparses. Je voulais dresser d'abord une statistique des collèges, pour pouvoir ensuite rédiger des notices sur chacun d'eux, il me fallait donc établir préalablement une liste des ouvrages à consulter. Ce premier travail m'a coûté beaucoup de temps. Je comptais ne le publier qu'avec mes notices. L'amitié en a décidé autrement. On veut que je donne, dès à présent, au public cette bibliographie. On me dit que les notices ne sont pas prêtes, et qu'avant de les publier, je devrai faire encore d'autres études préparatoires, celle des sources manuscrites, par exemple; que la publication préalable de la bibliographie allégera les notices du poids de nombreuses citations; on ajoute enfin, et c'est le motif

qui me détermine, que je rendrai un vrai service et épargnerai aux
autres le mal que je me suis donné. Je cède à ces instances, ne
demandant au lecteur, en échange de mon *Essai*, que de vouloir
bien me signaler les erreurs et omissions qui s'y seront glissées.

On connaît maintenant le but et l'origine de ce travail; il me
reste à fournir quelques explications sur le plan que j'ai suivi, sur
les limites que j'ai dû m'imposer et sur les développements que
j'ai donnés à quelques parties.

Pour bien comprendre les écoles de l'ancienne France, il faut en
faire une étude isolée, afin de ne pas les confondre avec les écoles
actuelles; je n'indiquerai donc aucun des ouvrages qui traitent des
établissements postérieurs à la Révolution; je m'arrêterai au Consulat, au moment où la France reçoit son organisation nouvelle. Rien
ne serait plus dangereux que de mêler les deux époques, de ne
pas voir l'abîme qui sépare les deux régimes, l'ancien et le nouveau.
Les choses ne sont plus les mêmes des deux parts, ni le droit public, ni les institutions, ni le langage, l'ordre social tout entier est
changé.

Aujourd'hui, quand un conseil municipal a délibéré d'établir un
collège, il loue une maison, y place le mobilier usuel et le mobilier
de classe, et il s'adresse au ministre pour obtenir des professeurs.
Demandez-vous ce qui a été fait? Nos édiles vous répondront qu'on
vient de fonder un collège. On n'a rien fondé du tout. Nos édiles
parlent l'ancien français et le parlent mal.

Avant 89, on procédait tout autrement en pareille matière, mais
on fondait réellement. La généralité des habitants était convoquée
pour délibérer, le conseil de ville n'ayant pas qualité pour décider
seul une si grave affaire. Les habitants mettaient d'abord le collège dans sa maison et dans ses meubles; ils assuraient ensuite
son existence par des revenus perpétuels en rentes ou en terres;
puis le conseil de ville nommait les maîtres. Ainsi, le collège
était pour toujours libre et stable; aujourd'hui, il est subordonné
et précaire. Les deux régimes sont essentiellement différents; il
faut donc faire pour chacun d'eux une étude distincte, si l'on ne
veut pas se heurter à des erreurs graves, inévitables, depuis surtout
que l'on a contracté l'habitude déplorable d'user, dans ces ma-
tières d'enseignement, d'une langue sans précision, absolument
incorrecte, depuis qu'on appelle *instruction laïque* celle dont Dieu
est banni; *instruction gratuite*, l'instruction payée par les fonds du
budget, c'est-à-dire par tout le monde; *collège*, un établissement

où l'on n'enseigne pas le latin, etc., etc., depuis, en un mot, que la langue elle-même a rompu avec la tradition. Nous devrons donc ne nous occuper que des établissements antérieurs au régime nouveau qui commence avec le Consulat.

C'est encore pour ne pas confondre des choses distinctes que nous ne parlerons pas des écoles primaires de l'ancien régime, des *petites écoles* ou écoles de charité. Et c'est à mon grand regret, car, sur ce point, la vérité a remporté, dans ces dernières années, un succès décisif. Il y a seulement vingt ans, on accablait d'injures l'Eglise et la Monarchie, accusées de n'avoir pas voulu instruire le peuple, de l'avoir tenu dans l'ignorance, on disait même dans « l'abrutissement ». On est allé depuis aux documents, et ce langage n'est plus possible aujourd'hui. Les archives partout consultées ont démontré que l'Eglise a toujours, avec beaucoup de zèle, donné l'éducation et l'instruction; que, dans la chaire chrétienne, elle a prêché la même morale à tous les hommes, au roi comme au bourgeois, comme à l'ouvrier; que, dans l'école, elle a toujours distribué un savoir proportionné aux aptitudes et aux destinations sociales.

Il y avait dans l'ancien régime, deux sortes d'écoles : l'une, l'Université ou collège, qui ouvrait tous les trésors de la science, et où les écoliers, après avoir suivi l'enseignement commun des lettres et de la philosophie, se divisaient en groupes professionnels qu'on appelait facultés, pour se préparer aux plus hautes fonctions; l'autre, la *petite école*, qui n'avait point de caractère scientifique, et où l'on ne donnait que les éléments, lecture, écriture et calcul, à tous ceux que retenait dans les rangs inférieurs le défaut de capacité ou la modestie des emplois qui les attendaient dans la vie. Les nouvelles recherches ont même démontré que, lorsque la petite école a trouvé autrefois des détracteurs, ce n'est pas du côté de l'Eglise qu'ils étaient placés.

Entre les deux ordres d'écoles si distincts, si éloignés l'un de l'autre, il y avait, certes, des transitions habilement ménagées. Dans nombre de pays, le vicaire donnait les principes du latin, et dans d'autres, à côté de l'école de charité, quelquefois dans la même chambre, se trouvait une division qui pouvait conduire jusqu'aux humanités, l'*école latine*, et qui permettait aux plus humbles de montrer leurs aptitudes et de s'élever parfois aux plus hautes charges de l'Eglise et de l'Etat. C'est à l'*école latine* inclusivement que nous arrêtons nos recherches. La *petite école* n'enseigne que des élé-

ments en quelque sorte matériels ; le but, le programme sont absolument différents du but et du programme des grandes écoles ; de
plus, et c'est là pour nous la raison décisive d'éliminer l'instruction
primaire, ce n'est plus la même administration, ce n'est plus le
même régime légal des deux parts. Tandis que, dans les universités
et collèges, toutes les autorités religieuses et politiques concourent
tour à tour à la direction : l'Eglise et l'Etat, le Pape, le Roi, les
Etats généraux, les évêques, les Parlements, les municipalités, etc...,
dans la petite école, l'Eglise dirige seule. Programmes absolument
distincts, législation différente. Nous n'aurons pas à nous occuper
de la *petite école*. On ne devra pas s'étonner pourtant de nous voir
citer bon nombre d'écrits qui, par leur titre, semblent exclusivement consacrés à l'instruction primaire ; c'est que là seulement, on trouve des renseignements sur l'école latine, premier
échelon de la hiérarchie des établissements scientifiques.

Voilà donc notre cadre bien délimité : rien que les écoles de l'ancien régime, et les écoles supérieures et secondaires exclusivement.
Il me reste à dire en quelques mots comment ce cadre sera rempli.

J'ai réuni d'abord les histoires des grands établissements français
d'éducation, histoires générales ou régionales, monographies, études
partielles. Je parle des histoires, non des simples documents, qui
seraient innombrables, et pour lesquels je me borne à signaler les
bibliographies spéciales. J'ai fait rentrer dans ma nomenclature les
principaux travaux publiés à l'étranger sur le même sujet, ainsi
que les monographies de villes, églises ou diocèses qui renferment
des chapitres consacrés aux écoles. Comme c'est là le fond même
de cet *Essai*, j'ai fait mon possible pour être complet, et je suis allé
chercher des notices dans les mémoires d'Académies, les Revues, les
Bulletins d'histoire ou d'érudition, les annuaires des départements,
les journaux. J'espère être parvenu à indiquer, à peu de choses près,
les travaux les plus utiles, et, pour marquer leur importance relative, j'ai indiqué de mon mieux le nombre des pages, précision qui
n'était pas désirable pour les ouvrages traitant d'autre chose encore que des écoles, et qui eût été superflue pour les articles de
revues ou de journaux.

Mais aujourd'hui une liste de monographies, quelque complète
qu'elle puisse être, ne suffit pas à l'histoire de l'enseignement ; une
monographie d'école n'est plus elle-même, comme au temps de du
Boulay, un simple recueil des titres de la maison, plus ou moins
expliqués ou commentés par les divers incidents qui s'y sont pro-

duits depuis la fondation ; c'est une page d'histoire d'un intérêt
plus élevé, et qui touche à presque toutes les branches de la science
historique. Les premières indications que nous venons d'obtenir
nous ont fait connaître la maison ; il faut maintenant la placer
dans son milieu social et politique, étudier les objets et les méthodes d'enseignement, les doctrines et les procédés, leurs résultats, le mérite des maîtres, tout ce qui, en un mot, intéresse la
science moderne. Et, cette fois, le sujet devient si vaste, qu'il faut
se garder de trop s'étendre.

Pour conserver à cet *Essai* son caractère de bibliographie spéciale, nous avons simplifié le plus possible les renseignements généraux, en même temps que, pour répondre aux préoccupations
actuelles, nous avons donné quelques développements à certaines
parties. Tout le monde connaît les grands travaux d'érudition indis-
pensables à qui veut étudier l'ancienne France, sa constitution
politique et religieuse. Il était donc inutile d'indiquer les *Acta sanc-
torum*, les Actes des conciles, le Bullaire, les Recueils des ordonnances royales, les histoires de provinces, publiées par les Bénédictins, la *Gallia christiana*, et tant d'autres œuvres d'un usage plus
commun, comme le *Moréri* et le *Dictionnaire des Gaules*, d'Expilly,
où l'on trouve de si nombreux renseignements statistiques et historiques. Je me suis limité aux livres qui touchent plus directe-
ment aux écoles, comme l'*Histoire littéraire de la France*, les *Mémoires
du clergé*, les *Procès-verbaux des assemblées du clergé*, auxquels j'ai
ajouté quelques ouvrages sur l'ancienne constitution française.

Les biographies générales peuvent renseigner sur beaucoup d'anciens professeurs ; je n'en ai pas moins indiqué des études sur la vie
de tel ou tel grand pédagogue, de tel chef d'école philosophique ou
littéraire. Quand j'ai trouvé l'histoire particulière d'une science,
je me suis empressé de la signaler, comptant bien que le lecteur
saura faire la part du temps et mesurer la différence entre le livre,
la pure recherche, et l'école qui, marchant plus lentement, n'ac-
cepte quelquefois qu'après une longue épreuve les faits scientifiques constatés en dehors d'elle. Enfin, pour préciser autant que
possible les résultats de l'enseignement, j'ai relevé les travaux assez
nombreux qui traitent de l'exercice des arts libéraux aux différentes
époques et dans diverses régions de la France. Ces relevés sont
particulièrement instructifs en ce qui concerne les professions médicales. Pour les autres facultés, je cite, en ce qui concerne la théologie, les sources les plus abondantes, par exemple la *Bibliothèque*

des auteurs ecclésiastiques de Dupin, les collections de d'Argentré;
pour le droit, qui longtemps s'occupa exclusivement de la science,
je me suis adressé aux travaux récents qui donnent plus de détails
sur l'enseignement et le rôle politique des anciennes facultés.

Persuadé enfin que l'étude de la législation et de la pédagogie
des anciennes écoles doit redresser un très grand nombre d'erreurs
accréditées et que la méthode d'observation peut rendre à l'histoire
scolaire les services éminents qu'elle rend chaque jour à la société
entière, j'ai pris soin de développer ce qui se rapporte à ces trois
questions particulières : législation, pédagogie, science sociale.
D'abord j'ai mis en lumière les écrits qui traitent du caractère
bénéficial de l'ancien enseignement, où les élèves profitaient, non
moins que les maîtres, de la main-morte ecclésiastique, ce qui
suffirait à expliquer la part prise dans l'organisation des grandes
écoles par les organes les plus divers de l'Eglise et de l'Etat; mais
c'est sur la question pédagogique que j'ai cru devoir revenir avec
le plus d'insistance.

Je cite les principaux auteurs qui font époque dans l'histoire des
études, depuis Erasme, Vivès, Ramus, ces maîtres du xvie siècle qui
ont fondé la pédagogie classique sur les meilleures pratiques de
l'ancienne Université de Paris, et je les suis à travers le siècle suivant, où triomphe le *Ratio studiorum* et qu'honorent encore les Thomassin et les Mabillon, jusqu'aux écrivains du xviiie siècle, parle-
mentaires ou philosophes, qui, après que les Bénédictins eurent
menacé le système des classes en préconisant le système des cours,
aboutissent aux destructions, aux incertitudes, aux incohérences
qui ont marqué si tristement les annales de l'enseignement à la fin
de ce siècle.

Pour bien expliquer la période révolutionnaire et la situation en
1800, j'avais recueilli de nombreuses indications; mais il y avait
dans tous ces *plans d'études* une telle absence de faits, d'éléments
historiques que j'ai préféré renvoyer purement et simplement à la
bibliographie complète de cette époque que contient le *Dictionnaire
de pédagogie*. J'avais aussi préparé une liste des statistiques résu-
mant l'enquête de l'an IX; le travail que M. l'abbé Allain vient de
publier sur l'*Œuvre scolaire de la Révolution* permet de la supprimer
encore, car on trouvera dans cet excellent livre, bien mieux que les
analyses incolores que donnaient les anciennes statistiques, les
plus substantiels extraits des rapports eux-mêmes. Ainsi cette
époque de destruction se trouvera entièrement éclairée.

Enfin, préoccupé de l'influence qu'exerce l'enseignement bien dirigé sur le bonheur des individus, des familles et des sociétés, j'ai appelé l'attention sur les publications qui touchent à l'éducation des diverses classes, à l'éducation des princes, des hommes d'épée ou de robe, insistant particulièrement sur les Écoles spéciales ; c'est dans cette pensée que je cite, par exemple, les études de M. Ch. de Ribbe sur les *Familles et la Société en France avant la Révolution* et celles de M. Albert Babeau sur la *Ville*, le *Village*, les *Bourgeois*, les *Officiers*, où l'on trouve de si précieux renseignements sur l'instruction donnée autrefois aux différentes classes de la société.

Je m'arrête, car le lecteur va pouvoir juger par lui-même. C'est une première provision de route que j'offre à ceux qui entrent dans la voie des recherches approfondies. Je prie le lecteur de juger avec bienveillance une œuvre que je dédie à tous les travailleurs de bonne foi, et qui n'a qu'un but : aider à la connaissance du passé de notre belle France, et, par la connaissance de ce passé, à la réforme, si nécessaire aujourd'hui, de nos Écoles.

A. SILVY,
ancien conseiller d'État, directeur honoraire
au ministère de l'instruction publique.

2

BIBLIOGRAPHIE

1500 — Erasme. *Adagiorum collectanea.* Parisiis, J. Philippe, in-4°.

1506 — Philelphus (Fr.). *De multarum ortu et incremento disciplinarum* Spiris, Conradus Hirtius, in-4°.

1512 — Erasme. *De ratione studii et instituenda pueritia commentarii duo.* Lovani, Th. Alostensis, in-4°.

1517 — Goulet (Robert). *Compendium de multiplici parisiensis universitatis magnificentia et excellentia, ejus fondatione, mirificoque suorum suppositorum ac officiariorum et collegiorum nomine. Supplementum de duabus artibus et heptadogma pro erigendo recenter gymnasio, multis cum aliis utilibus documentis.* Parisiis, T. Denis, petit in-4° goth. de iv-xx feuillets (1).

1518 — Erasme. *Colloquia familiaria.* Parisiis, H. Stephanus, in-4° de 63 feuillets.

1520 — Ravisius Textor. *Officina partim historicis, partim poeticis referta disciplinis.* Parisiis, R. Chauldière, in-fol. de 305 p.

1520 — Patrice (François). *Livre très fructueux et utile à toutes personnes de l'institution et administration de la chose publique.* Paris, Galliot du Pré, in-fol.

1523 — Erasme. *De pueris liberaliter instituendis libellus.* Amstelodami, in-4°.

1527 — Brunsfels. *De disciplina et institutione puerorum.* Parisiis, ex officina Rob. Stephani, in-8° (2).

1527 — Hegendorphinus Christoph. *Christiana studiosæ juventutis institutio.* Parisiis, ex off. Rob. Stephani, in-8°.

1530 — Erasme. *De Civilitate morum puerilium libellus.* Fribourg en Brisgau, in-4°. Traduit en français par Jean Louveau d'Orléans et publié à Lyon en 1559. Autre traduction de Claude Hardy, Paris, 1613.

1530 — Erasme. *De duplici copia verborum et rerum commentarii duo.* Parisiis, Simon Colinæus, in-8°.

1531 — Vivès (Louis). *De disciplinis Libri XX.* Antuerpiæ, Hillenius, in-fol. de 320 p.

1532 — Budé. *De Studio litterarum recte et commode instituendo,* s. l. (Paris). Jod. Badius, in-4°.

1533 — Sadolet (Card.). *De liberis recte instituendis.* Venise, in-8°. Réédité à Paris, 1534 et à Lyon, 1555. Traduction française avec texte latin, par P. Charpenne, Paris, H. Plon, 1855. in-8° 300 p.

1535 — Cop. *De restitutis à Christianissimo Francorum Rege litteris.* Parisiis, Wechel, in-4°.

(1) Cet ouvrage, le plus ancien des imprimés relatifs à l'Université de Paris se trouve à la bibliothèque Mazarine.
(2) Brunsfels était gouverneur du Collège de Strasbourg.

1536-1538 — DOLET (Etienne). *Commentariorum linguæ latinæ; tomus primus* (1536). *Tomus secundus* (1538); Lugduni, Seb. Gryphius, in-fol.

1537 — ERASME. *Déclamation contenant la manière de bien instruire les enfants avec un petit traité de la civilité puérile.* Traduit par Saliat. Paris, Simon de Colines, in-8°.

1537 — STURM (J.). *De litterarum ludis recte aperiendis.* s. l. In-8° (1).

1538 — VIVÈS (J.-L.). *Colloquia sive linguæ latinæ exercitatio.* Basileæ, Rob. Winter, petit in-8°, de 229 p.

1538 — VIVÈS (J.-L.). *De institutione christianæ feminæ.* Bâle, in-12. Traduit en français sous ce titre : Institution de la femme chrétienne, tant en son enfance, que mariage et viduité. Lyon, s. d. in-8°. Autre traduction parue à Poitiers, en 1545, sous ce titre: *Institution chrétienne pour femmes et filles, mariées ou à marier.*

1539 — VIVÈS (J.-L.). *De recta ingenuorum adolescentium ac puellarum institutione Libri II.* Basileæ, Robertus, in-12.

1540 — BADUEL. *De collegio et universitate Nemausensi opusculum.* Lugduni, Gryphius, in-12.

1540 — RENOUEI. *De Scholasticorum, Bibliopolarum atque cæterorum Universitatum omnium ministrorum, juratorumque privilegiis.* Parisiis, in-8°.

1543 — RAMUS. *P. Rami institutionum dialecticarum libri tres.* Parisiis, Jac. Boisgardot, in-8°.

1544 — BADUEL. *De ratione vitæ studiosæ ac litteratæ in matrimonio collocandæ et degendæ.* Lugduni, Seb. Gryphius, in-4°.

1547 — BUDÉ. *Le livre de l'institution du prince.* Paris, J. Foucher, in-8°.

1551 — GALLANDI (Petri.) *Litterarum latinarum professoris regii, contra novam academiam Petri Rami oratio.* Lutetiæ, Vascosani, in-4°, de 8 p.

1551 — RAMUS. *Pro philosophica parisiensis academiæ disciplina oratio.* Parisiis, Math. David, in-8° de 125 p.

1558 — AVRIGNY (Gilles d'). *Le livre de police humaine, contenant briève description de plusieurs choses dignes de mémoire.* Extrait des grands volumes de Francoys Patrice de Senesen (Italie), évesque de Caiète, par maistre Gilles d'Avrigny, advocat en parlement, et traduict de latin en Francoys par maistre Jehan le Blond. Ensemble un brief recueil du livre d'Erasme qu'il a composé de l'enseignement du prince chrestien. Revu et corrigé depuis les derniers imprimés. Paris, Guill. Thibous, in-24.

1557 — RAMUS. *Quod sit unica instituendæ doctrinæ methodus.* Parisiis, Wechidus, petit in-8° de 72 p.

1559 — GIRARD CORLIEU. *Instruction pour tous estats.* Paris, Philippe Danfuat, in-8°.

1562 — RAMUS. *Advertissement sur la réformation de l'Université de Paris, au Roy.* Paris, s. n. in-8°.

(1) V. l'année 1536.

1566 — BULENGERUS (Petrus). *De utilitate quæ ad populum gallicum rediret, si sancti Regis edictum servaretur, de adhibendis in singulis Galliæ oppidis præceptoribus a quibus gratuiti eçuntiores adolescentuli ingenuis artibus erudirentur, oratio : in qua de praestantia, dignitate et eximio litterarum fructu agitur.* Lutetiæ, ex off. Federici Morelli, Plaq. in-12 de 21 p.

1567 — RAMUS. *Remontrance de Pierre de la Ramée faite au conseil privé en la Chambre du Roy, au Louvre, le 8 janvier 1567, touchant la profession royale en mathématiques.* Paris, Andr. Wechelus, in-8°.

1567 — TALPIN. *Institution d'un prince chrestien.* Paris, s. n. in-8° 80 ff.

1568 — LAMBIN (Denys.) *De iis qui primi litteras græcas et philosophiam peripateticam, jussu Francisci primi, Luietiæ docuerunt, et de Gymnasio regio, deque recta pronunciatione linguæ græcæ oratio habita, anno 1567.* Parisiis, P. Charronius, in-8°.

1569 — RAMUS. *Scholæ in liberales artes.* Basileæ, Episcopius, in-4°. de 1165 p.

1570 — MIDDENDORP. *Officiorum Scholasticorum libri duo.* Coloni, apud Maternum Cholin, in-12, de 244 p.

1572 — MIDDENDORP. *Academiæ orbis Christiani quibus, præter earum originem, institutionem et progressiones, Noachi post diluvium et SS. Apostolorum Jesu Christi in Europam adventus et Coloniæ describuntur.* Coloni, apud Maternum Cholin, in-8° de 386 p.

1572 — RIBADENEIRA. *Vita Ignatii Loyolæ.* Neapoli, apud J. Cacchium, in-12.

1583 — *Erectio et fundatio generalis studii, seu Academiæ privilegiatæ civitatis Pontimussi in Lotharingia.* Pontimussi, Mart. Mercator, in-4°.

1584 — CROIX DU MAINE (de la). *Bibliothèque française.* In-fol. Réimprimé (1772-1773) avec la *Bibliothèque* de du Verdier, 6 vol. in-4°.

1586 — [COYSSARD (le P.)]. *Universitatum totius orbis et collegiorum Societatis libellus. Nunc primum in lucem editus, opera Franc. Catinij artium liberalium in Academia Turnonia Magistri.* Turnoni, apud Thomam Bertrandum, in-8° (1).

1586 — LOISEL (Ant.). *De l'Université de Paris, et qu'elle est plus ecclésiastique que séculière.* Paris, l'Angelier, in-12.

1586 — *Ratio atque Institutio studiorum per sex Patres ad idjussu R. P. præpositi generalis deputatis conscripta.* Romæ, in Coll. Soc. Jesu, in-8° (2).

1588 — BOURGUEVILLE (Ch. de), Sr de Bras. *Les Recherches et Antiquités de la province de Neustrie, à présent Duché de Normandie, comme des villes remarquables d'icelle, mais plus spécialement de la ville et université de Caen.* Caen, de Feurre, petit in-4°.

1590 — *Academiarum quæ aliquando fuere et hodie sunt in Europa, catalogus et enumeratio brevis.* Londini, Geor. Bishop et Radulphus Newberre, in-4° de 60 p. (Biblioth. Ste-Geneviève).

(1) Le P. Sommervogel (*Dictionnaire des anonymes et pseudonymes de la Compagnie de Jésus* (1884), dit que les PP. Jean Hay et Ch. Sager auraient eu une certaine part dans la composition de cet opuscule très rare.

(2) C'est le projet, envoyé à toutes les provinces de la Compagnie, qui, après nouvelle étude, devint le *Ratio* de toute la Compagnie.

1592 — LUBBÆUS. *De Scholis litterariis omnium gentium.* Burdigalæ, Millangius, in-8°.

1595 — MONANTHEUIL (H. de). *Oratio qua ostenditur quale esse debeat collegium profes. regiorum ut sit perfectum atque absolutum.* Lutetiæ, Morellus, in-12.

1598 — STE-MARTHE (Scévole de). *Virorum doctrina illustrium, qui hoc seculo in Gallia floruerunt.* Augustoriti Pictonum, ex off. Blanceti, in-8°.

1598 — CLAUDII MINOIS. *Panegyricus, seu relatio pro Schola juris parisiensis.* Parisiis, Drouart, in-8°.

1598 — RATIO STUDIORUM SOCIETATIS JESU. Neapoli, in Collegio Societatis Jesu, in-8° de 208 p. (1).

1600 — RICHER. *Obstetrix animorum, hoc est brevis et expedita ratio docendi, studendi, conversandi, imitandi, judicandi, componendi.* Paris, Drovart, in-12.

1600 — VALADIER. *Novem orationes circa antiquitates Avenionenses ; oratio sexta de veteri Academia Avenionensium.* Avenione, in-12.

1601 — [RENÉ DE BEAUNE, archevêque de Bourges]. *Réformation de l'Université de Paris.* Paris, M. Mettayer et L'Huillier, 3 vol. in-12.

1602 — PASSERAT (Jean). *De litterarum inter se cognatione ac permutatione liber.* Parisiis, apud D. Doucher, in-12.

1606 — PERPINIEN (H.-P.). R. P. *Petri Joannis Perpiniani Valentini, Soc. J. Presbyteri, orationes duodevigenti (Editio nova).* Rothomagi, apud Romanum de Beauvais, in-12, t. XII, 324 p. (2).

1606 — RICHER (Edmond). *Apologia pro S. Consulto adversus scholæ Lexoveis puranonium. De optimo Academiæ statu.* Lutetiæ, 1 vol. in-12.

1609 — CAHAIGNES (Jacques de). *Elogiorum civium Cadomensium Centuria prima.* Cadomi, ex typ. Jacobi Bassi, in-8° de 152 p. (3).

1611 — PASQUIER (Etienne). *Recherches de la France,* Paris, Laur. Sonnius, in-4° (4).

1612 — LAVAL (Ant. de). *Dessin de quelques professions nobles et publiques.* Paris, Vve L'Angelier, in-4° (5).

(1) Pour tout ce qui concerne les Jésuites, voir la *Bibliothèque de la Compagnie,* par les PP. de Backer et Sommervogel et les 3 vol. déjà publiés par le P. Pachtler dans les *Monumenta Germaniæ pædagogica.* En traitant des anciennes congrégations enseignantes, nous nous proposons de donner, pour chacune d'elles, une bibliographie générale. Le P. Sommervogel désigne comme les rédacteurs du *Ratio* les PP. Jean Azor, Gaspar Gonzalès, Jacques Tyrie, Pierre Busée, Antoine Guisani, Etienne Tucci.

(2) L'épître dédicatoire est de 1587. Parmi ces discours, on doit noter : 1° Coimbre, octobre 1554. *De Societatis Jesu Gymnasiis et de ejus docendi ratione.* — 2° Rome, novembre 1561. *De Rhetorica discenda.* — 3° Rome, novembre 1562. *De perfecta doctoris christiani forma.* — 4° Paris, octobre 1566. *De Divina et humana philosophia discenda.* — V. en 1894, le travail sur le P. Perpinien, de l'abbé Gaudeau.

(3) La même année, édition in-12 de 144 pages.

(4) Le grand ouvrage de Pasquier avait paru, par fragments successifs, depuis 1560. Nous donnons ici la dernière édition du vivant de l'auteur.

(5) Le premier édition est de 1603. Livre curieux sur l'éducation spéciale qui convient aux diverses professions libérales.

1612 — Sturm (Jean). *Aureus libellus de educatione principum.* Darmstadii, apud Balthas. Hoffman, in-8°.

1615 — Orlandini (Nicolas). *Historiæ Societatis Jesu pars prima, sive Ignatius.* Auctore Nicolao Orlandino, Societatis ejusdem Sacerdote. Romæ, typis Zannetti, in-folio.

1615 — [Maran (G.)]. *Remontrance de la nécessité de rétablir les Universités, pour le rétablissement de l'Etat, et des moyens de le faire, au Roi, sur la tenue de ses Etats Généraux.* Paris, Blaisot, in-8° de 112 p.(1).

1617 — Hugo (Hermannus). *De prima scribendi origine et universæ rei literariæ antiquitate, ad Reverendum Patrem Carolum Scribani, Soc. Jesu Præpos. Provinc. in Provincia Flandro-Belgica.* Antuerpiæ, ex off. Plantiniana, petit in-8°.

1618 — *Molshemense Collegium.* Molshemi, Hartmanni, in-4°.

1620 — Sacchini (Le P. Franc.). *Historiæ Societatis Jesu pars secunda, sive Lainius,* Auct. Sacchino. Antuerpiæ, ex officina filiorum Martini Nutii, in-fol.

1620 — *Université de Reims. Titres, chartes, lettres patentes des roys de France, et autres enseignements concernant l'establissement et érection, privilèges et exemptions de l'Université de Reims.* Reims, S. de Foigny, in-4°.

1622 — Tilenus. *Syntagma tripartita disputationum Academiæ Sedanensis habitarum.* Genevæ, J. et P. Chouet, pet. in-12 de 1090 p.

1625 — Sacchini (Le P. Franc.). *Protrepticon ad magistros Scholarum inferiorum Societatis Jesu.* Romæ, typis Jacobi Mascardi, pet. in-12.

1628 — Bouchel. *Somme bénéficiale.* Paris, Rolet Boutonne, in-fol. (2).

1628 — Naudé. *De Antiquitate et dignitate scholæ Medicæ Parisiensis.* Lutetiæ Parisiorum, Joan. Moreau, in-12 de 151 p.

1628 — Grangier (Jean). *De l'état du collège de Dormans, dit de Beauvais.* Paris, Toupinart, in-8°.

1630 — Colomb (Père Fortuné). *Vie du Frère Bitoz.* Lescar, apud Joh. de Taride, in-12 (3).

1630 — Hagelgans. *Orbis litteratus academicus Germanico-Europæus.* Francofurti, apud S. T. Hockerum, in-fol.

1630 — G. Morin. *Histoire générale des pays de Gâtinais, Senonois et Hurpois.* Paris, Vve Chevalier, in-4° (4).

1633 — Hémeré (Claude). *De Scholis publicis, earumque magisteriis dissertatio, pro regali Ecclesia Sancti Quintini.* Lutetiæ Parisiorum, apud Antonium de la Perrière, in-8°.

1637 — Hémeré (Claude). *De Academia parisiensi qualis primo fuit in Insula et Episcoporum Scholis liber.* Lutetiæ, Sebast. Gramoisy, in-4°.

1639 — Dubreton (A). *Oratio habita in aula sorbonica, in laudem celeberrimæ Sorbonæ, ejusque munificentissimi Provisoris E. Card. ducis de Richelieu.* Parisiis, J. Camusat, in-4°.

(1) Plusieurs attribuent ce travail à Ant. Bruneau. Je suis l'avis de M. E. Chatelain en l'attribuant à Maran, doyen de la Faculté de droit de Toulouse.
(2) On en a donné une nouvelle édition en 1689. 2 vol. in-fol.
(3) On y trouve des détails sur l'entrée des Barnabites dans le Béarn.
(4) Voir p. 35 et suiv. la fondation du collège de Montargis.

1639 — DUBREUIL (Jacques). *Théâtre des Antiquités de Paris*. Paris, Cl. de Latour, in-4° (5).

1640 — *Imago primi Sæculi Societatis Jesu*. Antuerpiæ, Balthass. Moreti, in-fol.

1641 — *Établissement d'une Académie et Collège royal de la ville de Richelieu*. Paris, Rocolet, in-4°.

1641 — SPERA (P. Ang.) *De nobilitate professorum grammaticæ et humanitatis utriusque linguæ*. Neapoli, in-4°.

1643 — ESCOBAR. *De pontificia et regia Jurisdictione in studiis generalibus et de judicibus et foro studiosorum*. Matriti, Joh. Sanchez, in-4° (Biblioth. du Sénat).

1643 — HERMANT (Godefroy). *Traictez pour la défense de l'Université de Paris contre les Jésuites*. Paris, s. n., in-12 (1).

1644 — DUVAL (Guillaume). *Le Collège royal de France, ou institution, établissement et catalogue des lecteurs et professeurs du roy*. Paris, Macé Bouillette, in-4°.

1644 — FILLEAU. *Traité de l'Université de la ville de Poitiers, du temps de son érection, du Recteur, officiers et privilèges de cette Université, avec plusieurs autres pièces extraites d'un ancien manuscrit latin gardé dans la bibliothèque de J. Fillot*. Poitiers, in-fol.

1645 — LEMAIRE. *Histoire et Antiquités de la ville et duché d'Orléans*. Orléans, Maria Paris, in-4°.

1646 — LABBE (Le P. Philippe). *La Géographie royale présentée au très chrétien roy de France et de Navarre, Louis XIV*. Paris, M. Hénault, pet. in-8°.

1647 — GUYON (Symph.) *Histoire de l'église et diocèse, ville et université d'Orléans*. Orléans, Paris, in-fol.

1647 — PÉRÉFIXE (Hardouin de Beaumont de). *Institutio principis, ad Ludovicum XIV*. Parisiis, Ant. Vitré, in-16.

1649 — SACCHINI (Le P. François). *Historiæ Societatis Jesu pars tertia, sive Borgia*. Auct. R. P. Francisco Sacchino, Societatis ejusdem Sacerdote. Romæ, ex typ. Manelfii, in-fol.

1650 — FILLEAU (Jean). *Oration, institution, fondation de l'Université de Nantes*. Nantes, in-4°.

1651 — LA MOTHE LE VAYER (Fr. de). *La Géographie du prince*. Paris, A. Courbé, in-8°.

1651 — CONRINGIUS (Herm.) — *De antiquitatibus academicis dissertationes*. Helmstadi, Henn. Mulleri, in-4° de 194 p.

1651 — RIOLAN (Jean). *Curieuses recherches sur les Escholes en médecine de Paris et de Montpellier*. Paris, Gasp. Meturas, in-12 de XIV-302 p.

1652 — SACCHINI (Le P. François). *Historiæ Societatis Jesu pars quarta, sive Everardus*. Auct. R. P. Francisco Sacchino, societatis ejusdem sacerdote. Romæ, ex typis Manelfii, in-fol.

(1) Voir le T. II sur l'Univ. de Paris.
(2) La même année paraît, du même, une nouvelle Apologie de plus de 400 p. et du même format.

1653 — JOLY (Claude). *Recueil de maximes véritables et importantes pour l'Institution du Roy, contre la fausse et pernicieuse politique du Cardinal Mazarin, prétendu surintendant de l'éducation de Sa Majesté.* Paris, s. n. in-12 de 508 p.

1654 — RIVET (Frédéric). *De la première éducation d'un prince depuis sa naissance jusqu'à l'âge de 7 ans.* Rotterdam, Arnout Leers, in-8°.

▼ **1655** — LINNÆUS (Jean). *Notitia regni Franciæ.* Argentorati, ex impensis Frederici Spoor. 2 vol. in-8° (1).

1655 — JODOCUS SINCERUS. *Jodoci Sinceri Itinerarium Galliæ.* Amstelodami, apud J. Jansonium, in-12 (2).

1656 — LAUNOY (J. de). *De varia Aristotelis fortuna in Academia Parisiensi.* Editio secunda auctior et correctior. Hagæ-Comitum, apud Hadrianum Vlacq, in-4°, de VIII-97 p.

1661 — *La Fondation du Collège Mazarin.* In-fol.

1661 — SACCHINI. *Historiæ Societatis Jesu pars quinta, sive Claudius. Tomus prior auct. Franc. Sacchino... Res extra Europam gestas, et alia quædam supplevit Petrus Possinus ex eadem Societate.* Romæ, ex typis Varesii, in-folio.

1661 — DE VAUX (J.). *Thesaurus disputationum theologicarum in alma Sedanensi Academia habitarum.* Genevæ, Jan. et Samuel de Tournes, 2 vol. in-4° de 1068 et 1093 p.

1662 — DU BOULAY. *Carlomagnolia, seu feriæ conceptivæ Caroli-Magni in Scholis Academiæ Parisiensis observandæ.* Paris, Variquet, in-8° de 16 p.

1662 — DU BOULAY. *De Decanatu nationis Gallicanæ.* Parisiis, Variquet, in-12 de VI-62 p.

1662 — DU BOULAY. *De Patronis quatuor nationum Universitatis.* Parisiis. Cl. Thiboust, in-12 de VI-200 p..

1663 — *Recueil de titres concernant l'union du collège de Boncourt et de Tournay au collège de Navarre pour l'établissement de la communauté des Docteurs en théologie.* (Bibliothèque Sainte-Geneviève)

1664 — BICON (Greg.). *Collegium juridicum argentoratense enucleatum.* Argent, Dolhopfii et Zetzneri, in-4° de 1024 p. avec index.

1664 — DU BOULAY. Abrégé de l'histoire de l'Université de Paris. S. l. n. d. n. n. in-4° IV-53 p.

1665 — DU BOULAY. *Factum ou Remarques sur l'élection des officiers de l'Université.* Paris, P. de Bresche et J. Laize de Bresche, in-4° de 174 p.

1665 — DU BOULAY. *Remarques sur la dignité, rang, préséance, autorité et juridiction du Recteur de l'Université de Paris.* Paris, P. de Bresche et J. Laize de Bresche, in-8°.

1665 — LE BRET. *Histoire de Montauban.* Paris, Samuel Dubois, in-4° (3).

1665 — MENDE (R. P. André de). *De jure Academico. Selectæ quæstiones de Academiis, magistratibus, collegiis, professoribus, candidatis et scholasticis.* Lugduni, Boissat et Georgii Remeus, in-fol. de 516 p.

(1) Rédigé avec soin, cet ouvrage fait connaître la situation en France à la fin de Louis XIII. Renseignements sur les Universités.
(2) Traduit en français par Thalès Bernard, Lyon, 1884, in-12.
(3) Nouv. édit. en 1841 par Marcellin et Ruck. Montauban, 2 vol. in-8°.

1670 — Du Boulay. *Remarques sur les Bedeaux.* Paris, P. de Bresche et J. Laize de Bresche, in-4°.

1671 — Chorier. *Etat politique du Dauphiné.* Grenoble, R. Philippe, 4 vol. in-18 (1).

1671 — Doujat. *La Clef du grand Pouillé de France.* Paris, Gilles Alliot, in-18, 2 vol.

1671 — Nicole (Pierre). *Traité de l'Education d'un prince. Traité de la Manière d'étudier chrétiennement* (2).

1672 — Catherinot (Nicolas). *Que le Parquet de Bourges est du corps de l'Université.* Bourges, s n. in-4° de 29 p.

1672 — De Launoy. *De scholis celebrioribus seu a Carolo Magno, seu post eumdem Carolum, per Occidentem instauratis.* Parisiis, Vid. Ed. Martin, in-8°.

1672 — Sonnet. *Statuts et règlements des petites écoles de grammaire de la ville, cité, université, faubourgs et banlieue de Paris, avec quelques arrêts de la cour du Parlement, touchant lesdites écoles.* Paris, au Synode, in-16 (Impr. par ordre de Cl. Joly, grand Chantre).

1665 1673 — Du Boulay. *Historia universitatis parisiensis, ipsius fundationem, nationes, facultates, magistratus, Decreta, a Carolo Magno ad nostra tempora, ordine chronologico complectens.* Paris, Fr. Noël et P. de Bresche, 6 vol. in-fol.

1674 — Du Boulay. *Recueil des privilèges de l'Université de Paris, accordés par les rois depuis sa fondation jusqu'à Louis le Grand, XIV° du nom.* Paris, Vve Thiboust et Esclassan, in-4° de 290 p.

1675 — Du Boulay. *Mémoires historiques sur les bénéfices qui sont à la présentation et collation de l'Université de Paris.* Paris, Cl. Thiboust, in-8° de VIII-248 p.

1677 — Gomez (Soc. Jesu). *Elogia Societatis Jesu, sive propugnaculum pontificum, etc...* Antuerpiæ, apud Meursium, in-4° de 490 p.

1677 — J. de Launoy. *Regii Navarræ Gymnasii parisiensis historia.* Paris, V. Ed. Martini, in-4° de 1114 p. (3).

1678 — Claude Joly. *Traité historique des écoles épiscopales et ecclésiastiques pour les droits des chantres, chanceliers, etc., etc... des églises catholiques de France, particulièrement des chantres de l'Eglise de Paris, sur les écoles qui leur sont commises, contre les entreprises de ceux qui troublent l'ordre ancien et économique qui doit y être maintenu pour la bonne éducation et instruction de la jeunesse.* Paris, François Muguet, in-18 (4).

(1) Le 4e volume, supplément, est de 1672.
(2) Ces deux traités se trouvent au deuxième volume des *Essais de morale et instructions pédagogiques*, publiés à partir de 1671.
(3) Autre édition en 1682 sous ce titre : *Academia Parisiensis illustrata, sive historia Collegii Navarræ.* Paris, in-4°. (Autre en 1687.)
(4) V. dans la *Bibliothèque historique de la France*, de Lelong et de Fevret de Fontette, Tome IV, p. 5 et 6, n°° 44,576-44,590, l'indication des ouvrages relatifs au conflit qui a donné naissance au livre de Cl. Joly.

1681-1692 — Thomassin (le P.). *La méthode d'enseigner chrétiennement et solidement les lettres humaines.* Paris, Muguet, 3 vol. in-8° de 2208 p. (1).

1684 — Richard (Simon). *Histoire de l'origine et du progrès des revenus ecclésiastiques.* Francfort, Fr. Arnaud, in-12.

1684 — Varillas (Antoine). *La Pratique de l'éducation des Princes.* Paris, Barbin, in-4°.

1686 — Bruneau. *Supplément contenant en abrégé l'institution et fondation des vingt et une Universités de France, et les noms des docteurs les plus connus dans le droit civil et canon, leurs actions principales et leurs mœurs, avec des remarques historiques.* Paris, Morel, in-12, 408 p. (2).

1686 — Fleury (l'abbé Claude). *Traité du choix et de la méthode des études.* Paris, chez P. Aubouin, Ch. Clousier, in-12.

1686 — Loy (Michel de). *De vario juridicæ Parisiensis scholæ statu.* Parisiis, du Mesnil, in-12 de 47 p.

1686 — Soulier. *Histoire du Calvinisme, contenant sa naissance, son progrès, sa décadence et sa fin en France.* Paris, Edme Couterot, in-4°.

1687 — Bouhours (Dominique). *De la manière de bien penser dans les ouvrages d'esprit.* Paris, Vve Sébast. Mabre-Cramoisy, in-4°.

1688 — Foix (le Père M. Antoine de). *L'Art d'élever un prince, dédié à Monseigneur le Duc de Bourgogne.* Paris, chez la Vve de Claude Thiboust, in-12.

1691 — Mabillon (le P.). *Traité des études monastiques.* Paris, Robustel, in-4°.

1692 — Jouvancy. *Magistris scholarum inferiorum Societatis Jesu de Ratione discendi et docendi ex Decreto Congregationis generalis XIV, auctore Josepho-Juvencio.* Parisiis, Bernard et Jombert, in-12 de 282 p. (dans l'édit. de 1711).

1693 — *Opusculum de Academia Tolosana* (dans les *Monumenta Conventus Tolosani*). Toulouse, in-folio.

1694 — Pourchot. *Mémoire touchant à la Seigneurie du Pré aux Clercs, appartenant à l'Université.* Paris, Vve Cl. Thiboust et P. Esclassan, in-4° de 79 p.

1695 — P. C. (Pierre Coste). *De l'éducation des enfants*, traduit de l'anglais. Amsterdam, Schelte, in-18 (3).

1696 — Ménestrier (Le P.). *Histoire civile ou consulaire de la ville de Lyon.* Lyon, in-folio.

---

(1) Thomassin a publié chez le même éditeur et dans le même format les trois ouvrages suivants : 1° en 1685, la *Méthode pour enseigner... la philosophie*, un vol. de 765 pages; 2° en 1690, la *Méthode pour enseigner... la Grammaire et les langues*, 3 vol. de 2088 pages; 3° en 1692, la *Méthode pour enseigner... les historiens*, 2 vol. de 1419 pages.

(2) C'est un supplément au nouveau Traité des criées, publié par Thibaut en 1673. In-12.

(3) Traduit du célèbre ouvrage de Locke sur l'*Éducation*, publié à Londres en 1693. L'édition la plus complète de la traduction de Coste me paraît être la huitième, Lausanne, Bousquet, in-12 de XXXI-552 pages.

1697 — BAYLE. *Dictionnaire historique et critique* (1).

1698-1704 — DUPIN (Ellies). *Nouvelle Bibliothèque des auteurs ecclésiastiques.* Paris, Pralart, 61 vol. in-8°.

1702 — HUET, Ev. d'Avranches. *Les origines de la ville de Caen et des lieux circonvoisins.* Rouen, Maurry, in-8°.

1708 — LUDOVICUS (M. Godofredus). *Historia Rectorum Gymnasiorum scholarumque celebriorum.* Lipsiæ, ex typis Lanskisii, 4 parties en 2 volumes in-12.

4. 1709-1736 — POCQUET DE LIVONNIÈRE. *Privilèges de l'Université d'Angers, tirés du livre de la fondation et des statuts et règlements de ladite Université.* Angers... in-4°.

1710 — JOUVANCY. *Historiæ Societatis Jesu pars V; Tomus posterior ab anno Christi 1591 ad 1616 : Auct. Josepho Juvencio, Societatis ejusdem Sacerdote.* Romæ, ex typis Georgii Plachi, in-fol.

1710 — *Mémoire sur l'origine, les progrès et la situation de l'école royale gratuite de dessin chargée de l'instruction de 1,500 élèves.* Paris, imp. royale, in-8° de 278 p.

1715 — BAILLET. *Vie d'Ed. Richer.* Liège, s. n., in-12.

4. 1715 — PIGANIOL. *Nouvelle description géographique et historique de la France.* Paris, Delaulne, 5 vol. in-12. En 1754, édit. la plus estimée, 15 vol. in-12 avec cartes, planches, notices nombreuses et généralement très exactes sur les Universités et Collèges.

1715 — SALLENGRE. *Histoire de Pierre de Montmaur, professeur royal en langue grecque dans l'Université de Paris.* La Haye, Gosse, 2 vol. in-18.

1719 — LELONG. *Bibliothèque historique de la France.* Paris, Martin, in-fol. de 1100 p. (2).

1722 — LE BRASSEUR. *Histoire civile et ecclésiastique du Comté d'Evreux.* Paris, J. Barrois, in-4°, pages 8, 205, 216.

1722 — FACKENHOFEN (Carl Heinrich). *De institutione scolastica genio sæculi accommodanda.* Hildesiæ, ex typographia Senstor, petit in-4°.

1722 — WALLIN (Georges). *Lutetia parisiorum erudita sui temporic.* Noremberg, s. n. in-8°. (3).

4. 1724 — DAGOUMER (Guill.). *Requête de l'Université de Paris au roi, au sujet de l'union du collège des Jésuites de Reims à l'Université de la ville.* Paris, Thiboust, in-fol.

1724-1736 — DUPLESSIS D'ARGENTRÉ. *Collectio judiciorum de novis erroribus qui ab initio duodecimi sæculi... usque ad ann. 1713 in ecclesia proscripti sunt et notati.* Parisiis, Lambert Coffin, 3 vol. in-fol.

1724 — SAUVAL. *Histoire et recherches des antiquités de la ville de Paris.* Paris, Moette, 3 vol. in-fol.

1725 — FÉLIBIEN ET LOBINEAU. *Histoire de la ville de Paris.* Paris, Desprez et Desessartz, 5 vol. in-fol.

---

(1) La meilleure édition de ce dictionnaire est celle de Buchot. Paris, Désoer, 16 vol. in-8°, 1820-24. — (3) Le 1er volume avait paru en 1686.

(2) La meilleure édition est celle de Fevret de Fontettes, 1778. V. tome IV, pour tout ce qui concerne les universités et collèges.

(3) Cet ouvrage parle des collèges, universités, académies et bibliothèques.

1725 — Le Cerf de la Vieville. *Bibliothèque historique et critique des auteurs de la congrégation de Saint-Maur, où l'on fait voir quel a été leur caractère particulier, ce qu'ils ont fait de plus remarquable et où l'on donne un catalogue exact de leurs ouvrages et une idée générale de ce qu'ils contiennent.* La Haye. Pierre Gosse, in-12.

1726 — Rollin (Ch.). *Traité des études.* Paris, Estienne, 4 vol. in-12.

1727 — Boulainvilliers (Comte H. de). *État de la France... extraits des mémoires dressés par les intendants du royaume par ordre du roi Louis XIV.* Londres, Wood et Palmers, 3 vol. in-fol.

1728 — Baudouin (l'abbé Nicolas). *L'éducation d'un jeune seigneur.* Paris, J. Estienne, in-12.

1728 — Saint-Pierre (l'abbé de). *Projet pour perfectionner l'éducation.* Paris, Briasson, 1 vol. in-12 de 320 p.

1730 — Colonia (R. P.). *Histoire littéraire de la ville de Lyon, avec une bibliothèque des auteurs lyonnais, sacrés et profanes, distribués par siècles.* Lyon, Fr. Rigolet, 2 vol. in-4°.

1730 — Sturm (J.). *De institutione scholastica.* Iéna, in-8°. (1).

1733-1763 — *Religieux bénédictins de la congrégation de Saint-Maur.* Histoire littéraire de la France. Paris, Osmont, Huart, Clousier, etc. 12 vol. gr. in-4° (2).

1734 — Lebœuf (l'abbé). *Dissertation sur l'état des sciences en France sous Charlemagne.* Paris, J. Giserin, in-8°.

1735 — *Statuts et règlements pour les chirurgiens des provinces.* Paris, Prault, in-4°.

1736 — Livonnière (Claude-Gabriel Pocquet de). *Dissertation sur l'ancienneté de l'Université d'Angers,* in-4° (3).

1737-1739 — D'Aigrefeuille. *Histoire civile et ecclésiastique de Montpellier.* Montpellier. J. Martel, 3 vol. in-fol.

1737 — Gouint (l'abbé). *De l'état des sciences en France depuis la mort de Charlemagne jusqu'à celle du roi Robert.* Paris, libraires associés, in-12 de 125 p.

1738 — Lebœuf (l'abbé). *Dissertation sur l'état des sciences en France depuis la mort de Charlemagne jusqu'à celle du roi Robert.* Paris, Barois, in-8°.

1739 — Duguet (J. J.). *Institution d'un Prince.* Leide, Verbeck, 4 vol. in-18 de 2204 p.

1739 — Foppens (J.). *Bibliotheca belgica.* Bruxelles, P. Foppens, 2 vol. in-12.

1743 — Kruffel. *Historia originis ac progressus scholarum inter christianos.* Helmstadt, in-12.

(1) Halbauer a réuni sous ce titre les divers écrits de Sturm sur l'organisation des écoles.

(2) C'est la série bénédictine de ce grand ouvrage continué, dès 1814, par l'Académie des inscriptions V. ci-dessous, 1875, Rivain.

(3) En tête d'un *Recueil des privilèges de l'Université d'Angers.*

1744 — SAUGRIN. *Code de la librairie et imprimerie de Paris*, ou conférence du règlement arrêté au Conseil d'État du Roy le 28 février 1723, et rendu commun pour tout le royaume par arrêt du Conseil d'État du 24 mars 1744 (1). Paris, Saugrin, pet. in-8°.

1727-1745 — NICÉRON (L.-P.) *Mémoires pour servir à l'histoire des hommes illustres dans la république des lettres, avec un catalogue raisonné de leurs ouvrages.* Paris, Briasson, 41 vol. in-12.

1746 — FONTENAY (de). *Lettres sur l'éducation des princes, avec une lettre de Milton*, où il propose une nouvelle manière d'élever la jeunesse d'Angleterre. Edimbourg, John True, Man, in-12.

1748 — BRÉCOURT (le chevalier de). *Essai sur l'éducation de la noblesse*. (Nouv. édit.). Paris, Durand et Pissot, 2 vol. in-12.

1749 — COMBALUSIER. *Mémoire adressé au roy pour les conseillers et médecins de Sa Majesté, chancelier, doyens et professeurs de l'Université de médecine de Montpellier et pour le corps des docteurs de ladite Université contre les maîtres chirurgiens de la même ville*. Paris, Quillau, in-4°.

1750 — CORDARA. *Historiæ Societatis Jesu pars sexta complectens res gestas sub Mutio Vitelleseho. Tomus prior ab anno Christi 1616, Societatis 77, auct.* Julio Cordara, ejusdem Societatis Sacerdote. Romæ. Ant. de Rubeis, in-folio.

1750 — LE FÈVRE. *Les Muses en France, ou histoire chronologique de l'origine, du progrès et du développement des belles-lettres, sciences et beaux-arts, contenant la fondation des Universités, Collèges, Académies.* Paris, Quillau, in-16. 120 pages.

1751 — PLUCHE (l'abbé M.-A.). *La Mécanique des langues et l'art de les enseigner*. Paris, Vve Estienne, in-12.

1751-1754 — PLUCHE (l'abbé M.-A.) *Le Spectacle de la nature, ou Entretiens sur les particularités de l'histoire naturelle qui ont paru les plus propres à rendre les jeunes gens curieux et à leur former l'esprit.* Paris, Vve Estienne, 9 vol. in-12.

1750-1752 — BARON (H.). *Quæstionum medicarum, quæ circa medicinæ theoriam et praxim ante duo sæcula in scholis facultatis medicinæ parisiensis agitatæ sunt et discussæ, series chronologica.* Paris, Hérissant, in-4° de VIII-110 (2).

1763 — PAQUOT. *Mémoires pour servir à l'histoire littéraire des dix-sept provinces des Pays-Bas, de la principauté de Liège et de quelques contrées voisines.* Louvain, imprimerie académique, 5 vol. in-12 (3).

1755 — RICHER. *Histoire du Syndicat d'Edmond Richer par lui-même.* Avignon, Al. Girard, in-12 de IV-425 p.

_____

(1) Avec les anciennes ordonnances, édits, déclarations, arrêts, règlements, instances rendus au sujet de la librairie et de l'imprimerie, depuis l'an 1332 jusqu'à présent.

(2) L'année suivante, parut un recueil contenant les Vespéries.

(3) La publication de cet ouvrage n'a été terminée qu'en 1765.

1750-1756 — Goujet. *Histoire de la littérature française.* Paris, Mariette et Guérin, 18 vol. in-12.

1757 — Burigni (Lévesque de). *Vie d'Erasme, dans laquelle se trouvera l'histoire de plusieurs hommes célèbres avec lesquels il a été en liaison, l'analyse critique de ses ouvrages et l'examen impartial de ses sentiments en matière de religion.* Paris, de Bure, 2 vol. in-12.

1757 — Piales (J. J.). *Traité de l'expectative des Gradués, des droits et priviléges des Universités et des avantages que l'Eglise et l'Etat en retirent, pour servir de suite au Traité des collations.* Paris, Desaint et Saillant, Briasson, 4 vol. in-12.

1758 — Goujet. *Mémoire historique et littéraire sur le collège royal de France.* Paris, Lottin, 3 vol. in-12 ou 1 in-4° (1).

1758 — Fréron. *Histoire abrégée de la fondation des prix de l'Université de Paris.* (Année littéraire, t. V, p. 195.)

1750-1758 — Ménard. *Histoire civile, ecclésiastique et littéraire de la ville de Nismes.* Paris, Chaubert, 7 vol. in-4°.

1758 — Oliva (Jean) *Œuvres diverses, parmi lesquelles se trouve inséré page 31-123, un opuscule intitulé : De antiqua in Romanis scholis grammaticorum disciplina dissertatio iudicra.* Paris, Martin, in-8°.

1760 — Buache. *Carte de la France où sont indiquées les Universités et les Académies, avec l'année de leur institution.* Paris, in-8°.

1760 — *Mémoires des chanoines réguliers de Saint-Antoine, chargés du collège séminaire de Belley, pour servir de réponses aux représentations faites en l'Université de Dijon contre les lettres patentes du 10 janvier 1760 par lesquelles ledit collège est uni et agrégé à l'Université de Besançon.* Besançon, in-folio (2).

1760 — Vanière. *Discours sur l'Education.* Paris, Ant. Boudet, Cailleau et Lambert, in-12.

1761 — Chauvelin (Abbé). *Compte rendu par un des Messieurs sur les Constitutions des Jésuites, 17 avril 1761. — Compte rendu par un des Messieurs sur la doctrine des Jésuites, 8 juillet 1761.* Paris, P.-G. Simon, in-4°.

1761 — Crévier. *Histoire de l'Université de Paris depuis son origine jusqu'en 1600.* Paris, Desaint, 7 vol. in-12.

1762 — André (l'abbé). *Réfutation du nouvel ouvrage de J.-J. Rousseau intitulé : Emile ou de l'Education.* Paris, Desaint et Saillant, in-8°.

1762 — Céanty. *Apologie générale de l'Institut et de la doctrine des Jésuites.* Lausanne (Nancy), s. n. in-8° et in-12.

1762 — Chomel (J. B.) *Essai historique sur la médecine en France.* Paris, Lottin, in-12 de 288 pages.

(1) Cet ouvrage contient : 1° l'histoire des sciences sous François 1er jusqu'à l'établissement du Collège de France; 2° la notice historique des lecteurs royaux. La première partie remplit les 236 premières pages du 1er volume.

(2) Je cite ce document comme le seul, à ma connaissance, qui soit relatif aux chanoines de Saint-Antoine considérés comme enseignants.

1762 — COMBALUSIER. *Mémoire de l'Université de Paris sur les moyens de pourvoir à l'instruction de la Jeunesse et de la perfectionner.* Paris, s. n. in-12 de VIII-60 p.

1762 — COMBALUSIER. *Défense de la Faculté de médecine de Paris suivie de l'Éloge historique de l'Université.* Paris, Vve Guillau, in-12.

1762 → GRIFFET (R.-P.). *Lettre à M. D. sur le livre intitulé : Émile ou l'Éducation.* Amsterdam et Paris, Grangé, in-12.

⸱ 1762 — *Histoire du collège anglais de Douai à laquelle on a joint la Politique des Jésuites Anglais.* (Paris), s. n. in-12° de 61 pages.

1762 — DE LAVERDY, ROLLAND D'ERCEVILLE, ROUSSEL DE LA TOUR et TERRAY (abbé). *Comptes rendus aux chambres assemblées sur les collèges tenus par les ci-devant soi-disants Jésuites.* Paris, P. G. Simon, 3 vol. in-4° (1).

1762 — LE MEUR. *Mémoire du Bureau servant de la Communauté de Rennes sur le nouveau plan d'éducation.* Rennes. Vatar, in-12 de 34 pages (2).

1762 — *Recueil des fondations et établissements faits par le roi de Pologne dans la Lorraine et le Barrois.* Lunéville, Messuy, in-fol.

1762 — ROUSSEAU (J.-J.). *Émile ou de l'Éducation.* La Haye, Néaulme, 4 vol. in-12 de 1780 pages.

1763 — DEFORIS (dom). *La Vérité de la Religion chrétienne vengée des sophismes de J.-J. Rousseau.* Paris, Desaint et Saillant in-12.

1763 — GERDIL (G.). *Réflexions sur la théorie et la pratique de l'éducation contre les principes de M. Rousseau.* Turin, Reycent et Guibert, in-8°.

1763 — LA CHALOTAIS, *Essai sur l'éducation nationale ou plan d'études pour la jeunesse.* s. l., s. n. In-12.

1763 — LA CHAPELLE (l'abbé DE). *L'Art de communiquer ses idées.* Paris, Debure père, in-12 de 308 p. (3).

1763 — *Mémoire des prévôts des marchands et échevins de Lyon (sur la réforme des collèges).* Lyon, Delaroche, in-4° de 7 pages.

1763 — NAVARRE (le P.). *Discours qui a remporté le prix au jugement des Jeux Floraux sur ces paroles : « Quel serait en France le plan d'études le plus avantageux? »* Toulouse, Vve Bernard, in-12 de 90 pages.

1763 — PELLICIER (l'abbé). *Mémoires sur la nécessité de fonder une école pour former des maîtres selon le plan d'éducation donné par le parlement en son arrêt du 3 septembre 1762.* s. l. s. n, in-12 (quatre mémoires).

(1) C'est le résumé de l'enquête historique et financière ordonnée par le Parlement de Paris. Dès cette époque, les Parlements deviennent une véritable administration de l'instruction publique; leurs Actes sont remplis d'arrêts, édits, Lettres patentes, Règlements, etc., concernant les établissements d'enseignement supérieur et secondaire.

(2) Le mémoire commence par un historique du collège de Rennes.

(3) Plan d'éducation publique, composé en 1751, à l'occasion de l'établissement de l'École Militaire. L'auteur, en le publiant en 1763, y ajoute des notes parfois assez curieuses sur la réforme des collèges. L'abbé de la Chapelle était censeur royal.

1763 — *Difficultés présentées* à M. de Caradeuc de la Chalotais, sur le mémoire intitulé : *Essai d'éducation nationale.* Paris, s. n. in-12 de 67 pages.

1764 — BEAUVAIS (l'abbé DE). *La France ecclésiastique ou état présent, séculier et régulier, des ordres religieux, militaires et des Universités de France.* Paris, s. n. in-12 de 67 pages.

1764 — CARLIER (l'abbé). *Histoire du Duché de Valois*, contenant ce qui est arrivé dans le pays depuis le temps des Gaulois et depuis l'origine de la Monarchie française jusqu'en 1703. Paris, Guillyn, 3 vol. in-4°.

1764 — *Catalogue de la Bibliothèque des ci-devant soi-disants Jésuites du collège de Clermont*, dont la vente commencera le 19 mars 1764. Paris, Saugrin, Leclère, in-8°.

1764 — GUYTON DE MORVEAU. *Mémoire sur l'éducation publique avec le prospectus d'un collège.* s. l. s. n. in-12 de 324 pages.

1764 — ROLLAND D'ERCEVILLE, ROUSSEL DE LA TOUR et TERRAY (l'abbé). *Comptes rendus aux chambres assemblées sur les collèges qui ne dépendent pas des Universités.* Paris, P. G. Simon, 1 vol. in-4°.

1765 — DAIRE (R. P.) *Histoire civile, ecclésiastique et littéraire de la ville de Montdidier.* Amiens, François, in-12.

1765 — DARÈS. *Compte rendu au public des comptes rendus aux divers parlements et autres cours supérieures*, précédé d'une réponse décisive à toutes les imputations dont on a chargé les Jésuites, Paris, Libraires associés, 2 vol. in-8°.

1765 — GARNIER (l'abbé). *De l'éducation civile.* Paris, Vente, in-8° de 234 p.

1765 — MAUBERT DE GOUVEST. *Le Temps perdu ou les Écoles publiques*, considérations d'un patriote sur l'éducation de la première jeunesse en France. Amsterdam, Changuion, in-12.

1765 — RIZZI-ZANNONI. *La France littéraire, ou liste des 24 Universités du Royaume*, de ses académies et autres sociétés littéraires. Paris, Desnos, in-4°.

1767 — ASTRUC. *Mémoires pour servir à l'histoire de la Faculté de médecine de Montpellier*, revus et publiés par Lorry. Paris, Cavelier, in-4°.

1767 — LA MOTHE (l'abbé DE). *L'Éducation philosophique de la jeunesse ou l'art d'élever dans les sciences humaines.* Amsterdam et Paris, Cailleau, in-12.

1768 — FARE (DE LA). *Le Gouverneur ou Essai sur l'éducation.* Londres, J. Nourse; Paris, Desaint, in-12 (1).

1768 — LEROUX. *Journal d'éducation*, recueil mensuel, Amiens, chez l'auteur; Paris, Durand, prix : 12 livres par an, in-8° (2).

1768 — LORRY. *Mémoire sur les moyens de rendre les études de droit plus utiles.* Paris, Saugrin, in-12.

---

(1) M. de la Fare, ancien gouverneur des princes de Sleswig-Holstein-Gottorp.
(2) C'est la plus ancienne publication périodique sur l'instruction publique; elle a paru, à ma connaissance, en 1768 et 1769.

1768 — RADONVILLIERS (l'abbé DE). *De la manière d'apprendre les Langues.* Paris, Saillant, in-12.

1768 — RIVARD. *Recueil de mémoires sur l'éducation de la jeunesse, surtout par rapport aux études.* Paris, s. n. in-12.

1769 — GERDIL (G.) *Discours philosophique sur l'homme considéré relativement à l'état de nature et à l'état de société.* Turin, chez les Frères Reycent, in-12.

1769 — GOULIN (Jean). *Lettre à un médecin de province sur l'état de la médecine en France.* Copenhague et Paris, Pyre, in-8°.

1769 — JOUSSE (Daniel). *Traité du gouvernement spirituel et temporel des paroisses.* Paris, Debure père, in-12 de 574 pages.

1770 — TASSIN (dom). *Histoire littéraire de la Congrégation de Saint-Maur.* Paris et Bruxelles, Humblot, in-4°.

1770 — COYER (l'abbé). *Plan d'éducation publique.* Paris, Vve Duchesne, in-12 de 360 pages.

1770 — DURAND DE MAILLANE. *Dictionnaire de droit canonique et de pratique bénéficiale.* Lyon, Benoit Duplain, 4 vol. in-4° (2ᵉ édition, revue, corrigée et augmentée par l'auteur).

1771 — HAZON. *Éloge historique de l'Université de Paris.* Paris, Quillau, in-4° de 67 p.

1774 — MABILLON. *Lettres et Écrits sur les études monastiques*, in-4° de 60 pages, (Tome 1ᵉʳ des Œuvres posthumes de Mabillon.) Paris, Babuti, in-4°, 2 vol.

1775 — CONDILLAC. *Cours d'études pour l'instruction du Prince de Parme.* Paris, Badoin, 13 vol. in-8°.

1775-1777 — GOULIN (J.) *Mémoires littéraires, critiques, philosophiques, biographiques et bibliographiques pour servir à l'histoire ancienne et moderne de la médecine.* Paris, Bastien frères, 2 vol. in-4° (1).

1775 — JAILLOT. *Recherches critiques, historiques et topographiques sur la ville de Paris depuis ses commencements jusqu'à présent.* Paris, Hotten, 5 vol. in-8°.

1777 — BATTEUX (abbé). *Principes abrégés de littérature à l'usage des élèves de l'École Royale militaire.* Paris, Nyon, 6 vol. in-12.

1777 — DE BURY (Richard). *Essai historique et moral sur l'éducation française.* Paris, Desprez, in-12.

1777 — GOULIN (J.) *État de la médecine, chirurgie et pharmacie en Europe et principalement en France pour l'année 1777.* Paris, Vve Thibant, in-12 de 634 p. (En société avec de Horne et de la Servolle).

1777 — LE PAIGE. *Dictionnaire topographique, historique, généalogique, bibliographique de la province et du diocèse du Maine.* Le Mans, Toutain; Paris, Saugrin, 2 vol. in-8°.

Cet ouvrage d'une grande érudition n'a pas été continué.

3

1777 — Le Roy. *Lettre d'un professeur émérite de l'Université de Paris*, en réponse au R. P. D. V., au sujet des Exercices de l'Abbaye de Sorèze. Paris, Brocas, in-8° de 343 p. (4).

1777 — Poupart (abbé). *Histoire de la ville de Sancerre*. Paris, Berton, in-12 (2).

1777 — Verdier (Jean). *Cours d'éducation à l'usage des élèves destinés aux premières professions et aux grands emplois de l'Etat*. Paris, Moutard, in-12.

1778 — *** *Collection des procès-verbaux des assemblées générales du clergé de France depuis l'année 1560 jusqu'à présent*. Paris, Desprez, 9 vol. in-fol (3).

1778 — Hazon (J.-Albert). *Notices des hommes les plus célèbres de la Faculté de médecine en l'Université de Paris, depuis 1110 jusqu'à 1750 inclusivement*. Paris, Benoît Morin, in-4° de xii-273 p.

1778 — *** *Mémoires du clergé, ou recueil des actes, titres et mémoires concernant les affaires du clergé de France*. Paris, Desprez et Jarrigan, 12 vol. in-4° (3).

1781 — Chènevet. *Notice sur le grand Séminaire de Dijon* (*Almanach de la province de Bourgogne*).

1781 — Rolland d'Erceville. *Recueil de toutes les délibérations importantes prises depuis 1763 par le bureau d'administration du collège Louis-le-Grand et des collèges y réunis*. Paris, P. G. Simon, in-4° de 806 p.

1782 — Pajon de Moncets. *De l'origine des apparitions de l'Université et de leurs masses* Paris, Quillau, Vve Duchesne, Cailleau, 176 p. in-12.

1783 — Lelong (D. N.). *Histoire ecclésiastique et civile du diocèse de Laon et de tout le pays contenu entre l'Oise et la Meuse, l'Aisne et la Sambre*. Châlons, Seneuze, in-4°.

1783 — Moysant. *Recherches historiques sur la fondation du collège de Nôtre-Dame-de-Bayeux*. (Nouvelle édition.) Paris, in-4°.

1783 — Rolland d'Erceville. *Recueil de plusieurs ouvrages de M. le président Rolland* (entre autres *Plan d'éducation*). Paris, P. G. Simon et Nyon, in-4° de plus de 1,000 p.

1785 — Proyart (abbé). *De l'éducation publique et des moyens d'en réaliser la réforme projetée dans la dernière assemblée générale du clergé de France*. Paris, Barrois, in-12 de 220 p.

1786 — Amoreux. *Recherches sur la vie et les œuvres du P. Richer de Belleval, fondateur du jardin botanique donné par Henri IV à la Faculté de médecine de Montpellier en 1592*. Avignon, Joly, in-8°.

1786 — Eybard. *Observations sur l'éducation publique pour servir de réponse aux questions posées par messieurs les agents généraux du clergé de France à NN. SS. les Archevêques et évêques de l'Eglise gallicane*. Paris, Boiton, Morin, in-12.

(1) Excellente polémique contre le système des Cours, préconisé et inauguré à Sorèze par les Bénédictins.
(2) Note sur le collège.
(3) La table raisonnée a été publiée, en 1780, chez Desprez. In-folio
(4) Cette collection avait commencé en 1767. (V. au 1ᵉʳ vol. le titre 5°, des *Universités, collèges et écoles*.

1787 — CAJOT (dom). *Recherches historiques sur l'esprit primitif et les anciens collèges de l'ordre de Saint-Benoît*, d'où résultent les droits de la Société sur les biens qu'il possède. Paris, Guillot, 2 vol. in-8°.

1787 — RIGOLEY DE JUVIGNY. *De la décadence des lettres et des mœurs.* Paris, Mérigot, in-8°.

1788 — GOSSE. *Exposition raisonnée des principes de l'Université relativement à l'éducation.* Paris, Buisson, in-8° de 169 p.

1788 — [LAMBELINOT (dom)]. *Examen critique des Recherches historiques sur l'esprit primitif et les anciens collèges de l'ordre de Saint-Benoît, d'où résultent les droits de la Société sur les biens qu'il possède.* Paris, chez les Libraires associés, in-8° de XII-395 p.

1789 — AUGER (abbé). *Projet d'éducation pour le royaume.* Paris, in-8°.

1789 — DAUNOU. *Lettres sur l'éducation.* (Journal encyclopédique; t. VII).

1789 — LAVOISIER. *Traité élémentaire de chimie* présenté dans un ordre nouveau et d'après les découvertes modernes. Paris, Cuchet 3 vol. in-8° (1).

1789 — MÉNARD (abbé). *Plan d'éducation nationale*, à l'occasion du mémoire présenté à l'Académie de Châlons-sur-Marne touchant les moyens de perfectionner l'éducation des collèges en France. Paris, Delalain, in-8°.

1789 — VILLIER (P.). *Nouveau Plan d'éducation et d'instruction publique, dédié à l'assemblée nationale dans lequel on substitue aux universités, séminaires et collèges, des établissements plus raisonnables, plus utiles, plus dignes d'une grande nation, aussi propres à former des négociants instruits, de bons marins, des militaires sur lesquels on puisse compter, que des ecclésiastiques respectables, des magistrats éclairés.* Angers, Mame, in-8°.

1790 — DAUNOU. *Plan d'éducation présenté à l'Assemblée nationale au nom des Instituteurs publics de l'Oratoire.* Paris, in-8°.

1790 — D. DEYLOS. *L'éducation de Henri IV.* Paris, Duflos jeune, 2 vol. in-8°.

1790 — DUFAIN-TRIEL. — *Coup d'œil sur l'établissement des collèges municipaux pour les sciences, arts et métiers, en faveur de la jeunesse.* Paris, Cellot, in-8° de 38 p.

1790 — DUVERNET (abbé T. I.). *Histoire de la Sorbonne, dans laquelle on voit l'influence de la Théologie sur l'ordre social.* Paris, Buisson, 2 vol. in-12 (2).

1790 — VARENNES (Raymond de). *Idées patriotiques sur la méthode et l'importance d'une éducation nationale pour assurer la régénération de la France.* Paris, Garnery, in-8°.

1791 — LACRETELLE (P. L.). *De l'établissement des connaissances humaines et de l'instruction publique dans la Constitution française.* Paris, Desenne, in-8°.

(1) La *Méthode de nomenclature chimique* de Lavoisier avait paru en 1787.
(2) Ouvrage traduit en allemand, en 1794, à Strasbourg. Par ce livre on peut se faire une idée du degré d'aveuglement auquel, même parmi les gens instruits, on était alors arrivé en ce qui concerne l'histoire de l'enseignement.

1791 — TALLEYRAND-PÉRIGORD. *Rapport sur l'instruction publique* fait au nom du comité de Constitution à l'Assemblée nationale, les 10, 15 et 19 septembre. Imprimé par ordre de l'Assemblée nationale. Paris, Imp. nat. in-8° (1).

1792 — AUBERT (F. J. P.). *Etudes sur l'éducation.* Paris, imp. des Amis de l'ordre, in-12.

1792 — GADOLLE (Pierre). *Avis sur l'éducation de la jeunesse.* Paris, imp. René Legrand, l'an Ier de la République, in-8° (2).

1792. — SÉLIS. *Lettre au citoyen La Harpe sur le Collège de France.* Paris, C. J. Gelé, in-8° de 44 p.

1793 — BARAS (M. Marc-Antoine). *Etat actuel des établissements destinés en Europe à l'instruction publique et au progrès des connaissances humaines.* Toulouse, Desclassan; Paris, Belin, in-12 (3).

1793 — DAUNOU (C. F.). *Essai sur l'instruction publique.* (Imprimé par ordre de la Convention, juillet 1793). In-8°.

1793 — FOUCHÉ (de Nantes). *Réflexions sur l'éducation publique,* imprimées par ordre de la Convention nationale, le 28 mai 1793. A Commune affranchie, de l'imp. républicaine, place du Temple de la Raison.

1793 — LANTHENAS (Fr.) *L'Education, cause éloignée, et souvent même cause prochaine de toutes les maladies ;* proposition soutenue, le 13 septembre 1784, dans les écoles de médecine de Reims. Paris, Imp. nationale, in-8° (4).

1793 — RUDEL (Antoine). *Discours sur l'éducation publique,* précédé de notions préliminaires sur la Constitution de la République française. Paris, Langlois, in-8° de 16 p.

1794 — MATHIEU et DAVID. *Plan d'une nouvelle éducation relative à la nouvelle constitution française,* dédié à l'Assemblée nationale. Besançon, G.-F. Couché, petit in-8°.

1794 — ROBESPIERRE (Maximilien). *Rapport fait au nom du Comité de salut public sur les rapports des idées religieuses et morales avec les principes républicains et les fêtes nationales.* (Séance du 18 floréal.) Paris, F. Dufart, in-18.

1796 — *** Recueil de proclamations, lois, décrets concernant l'instruction publique, les écoles et les corps savants de 1790 à l'an IV. Paris, in-4°.

1799 — PRUNELLE. *Fragments pour servir à l'histoire de la médecine dans l'Université de Montpellier.* Montpellier, Martel aîné, in-4°.

(1) C'est le premier rapport officiel sur la matière.

(2) Les rapports, mémoires, etc., présentés à l'Assemblée législative et à la Convention depuis 1792 ont été, dans ces dernières années, étudiés dans des publications diverses que nous indiquons à leur date; ils ont aussi été l'objet de nouvelles éditions qu'on trouvera plus loin mentionnées.

Nous croyons donc pouvoir nous dispenser de les citer ici, sauf exceptions pour les documents peu connus et ayant une valeur historique particulière.

(3) Une 2e édition a paru, la même année, en 2 volumes, sous ce titre : *De l'éducation publique dans la France libre,* avec un tableau de l'état actuel de l'enseignement en Europe.

(4) Lanthenas trouva utile de faire publier à nouveau, et aux frais du budget, cette thèse soutenue en 1784.

1800 — Désessarts. *Discours sur l'établissement et les progrès des lettres en France jusqu'à la fin du XVIII° siècle.* Paris, Désessarts, in-8°.

1800 — Fontenay (abbé de). *Du rétablissement des Jésuites et de l'éducation publique.* A Emmerich, J. L. Romen, in-16 de IV-249 p. (Nouvelle édition) (1).

1800 — Quatremère de Quincy. *Rapport fait au Conseil général du département de la Seine sur l'instruction publique* et autres sujets (du 15 thermidor an VIII). Paris, Jacquin et Desenne, in-8°.

1800 — *Séances des Écoles normales recueillies par des sténographes et revues par les professeurs* (Nouvelle édit.). Paris, imp. du Cercle social, 12 vol. in-8° et un atlas.

1801 — Barruel. *Observations sur l'instruction publique, suivies de notes sur l'état actuel et le régime des écoles centrales.* Paris, Beaudoin, in-8°.

1801 — Chénier (M. J.). *Discours sur les progrès des connaissances en Europe et de l'enseignement en France.* Paris, Didot, in-8°.

1801 — Dellard (A. J.). *Observations sur les écoles centrales.* Paris, Pougens, in-8° de 116 p.

1808 — Biot. *Essai sur l'histoire générale des sciences depuis la Révolution.* Paris, Duprat, Fuchs, in-f. de 83 p.

1804 — Marchant de Burbure. *Essais historiques sur la ville et le collège de La Flèche.* Angers, Vve Pavie, in-8° de 334 p.

1805 — Meiners. *Histoire des Universités de France* (dans l'*Histoire des Universités d'Europe*, en allemand). Gottingue, J. F. Bömer, 4 vol. in-8°.

1805 — Secrétan (David). *Des progrès de l'éducation et de l'instruction publique dans la deuxième moitié du XVIII° siècle.* Lausanne, 2 vol. in-8°. (Imprimé dans les *Notice d'utilité publique.*)

1806 — Bouillot (l'abbé). *Notice historique et bibliographique sur Tilénus, ministre du saint Évangile à Sedan et précepteur de Turenne.* Paris, Delance, in-8° de 31 p.

1807 — Grillet. *Dictionnaire historique, littéraire et statistique des départements du Mont-Blanc et du Léman.* Chambéry, Puthod, 3 vol. in-8° (2).

1808 — Aure (Le P.). *Notice sur le collège de Juilly.* Paris, Institution impériale des sourds-muets, sous la direction d'Ange Clô, in-8° (3).

1809 — Prunelle. *De l'influence exercée par la médecine sur la Renaissance des lettres.* (Discours prononcé le 20 novembre 1809.) Montpellier, Martel aîné, in-4°.

1810 — Delambre. *Rapport historique sur les progrès des sciences mathé-*

---

(1) Le P. Sommervogel explique (*Dict. des ouv. anon. et pseudonymes*) que cet ouvrage, attribué à tort à l'abbé Proyart, est du P. Abel Bonafons, dit l'abbé de Fontenay.

(2) Le premier volume contient (p. 173-193) des notices sur les anciens collèges de Savoie.

(3) Une deuxième édition a paru, en 1816, chez Delalain, in-8° de 41 p.

matiques depuis 1789 et sur leur état actuel. Paris, Impr. impér., in-8°.

1810 — SEGUIN (Richard). *Essai sur l'histoire de l'industrie du Bocage en général et de la ville de Vire, sa capitale, en particulier.* Vire, Adam, in-18 (1).

1811-1812 — PATAUD (l'abbé J.-J.-F.) *Recherches historiques sur l'éducation nationale et les écoles publiques de l'Orléanais* (Annuaire du Loiret), in-12 de 24 p.

1814 — DE L'ESPINASSE DE LANGEAC. *De l'Instruction publique et de l'Université de France.* Paris, J.-G. Dentu, in-8°.

1814 — *Recueil des lois et règlements concernant l'instruction publique depuis 1598 jusqu'à nos jours, rédigé par ordre du grand maître de l'Université.* Paris, Brunot-Labbe, 4 vol. in-8° (2).

1814-1815 — LABBEY DE BILLY. *Histoire de l'Université du comté de Bourgogne et des différents sujets qui l'ont illustrée, pour faire suite aux ouvrages historiques de M. Dunod.* Besançon, Mourgeon, 2 vol. in-4° de 994 p.

1816 — BASSET (C.-A.). *Coup d'œil général sur l'éducation et l'instruction publiques en France, avant et depuis la Révolution.* Paris, in-8° de 36 p.

1816 — GUIZOT, *Essai sur l'histoire et sur l'état de l'Instruction publique en France.* Paris, Maradan, in-8° de 158 p.

1817 — DELAMBRE. *Histoire de l'Astronomie ancienne.* Paris, Vve Courcier, 2 vol. in-4°.

1818 — ANSPACH. *Réflexions sur les conséquences de l'usage qui s'introduit dans les Académies et les Universités, de faire l'étude des sciences dans la langue maternelle.* Genève et Paris, Paschoud, in-8°.

1818 — [DE FOUCAULT]. *Notice sur la Sorbonne.* Paris, Le Normant, in-8° de 63 p. (Bibliothèque de la Sorbonne.)

1819 — DELAMBRE. *Histoire de l'astronomie au moyen âge.* Paris, Vve Courcier, in-4° de LXXXIV-640 p. avec planches.

1819-20 — D'AGUESSEAU (le Chancelier). *Œuvres.* Paris, Fantin, Franjat, 16 vol. in-8° (Edit. Pardessus) (3).

1820 — BERRIAT SAINT-PRIX. *Histoire de l'ancienne Université de Grenoble,* lue à la Société royale des Antiquaires de France, les 19 avril et 9 mai 1820, et publiée en vertu de ses délibérations dans le tome troisième de ses mémoires. Paris, Smith, in-8°.

1820 — LA RUE (abbé de). *Essais historiques sur la ville de Caen et son arrondissement.* Caen, Poisson, 2 vol. in-8°.

1821 — AUDE. *Notions rapides sur l'Université de France, sur l'enseignement public, l'instruction primaire, la haute instruction*

(1) Il y a quelques indications (p. 30) sur l'ancien collège de Vire.

(2) Les 4 volumes qui font suite à ce Recueil ont paru en 1820, 1822, 1824 et 1828. Le *Bulletin Universitaire* a continué ce *Recueil* de 1830 à 1850 et le *Bulletin administratif* a continué le *Bulletin universitaire* depuis 1850 jusqu'à nos jours.

(3) Voir au 10° volume la correspondance administrative sur les nominations, la réception et les droits des professeurs des facultés.

et les corporations religieuses enseignantes, particulièrement sur celle des Jésuites. Paris, Leclère, in 8° de 136 p.

1821 — BERRIAT-SAINT-PRIX. *Histoire du droit romain*, suivie de l'histoire de Cujas. Paris, Nève, in-8°.

1821 — FABRY. *Mémoires pour servir à l'histoire de l'instruction publique depuis 1789 jusqu'à nos jours, ou « le Génie de la Révolution considéré dans l'éducation »*. Paris, Méquignon junior; Lyon, Périsse, 3 vol. in-8°.

1822 — CLOS. *Notice historique sur Sorèze et ses environs*. Toulouse, Benichet, in-8° de 184 p.

1822 — FLEURY (l'abbé Claude). *De l'éducation des anciens, suivi de l'histoire du droit français*. Paris, S. Janet, in-8°.

1823 — *Considérations générales sur les changements qu'a subis l'instruction publique depuis 1789*. Paris, Fain, in-8° de 47 p.

1823 — DELEUZE. *Histoire et description du Muséum royal d'histoire naturelle*, ouvrage rédigé d'après les ordres de l'administration du Muséum. Paris, A. Royer, in-8° de VI-720 p.

1824 — BERTHRE DE BOURNISSEAUX. *Histoire de la ville de Thouars*. Niort, Mousset, in-12.

1824 — GERSON (J.). *Harangue faite au nom de l'Université de Paris devant le roy Charles sixième et tout le conseil, en 1405*. Paris, Rebeausseaux, in-8° de 64 p.

1824 — JORDAN. *Histoire de la ville d'Agde, depuis sa fondation, et sa statistique au 1er janvier 1824*. Montpellier, Tournel aîné, in-8°.

1824 — *Observations franches et impartiales d'un royaliste indépendant sur l'Université royale et le collège de Sorèze*, avec la notice de M. Ferlus sur cet établissement et les remarques du *Journal des Débats*. Paris, in-8° de 48 p.

1824 — PICOT. *Essai historique sur l'influence de la religion en France pendant le XVIIe siècle, ou tableau des établissements religieux formés à cette époque*. Paris, Leclère, 2 vol. in-8°.

1825 — CAUVIN. *Recherches sur les établissements de charité et d'instruction publique du diocèse du Mans*. Le Mans, Monnoyer, in-8° de 436 p.

1825 — LABLÉE. *Mémoires d'un homme de Lettres*. Paris, Eymery, in-12.

1826 — HENRICY (Ab.). *Notice sur l'ancienne Université d'Aix*. Aix, Pontier, in-8° de 40 p.

1826 — BOSSUET. *Logique pour l'éducation du Dauphin*, publiée pour la première fois par Floquet. Paris, Baucé-Rusant, in-8°.

1828 — BOSSUET. *De institutione Ludovici Delphini ad Innocentium XI*. In-8° de 64 p. (1).

1828 — FOURCY (Lefébure de). *Histoire de l'École polytechnique*. Paris, chez l'auteur, in-8°.

1828 — JARRY DE MANCY. *Tableau historique, chronologique des concours*

(1) Nous citons ici comme publiée à nouveau en 1828 (Paris, Gauthier frères) cette lettre difficile à trouver dans la première édition.

généraux de l'Université depuis la fondation jusqu'en 1827. Paris, Hachette, in-plano.

1828 — LACROIX. Essais sur l'enseignement en général et sur l'enseignement des mathématiques en particulier (8ᵉ édition). Paris, Bachelier, in-8ᵉ de 391 p.

1828 — MARTIN DU THEIL. Coup d'œil rapide sur l'instruction publique depuis 1789 jusqu'en 1828. Paris, Belin-Mandar, in-8ᵒ de 95 p.

1828 — RABANIS. Notice historique sur le collège royal de Lyon, d'après les documents authentiques et les pièces originales. In-8ᵒ de 21 p. (Extrait du tome VII des Archives historiques et statistiques du département du Rhône).

1828 — TEISSIER (G. F.). Histoire de Thionville. Metz, Verronnais. in-8ᵒ.

1829 — DUBARLE (Eug.). Histoire de l'Université de Paris depuis son origine jusqu'à nos jours. Paris, Brière, 2 vol. in-8ᵒ.

1829 — MICHELS (des). Les écoles et l'instruction publique sous Charlemagne (Dans le Lycée, T. V, p. 475 et 529.)

1821-1829 — DE VILLENEUVE. Statistique du département des Bouches-du-Rhône. Marseille, Ricard, 4 vol. in-4ᵒ.

1827-1830. — DE SAINT-VICTOR. Documents historiques, critiques, apologétiques, concernant la Compagnie de Jésus. Paris, Carié de la Chérie, 3 vol. in-8ᵒ.

1831 — HENRION. Tableau des congrégations religieuses formées en France depuis le XVIIᵉ siècle. Paris, Soc. des bons livres, in-12ᵉ de 287 p.

1831 — NAUDET. Mémoire sur l'instruction publique chez les anciens et particulièrement chez les Romains. Paris, imprim. royale, in-4ᵒ. (Recueil de l'Académie des Inscriptions et Belles-Lettres. T. IX).

1832 — CAMUS et DUPIN. Profession d'avocat. Recueil de pièces concernant l'exercice de cette profession. Paris, Gobelet et Warée, 2 vol. in-8ᵒ (1).

1833 — ALDE (Mathias). De Universitate parisiensi a Suecis medio œvo frequentata dissertatio. Upsal, in-4ᵒ.

1833 — COUSIN (Victor). Documents inédits sur Domat (Journal des savants) (2).

1833 — EGGER. Études sur l'éducation et particulièrement sur l'éducation littéraire chez les Romains depuis la fondation de Rome jusqu'aux guerres de Marius et de Sylla (Thèse-Paris). Paris, Didot, in-8ᵒ de 46 p.

1833 — GIRAUD (Ch.). Notice sur la vie de C.-A. Fabrot, doyen des professeurs en droit de l'Université d'Aix. Aix, Aubin, in-8ᵒ de 209 p.

1833 — MONIN. De Agrippa et P. Ramo, Cartesii prænuntiis. Lutetiæ, Locquin, in-8ᵒ de 21 p.

1834 — KAPP. Commentatio de historia educationis et per nostram ætatem

(1) V. T. II. Bibliothèque choisie des livres de droit.

(2) Ce travail a été reproduit dans les Fragments littéraires (Paris, Didier, in-8ᵒ, 1843) où il occupe 61 p.

culta et in posterum colenda. Hammonœ, in libraria Schu-ziana, in-4° de 50 p.

1835 — PONCER. *Mémoires historiques sur Annonay et le Haut-Vivarais*. Lyon, Chambet, 2 vol. in-8°.

1835 — SABATIER (J.-C.). *Recherches historiques sur la faculté de médecine de Paris depuis son origine jusqu'à nos jours*. Paris, Deville-Cavelin, in-8° de 503 p.

1836 — AUZIÈRE. *Essai historique sur les facultés de théologie de Saumur et de Sedan*. Strasbourg, Levrault, in-4°.

1836 — MARTIANUS CAPELLA. *De nuptiis philologiæ et Mercurii et de Septem artibus liberalibus*. Francofurti admœnum, in-4°.

1836 — PAGÈS (E.). *Notice sur les études longues et profondes qu'il fallait faire anciennement dans la Faculté de théologie de Paris pour parvenir au Doctorat*. Lyon, in-8° de 36 p. (Bibliothèque de la Sorbonne.)

1837 — LAUGIER (Adolphe) et DUBUY (Victor). *Pandectes pharmaceutiques, ou Recueil de tous les statuts, édits, lettres, patentes..... histoire des collèges et des écoles de pharmacie de 1312 à 1837*. Paris, L. Colas, in-8°.

1837 — MÈGE (Du). *Le palais de Bernuy, ou le Collège royal de Toulouse*. (*Mém. de la Soc. archéol. du midi de la France*.) Toulouse, in-4°, t. III.

1837 — THÉRY (A.). *Mémoire sur l'enseignement public en France au xvıᵉ siècle, et spécialement sur les écrits et la personne de Ramus*. Versailles, Montalant-Bougleux, in-8° de 42 p.

1838 — BAZIN, *Histoire de France sous Louis XIII*. Paris, Chamerot, 4 vol. in-8°

1838 — BERRIAT-SAINT-PRIX. *Discours sur l'enseignement du droit en France avant et depuis la création des écoles actuelles*. Paris. Langlois, in-8°.

1838 — DEZEIMERIS, *Lettres sur l'histoire de la médecine et sur la nécessité de l'enseignement de cette histoire*, suivies de fragments historiques. Paris, chez l'auteur, in-8° de 384 p.

1838 — DUPRÉ-LASALLE. *Éloge de J. Gerson*, chancelier de l'Église et de l'Université de Paris. (Discours couronné par l'Académie française.) Paris, Didot, in-4° de 34 p.

1834-1838 — DUVERGIER. *Table générale... des lois, décrets, ordonnances, règlements, etc., depuis 1788 jusques y compris 1830*. Paris, Guyot et Scribe, 2 vol. in-8° (1).

1838 — GERMAIN SARRUT et SAINT-EDME, *Précis historique sur Pont-le-Voy, son abbaye et son collège*. Biographie de M. l'abbé Demeuré (Ext. de la *Biographie des hommes du jour*, par G. Sarrut et Saint-Edme). Paris, L.-B. Thomassin et Cie, in-8°.

1838 — GRAVES. *Statistique du canton de Clermont (Oise)*. (*Annuaire de l'Oise*).

(1) Cette table est le guide le plus sûr pour ceux qui veulent pénétrer dans le dédale de la législation révolutionnaire relative à l'enseignement.

1838 — JOURDAIN (Ch.). *Dissertation sur l'état de la philosophie naturelle en Occident et principalement en France pendant la première moitié du xiiᵉ siècle.* Paris, F. Didot, in-8° de 121 p.

1838 — LARANAL. *Exposé sommaire des travaux de Joseph Lakanal, ex-membre de la Convention nationale et du Conseil des Cinq-Cents, pour sauver, pendant la Révolution, les Sciences, les Lettres, et ceux qui les honoraient par leurs travaux.* Paris, F. Didot, in-8° de 232 p.

1838 — PIERS. *Notice sur le Collège anglais de Saint-Omer (Archives du Nord de la France,* 2ᵉ série, tome II, p. 5.)

1838 — SCHWAB (Joh. Bapt.). *Johannes Gerson,* Professor der Theologie und Kanzler der Universität Paris. Würzbourg, in-8°.

1838 — STRÖBEL. *Histoire du gymnase protestant de Strasbourg.* Strasbourg, Ch. Heitz, in-8° de 183 p.

1839 — *Bibliothèque de l'école des Chartes. Revue d'érudition consacrée spécialement à l'étude du moyen âge.* Paris, Schneider, in-8° (se continue).

1839 — BOURGON (J.). *Sur les efforts tentés par les Franc-Comtois pour conserver les hautes études* (Mémoires de l'académie de Besançon, T. LXIII).

1839 — MAUPASSANT. *Notice sur l'Abbaye de Saint-Sauveur de Vertus* (Mém. de la Soc. d'Agriculture du département de la Marne); p. 18 et 22.

1839 — OZANAM. *Dante et la philosophie catholique du xiiiᵉ siècle.* Lyon et Paris, Périsse, in-8°.

1839 — PIGOT (E.). *De l'instruction publique à Pau.* (Montagnard des Pyrénées, 19 décembre.)

1839 — POMPÉE (Philibert). *Rapport historique sur les écoles primaires de la ville de Paris depuis leur origine jusqu'à la loi du 28 juin 1833.* Paris, imp. Royale, in-8°.

1839 — POQUET (l'abbé). *Histoire de Château-Thierry.* Paris, Dumoulin, 2 vol. in-8° (1).

1839 — RAIGE-DELORME (Le Dʳ). *De la médecine. Considérations sur les Sciences médicales, histoire et bibliographie générales.* Paris, Rignoux, in-8° de 272 p. (Extr. du t. XIX du *Dictionnaire de médecine, ou répertoire général des sciences médicales.*)

1839 — DE SAVIGNY. *Histoire du droit romain au moyen âge.* Traduite de l'allemand sur la dernière édition et précédée d'une notice sur la vie et les écrits de l'auteur, par Charles Guenoux. Paris, Hingray et Durand, 4 vol. in-8°. (La première édition allemande est de 1826.)

1839 — SCHMIDT. *Essai sur J. Gerson,* chancelier de l'Université et de l'Église de Paris. Strasbourg, Schmidt; Paris, Cherbuliez, in-8° de 136 p.

1839 — THÉRY. *Origines du Collège royal de Versailles.* Versailles, Montaland-Bougleux, in-8° de 30 p.

(1) Voir sur le Collège le 2ᵉ volume, p. 104.

39-40 — AMPÈRE. *Histoire littéraire de la France au* XII° *siècle*. Paris, Hachette, 3 vol. in-8°.

1840 — CASTELNAU. *Notice sur la vie et les ouvrages du jurisconsulte. Placentin.*, in-4° de 35 p. (*Mém. de la Société archéol. de Montpellier.*)

1840 — DEMOGEOT. *Notice sur le Collège royal de Lyon*, Lyon, Boitel, in-4° de 44 p. (Extr. de *Lyon ancien et moderne*.)

1840 — KUHNOLTZ (B.-Achille). *Histoire de l'Université de Montpellier.* Paris, Fournier, in-8° de 40 p. (Extr. du journal *Les Écoles*.)

1840 — RICHÔMME (Ch.). *Histoire de l'Université de Paris.* Paris, Delalain, in-8° de XXVI-202 p.

1841 — DUPIN (Charles). *Vie d'un bienfaiteur de l'humanité.* Paris, Didot, in-32 de 84 p. (1).

1841 — DUPRÉ. *Essais sur la Seigneurie, le Monastère et l'école de Pont-le-Voy*, Blois, Dézairs, in-12 de 110 p.

1841 — FORNERON. *Notice sur le Collège de Troyes* (*Annuaire du département de l'Aube*).

1841 — FRITZ (Th.). *Esquisse d'un système complet d'instruction et d'éducation et de leur histoire*, avec indication des principaux ouvrages qui ont paru sur les différentes branches de la pédagogie, surtout en Allemagne, Strasbourg, Schmidt et Grucker, 3 vol. in-8° de 1495 p.

1841 — GERMER-DURAND. *L'Université de Montpellier au* XIV° *siècle*, discours prononcé à la distribution des prix du collège royal de Montpellier. Montpellier, Jean Martel aîné, in-8° de 23 p.

1841 — KILIAN. *Tableau historique de l'instruction secondaire en France*, depuis les temps les plus reculés jusqu'à nos jours. Paris, Delalain, in-8° de 335 p.

1841 — [MENJOULET]. *Notice historique sur le séminaire et le Collège de Sainte-Marie d'Oloron*. Pau, Vignancourt, in-4° de 20 p.

1841 — NÉGRIN. *Notice historique sur le Collège royal de Tournon*. Valence, Marc Aurel frères, in-8° de 60 p.

1841 — OLLERIS. *Cassiodore, conservateur des livres de l'antiquité latine* (Thèse). Paris, Dondé-Dupré, in-8°.

1841 — THEINER (Aug.). *Histoire des institutions d'éducation ecclésiastique.* (Traduit de l'allemand par Cohen). Paris, Debécourt, 2 vol. in-8° de 801 p.

1842 — *Anciens collèges d'Eure-et-Loir* (Annuaire du département).

1842 — CAUDREY. *Notice sur le Collège de Saint-Lô* (*Bullet. de l'Instr. publ. et des Soc. savantes de l'Acad. de Caen*). Caen, Hardel, in-8° de 64 p.

1842 — COUPPEY. *Notice sur le Collège de Domfront*, (*Bull. de l'instruction publique et des Sociétés savantes de l'Académie de Caen*). Caen, Hardel, in-8°, p. 61.

1842 — FRET (abbé). *Antiquités et chroniques percheronnes ou recherches*

(1) C'est l'éloge du duc de La Rochefoucauld-Doudeauville qui s'était montré si zélé pour le haut enseignement agricole.

sur l'histoire civile, religieuse, monumentale, politique et littéraire de l'ancienne province du Perche et pays limitrophes (2ᵉ édition). Mortagne, Glacon, 3 vol. in-8 (1).

1842 —, MÉNARD. *Notice sur les collèges de l'Université de Poitiers.* In-8° de 8 p. *(Bulletin de la Société des Antiquaires de l'Ouest*, T. III).

1842 — PARMENTIER. *Archives de Nevers* ou Inventaire historique des titres de la ville. Paris, Techener, 2 vol. in-8° (2).

1842 — PILLET. *Notice sur le Collège de Bayeux* (Bull. de l'Instruction publique et des Sociétés savantes de l'Académie de Caen, 2ᵉ année, t. II, p. 440.)

1842 — RENDU (A.). *De l'instruction secondaire et spécialement des écoles secondaires ecclésiastiques.* Paris, Delalain, in-8° de 506 p.

1842 — DE LA SICOTIÈRE. *Histoire du Collège d'Alençon* (Annuaire de Normandie, p. 366).

1843 — CHARPENTIER. *Histoire de la Renaissance des lettres en Europe au* xvᵉ *siècle.* Paris, Vve Maire-Nyon, 2 vol. in-8° de 846 p.

1843 — DIVERS. *Sur l'influence des Universités pendant les* xvᵉ, xvıᵉ *et* xvııᵉ *siècles.* (Congrès scientifique.)

1843 — *Documents inédits sur l'ancien Collège de Levroux* (Revue du Berry).

1843 — JOURDAIN (A.). *Recherches critiques sur l'âge et l'origine des traductions latines d'Aristote.* Paris, Joubert, in-8° (3).

1843 — SAINT-RENÉ TAILLANDIER. *Scot Érigène et la philosophie scolastique.* Paris, Bertrand; Strasbourg, Vve Levrault, in-8° de 365 p.

1843 — SPACH (L.). *La ville et l'Université de Strasbourg* (Congrès scientifique, t. I, p. 65).

1843 — WALTHER (Ch.-Fr.). *Histoire de la Réformation et de l'École littéraire de Schéléstadt,* accompagnée de quelques notices historiques sur cette ville (Thèse). Strasbourg, G.-S. Schüler, in-4° de 354 p.

1844 — CAHOUR (le P.). *Les Jésuites par un Jésuite.* (2ᵉ édition). Paris, Poussielgue, in-12.

1844 — CAILHAT. *Notice sur le Collège de Clermont.* Clermont, Thibaud-Landriot, in-8°.

1844 — D.... M. apost... *Précis historique des écoles chrétiennes, épiscopales, curiales, monastiques et congréganistes, depuis Jésus-Christ jusqu'à nos jours, leurs rapports avec l'Université.* Paris, Dentu, in-12.

1844 — GASC. *Études historiques et critiques sur l'instruction secondaire considérée dans ses rapports avec l'État, l'Université, le clergé et les familles.* Paris, Appert, in-8°.

1844 — JÜSTE. *Essai sur l'histoire de l'instruction publique en Belgique depuis les temps les plus reculés jusqu'à nos jours.* Bruxelles, Muquardt, in-8°.

(1) La première édition avait paru en 1838-1840. Notes sur la plupart des anciens collèges. Voir notamment les pages 82 et 230 du tome III.
(2) Précieuses notices sur les collèges de Nevers.
(3) Nouvelle édition, revue et augmentée, publiée par le fils de l'auteur, M. Ch. Jourdain.

1844 — DE LA LIMORLIÈRE. *Souvenirs de l'ancienne Université de Poitiers.* In-18 de 16 p. (*Mém. de la Soc. des Antiquaires de l'Ouest*, t.III).

1844 — MARISSAL. *Recherches pour servir à l'histoire de la ville de Roubaix, de 1400 à nos jours.* Roubaix, Beghin, in-8°.

1844 — RIANCEY (Henri de). *Histoire critique et législative de l'instruction publique et de la liberté d'enseignement en France.* Paris, Sagnier et Bray, 2 vol. in-8° de VIII-407 et 487 pages.

1844 — TROPLONG. *Du pouvoir de l'État sur l'enseignement*, d'après l'ancien droit public français. Paris, Ch. Hingray, in-8 de 319 p.

1844 — VILLEMAIN. *Exposé des motifs et projet de loi sur l'instruction secondaire.* Paris, imprimerie royale, in-4° de 200 p. (1).

1845 — DU BOIS. *Histoire de Lisieux et de son arrondissement.* Lisieux, Durant, 2 vol. in-8°.

1845 — CHALLE (A.). — *Le Collège d'Auxerre.* In-8° de 29 p. (*Annuaire de l'Yonne*).

1845 — EMOND. *Histoire du Collège Louis-le-Grand*, ancien collège des Jésuites de Paris, depuis sa fondation jusqu'en 1830. Paris, Durand, in-8°.

1845 — GUYNODIE. *Histoire de Libourne et des autres villes et bourgs de son arrondissement.* Bordeaux, Faye, 3 vol. in-8°.

1845 — HALMAGRAND. *Origine de l'Université.* Paris, au Comptoir des Imprimeurs unis, in-8° de 386 p.

1845 — PALLAVICINI (Sforza) *Histoire du concile de Trente*, traduite en français sur l'original italien. Montrouge, Migne, 3 vol. in-4° (2).

1845 — PRAT (le P.). *Essai historique sur la destruction des ordres religieux en France au XVIII° siècle.* Paris, Poussielgue, in-8°.

1845 — RAVIGNAN (le P. DE). *De l'existence et de l'Institut des jésuites.* Paris, Poussielgue-Rusand, in-12° (5° édition).

1845 — RÉMUSAT (Ch. de). *Abélard.* Paris, Ladrange, 2 vol. in-8°.

1845 — STOLZ. *Édit de 1707 sur l'étude et sur l'exercice de la médecine* (*Gazette médicale de Strasbourg*).

1845 — TARANNE. *De la gratuité de l'enseignement dans l'ancienne Université de Paris au XVIII° siècle* (*Journal général de l'instruction publique*, numéros des 8 et 12 février).

1845 — TARANNE. *Notice historique sur les Collèges de l'ancienne Université de Paris* (numéros des 12 et 16 mars, 12 avril, 4, 18 et 28 juin, 9 août, du *Journal général de l'instruction publique*).

1846 — BENOIT (Charles). *Essai historique sur les premiers Manuels d'instruction oratoire jusqu'à Aristote.* Paris, Joubert, in-8° de 174 p.

1846 — BESSON. *Mémoire historique sur l'abbaye et la ville de Lure.* Besançon, Bintot, in-8°.

1846 — COLLOMBET (F. Z.) *Histoire critique et générale de la suppression des Jésuites au XVIII° siècle.* Paris et Lyon, Périsse, 2 vol. in-8°.

(1) C'est comme document annexe que figure ici une statistique, par département, du nombre des Collèges et des élèves avant 89, statistique souvent citée et fort incomplète.

(2) La première édition de cette histoire est de 1656, Rome, 2 vol. in-fol.

1846 — Crétineau-Joly (J.). *Histoire religieuse, politique et littéraire de la compagnie de Jésus.* Paris, Mellier frères, 6 vol. in-8° (2° édition) (1).

1846 — Dunand. *Histoire de l'enseignement en France (Discours de réception à l'Académie de Mâcon).* Mâcon, Dejussieu, in-8° de 20 p.

1846 — Duthilgeul (E.). *Histoire des corporations religieuses en France.* Paris, Amyot, in-8°.

✦ **1846** — Lespy (V.). *Ancienne Université de Pau.* (Dans l'*Observateur des Pyrénées*, 21 octobre).

✦ **1843-1846** — Marlot (Dom). *Histoire de la ville, cité et Université de Reims.* Reims, Jacques, 4 vol. in-4°.

1846 — Peyran (Ch.). *Histoire de l'ancienne Académie réformée de Sedan.* Strasbourg, Levrault, in-8°.

1846 — Pitra (Dom.). *Histoire de saint Léger, évêque d'Autun et martyr, et de l'Eglise de France au* VII° *siècle.* Paris, Weille, in-8°.

1846 — Puiseux (L.). *Les Jésuites à Caen.* Caen, Hardel, in-8° de 98 p.

1846 — Rebitté (D.). *Guillaume Budé, restaurateur des études grecques en France* (Thèse-Paris). Paris, Joubert, in-8° de 280 p.

1846 — Saint-Priest (Cte Alexis de). *Histoire de la chûte des Jésuites au* XVIII° *siècle (1750-1782).* (Nouv. édit.). Paris, Amyot, in-12 de III-424 p.

1847 — Benech. *De l'enseignement du droit français dans la Faculté de droit civil et canonique de l'ancienne Université de Toulouse.* Toulouse, tous les libraires ; Paris, Cotillon, in-8° de 116 p.

1847 — De Bougy (Alfred). *Histoire de la Bibliothèque Sainte-Geneviève,* précédée de la Chronique de l'abbaye, de l'ancien collège de Montaigu et des monuments voisins, suivie d'une monographie bibliographique ou catalogue des ouvrages manuscrits et imprimés relatifs à Sainte-Geneviève, par Pinçon. Paris, Comptoir des imprimeurs unis, in-8°.

1847 — Combes (Anacharsis). *Histoire de l'école de Sorèze.* Toulouse, Jougla, in-8° de 386 p.

1847 — Hélyot (le R. P.). *Dictionnaire des ordres religieux,* ou Histoire des ordres monastiques, religieux et militaires, et des congrégations séculières de l'un et de l'autre sexe, par le R. P. Hélyot, mise par ordre alphabétique, corrigée et augmentée par M. L. Badiche. Paris, Migne, 4 vol. in-4° (2).

1847 — Seguin (Ed.). *J. Rodriguez Péreire, premier instituteur des sourds-muets en France.* Paris, J.-B. Baillère, in-12°.

1847 — Taranne. *Notice historique sur le concours général entre les Collèges de Paris.* (*Journal général de l'instruction publique.*)

1847 — Varin (P.). *La vérité sur les Arnauld,* complétée à l'aide de leur correspondance inédite. Paris, Poussielgue-Rusand, 2 vol. in-8°.

___

(1) La première édition est de 1844.

(2) Cet ouvrage, terminé par le P. Bullot, a paru de 1714 à 1721 ; Paris, 8 vol. in-4°. Nouvelle édition, en 1838, avec notes par Philippon de la Madeleine.

1848 — COURTÉPÉE. *Description générale et particulière du duché de Bour-gogne, précédée de l'abrégé historique de cette province* (2ᵉ édi-tion, augmentée de divers mémoires). Dijon, Lagier, 4 vol. in-8° (1).

1848 — CRÉTINEAU-JOLY (J.). *Clément XIV et les Jésuites, ou histoire de la destruction des Jésuites*, composée sur les documents inédits et authentiques (2ᵉ édition). Paris et Lyon, Mellier frères et Guyot père et fils, in-8° de IV-480 p.

1848 — DANIEL. *Notice sur le Collège de Coutances.* Caen, Hardel, in-8° de 80 p.

1848 — DEPPING. *Etudes à l'Université de Paris au commencement du xvıᵉ siècle* (*Annuaire de la Société des Antiquaires de France.*)

1848 — GUILLEMIN. *Le cardinal de Lorraine, son influence politique et reli-gieuse* (Thèse-Paris). Paris, Joubert, in-8° de III-505 p.

1848 — HAHN (Ludw.). *Das Unterrichts-Wesen in Frankreich mit einer Geschichte der Pariser Universität.* Breslau, Gosohorski, 2 vol. in-8°. (L'instruction publique en France avec une histoire de l'université de Paris).

1848 — LAFITE. *Des doctrines pédagogiques de Plutarque* et en particulier de son traité sur l'éducation des enfants (Thèse-Strasbourg). Strasbourg, Huder, in-8° de 55 p.

1848 — LAFITE. *De ratione docendi quatenus ad morum disciplinam spectat.* (Thèse-Strasbourg). Strasbourg, Huder, in-8° de 18 p.

1848 — PATRU. *De la philosophie du moyen âge, depuis le VIIIᵉ siècle jus-qu'à l'apparition en Occident de la physique et de la méta-physique d'Aristote* (Thèse-Paris). Paris, imprimerie Fain, in-8° de 187 p.

1848 — RAYNAUD. *De l'état des écoles dans l'empire d'Orient au commence-ment du IVᵉ siècle* (Thèse-Strasbourg). Strasbourg, Berger-Levrault, in-8° de 64 p.

1849 — BÉGIN (Emile). *1° Chimie et alchimie; 2° chirurgie; 3° pharmacie.* (Dans le *Moyen âge et la Renaissance*, publication dirigée par le bibliophile Jacob). Paris, Plon, in-4° (2).

1849 — BOURGUIGNON. *Notes pour servir à l'histoire de l'ancienne Ecole de médecine de Strasbourg* (thèse-médecine). Strasbourg, Berger-Levrault, in-4° de 46 p.

1849 — DE BROGLIE. *De l'instruction publique en France*, in-12 de 92 p. (a été reproduit dans les *Etudes morales et littéraires*. Paris, Michel Lévy, 1853).

1849 — CHÉRUEL. *De l'instruction publique à Rouen.* (*Précis analytique des travaux de l'Académie de Rouen pendant l'année 1849*, p. 289 et suiv.)

1849 — FAUCHÉ (L.). *Tableau des différents âges du Collège Louis-le-Grand*, hommes célèbres qui lui ont appartenu comme

(1) La première édition est de Dijon, 1774-1785. Notes nombreuses sur les anciens collèges.
(2) Chacune de ces études est suivie d'une bibliographie spéciale.

maîtres ou élèves (Discours de distribution de prix). Paris, J.-B. Gros, in-8°.

1849 — LEGLAY. *Cameracum Christianum* ou histoire ecclésiastique du diocèse de Cambrai, extraits du *Gallia christiana* et d'autres ouvrages, avec des additions considérables. Lille, L. Lefort, in-4°.

1843-1849. — MARCHEGAY. *Archives d'Anjou*. Recueil de documents et mémoires inédits sur cette province. Angers et Paris, Potier, 2 vol. in-8° (1).

1849 — SURRAULT (Calixte). *Notice historique sur le Collège de Melle*. Melle, Moreau, in-8° de 19 p.

1849 — TINNENBROCK, *Notice sur le Collège d'Eu*. Eu, Houdbert-Cordier, in-18 de 55 p.

1849 — VALLET DE VIRIVILLE. *Histoire de l'instruction publique en Europe et principalement en France depuis le christianisme jusqu'à nos jours* (universités, collèges, écoles des deux sexes, académies, bibliothèques publiques, etc.) Paris, *Administration du moyen âge et de la Renaissance*, in-4° de 400 p.

1850 — AFFRE (H.). *Simples récits sur Espalion*. Villefranche, Vve Lestan, in-8° (2).

1850 — BIMBENET. *Mémoire sur les Ecoliers de la Nation picarde à l'Université d'Orléans et sur la Maille d'Or de Florence*. Amiens, Duval et Hermant, in-8° de 86 p.

1850. — CASTELNAU. *Notice sur la Liber Rectorum* (*Mém. de la Société archéol. et hist. de Montpellier*).

1850 — CORDARA (J.). *Historiæ Societat·s Jesu sexta pars complectens res gestas sub Mutio Vitellescho*. Tomus prior ab. a. 1616-1625. Auct, Julio Cordara, Soc. Jesu Sacerd. Romæ, ex typographia Antonii de Rubeis, fol.

1850 — HAURÉAU. *De la philosophie scolastique*. Paris, Pagnerre, 2 vol. in-8°.

1850 — LAVIGERIE. *Etude historique sur l'école chrétienne d'Edesse* (thèse). Lyon et Paris, Périsse, in-8° de 157 p.

1846-1850 — MONLEZUN (l'abbé), *Histoire de Gascogne*. Paris, Dumoulin, Durand, 7 vol. in-8°.

1850 — NÈVE (Félix). *Notices pour servir à l'histoire littéraire de l'Université de Louvain*. Louvain, Van Linthout, in-12.

1850 — PILLOT (Louis). *Documents sur l'Université de Douai de 1699 à 1704* (extraits des *Mémoires inédits de Monnier de Richardin*). Douai, Adam d'Aubers, in-8°.

1849-1850 — RABANIS. *Ancien Collège de Guyenne* (Compte rendu des travaux de la Commission des monuments et documents historiques du département de la Gironde).

1850 — THUROT (Ch.). *De l'organisation de l'enseignement dans l'Université de Paris au moyen âge* (Thèse-Paris). Paris, Dezobry, in-8° de 212 p.

(1) V. notamment au tome premier, p. 93-97, une notice sur les anciens collèges.
(2) V. p. 284 sur le collège d'Espalion.

1850 — THUROT (Ch.). *De Alexandri de Villa Dei Doctrinali, ejusque fortuna* (Thèse-Paris). Paris, Dezobry, in-8° de 74 p.

1841-1851 — BARDIN (général). *Dictionnaire de l'armée de terre et de mer* ou Recherches historiques sur l'art et les usages militaires des anciens et des modernes. Paris, Corréard, in-8° (1).

1851 — BAZILLE. *Lutte entre les Universités et les ordres religieux au XIII° siècle* (Thèse-théologie). Montauban, Forestié, in-8° de 60 p.

1851 — CUCHERAT (l'abbé). *Cluny au XI° siècle*. Son influence religieuse, intellectuelle et politique. Mâcon, Dejussieu, in-8° de 160 p.

1851 — DAREMBERG (Ch.). *Essai sur la détermination et le caractère des périodes de l'histoire de la médecine*. Paris, Didier et Baillière, in-8°.

1851 — DELISLE (L.) *Etude sur la condition de la classe agricole et l'état de l'agriculture en Normandie au moyen âge*. Evreux, A. Hérissey, in-8° (2).

1851 — DIGOT (A.). *Recherches sur les Écoles épiscopales et monastiques de la Province de Trèves*. In-8° de 100 p. (Dix-septième Congrès scientifique de France), Paris, Drach, 2 vol. in-8° (3).

1851 — GAUME (l'abbé). *Le ver rongeur des sociétés modernes ou le paganisme dans l'éducation*. Paris, Gaume, in-8° de 420 p.

1851 — GERMAIN (A.). *Les Écoles de Montpellier au moyen âge* (dans l'*Histoire de la commune de Montpellier*, t. I°°, Introduction, et t. III, de la page 1 à la page 160).

1851 — LAFORÊT. *Alcuin, restaurateur des sciences en Occident*. Louvain, in-8°.

1851 — LALANNE (l'abbé). *Influence des Pères de l'Église sur l'éducation publique pendant les premiers siècles de l'ère chrétienne* (Thèse-Paris). Saint-Cloud, Belin-Mandar, in-8° de 240 p.

1851 — LALANNE (l'abbé). *De disciplina morali Romanorum in liberorum institutione* (Thèse). Saint-Cloud, Belin-Mandar, in-8° de 72 p.

1851 — LANDRIOT (l'abbé). *Recherches historiques sur les écoles littéraires du christianisme, suivies d'observations sur le Ver rongeur*. Paris, Douniol, in-8° de 300 p.

1851 — LEBEUF (l'abbé). *Mémoires concernant l'histoire civile et ecclésiastique d'Auxerre et de son ancien diocèse*, continuée jusqu'à nos jours par MM. Challe et Quantin. Paris, Didron, 4 vol. in-8° (4).

1851 — LEDAIN (Bélisaire). *Histoire de Parthenay*. Paris, Durand, in-8°.

1851 — DURAND. *Mémoire sur l'Université d'Orléans* (*Congrès scientifique*, 18° session, t. II, p. 176).

1844-1851. — *Notices sur les établissements d'instruction publique* (du

(1) Cet ouvrage, divisé en dix-sept parties, contient en tout 5,337 pages

(2) Voir notamment la p. 173 et suiv. sur *Les petites écoles*.

(3) Dans ses *Écoles épiscopales et monastiques* (V. 1866), M. Maître dit avoir trouvé un puissant secours dans cet ouvrage de M. Digot.

(4) MM. Challe et Quantin donnent de longs détails sur la curieuse histoire du collège d'Auxerre au XVIII° siècle.

département de l'Isère) *avant 1789 (Statistique générale du département de l'Isère*, par MM. Gueymard, Charvet, Pilot et Gras, t. II, p. 521). Grenoble, Allier, 4 vol. in-12.

1851 — ROY-PIERREFITTE (l'abbé), *Histoire de la ville de Bellac* (Haute-Vienne). Limoges, imp. Chapoulaud, in-8°.

1851 — SCHWALB (Auguste). *Notice sur Wimpheling*, considéré principalement dans ses rapports avec l'Église et les Écoles (Thèse-Strasbourg). Strasbourg, Berger-Levrault, in-8° de 44 p.

1852 — CAHOUR (Le P.). *Des études classiques et des études professionnelles*. Paris, Poussielgue, in-8° de 285 p.

1852 — DESGARETS (chanoine). *Du paganisme dans l'éducation*, ou défense des écoles catholiques des quatre derniers siècles contre les attaques de nos jours. Paris, Périsse frères, in-8°.

1852 — FAUCILLON. *Notice historique sur le collège royal de Montpellier, depuis la suppression des jésuites en 1762 jusqu'aux événements de 1793*. Montpellier, Grollier, in-8° de 47 p.

1852 — GRAFS. *Essai sur la vie et les écrits de Lefèvre d'Étaples* (dans le *Zeistchrift die historische theologie*, anno 1852).

1852 — LEBLANC (abbé H.-J.). *Essai historique et critique sur l'étude et l'enseignement des lettres profanes dans les premiers siècles de l'Église* (Thèse-Paris). Paris, Périsse frères, in-8° de 277 p.

1852 — LEBLANC (H.-J.) *Utrùm B. Gregorius magnus litteras humaniores et ingenuas artes odio persecutus sit* (Thèse-Paris). Paris, Firmin-Didot, in-8° de 98 p.

1852 — NOURRISSON. *Essai sur la philosophie de Bossuet*. Paris, Ladrange, in-8° de 40 p.

1853 — BERNIER (l'abbé). *Le Collège de Beaupréau* (*Revue d'Anjou*, t. II, p. 107, 146, 275).

1853 — BIMBENET. *Histoire de l'Université de lois d'Orléans*. Paris, Dumoulin; Orléans, Gatineau, in-8°.

1853 — CLÉRE. *Histoire de l'École de La Flèche depuis sa fondation par Henri IV jusqu'à sa réorganisation en prytanée impérial militaire*. La Flèche, Jourdain, in-12 de XVI-382 p.

1853 — DANIEL (le P.). *Des études classiques dans la société chrétienne*. Paris, Julien Lanier et Cie, in-8° de 445 p.

1853 — DESTOMBES (l'abbé). *Collèges et séminaires anglais fondés dans le nord de la France au XVIe siècle* (*Congrès scientifique*, t. II, p. 227).

1853 — GALLY (abbé). *Notice sur le Collège d'Avallon*, in-8° de 12 p. (*Annuaire du département de l'Yonne*.)

1853 — JOUVANCY. *Epitome historiæ societatis Jesu, auctore Josepho Juvencio, ejusdem societatis sacerdote*. Gandavi, è prelo vid. Poëlman-de-Paepe, 4 vol. in-8° de V-228, 344, 320 et 304 p.

1853 — LACROIX. *Notice historique sur l'institution Savouré*. Paris, imprimerie Gros, in-8° de 44 p.

1853 — LAENNEC (Ch.). *Notice sur l'ancienne université de Nantes* (*Revue des provinces de l'Ouest*).

1853 — LAFERRIÈRE. *Mémoire sur les origines de l'Université de Paris*

(Séances et travaux de l'Académie des sciences morales et politiques).

1853 — LEFEUVE. Histoire du Collège Rollin, ci-devant Sainte-Barbe, et des pensions, communautés et collèges qui constituent son origine. Paris, Dépôt de publicité, in-8° de 412 p.

1853 — LEPAGE (H.). Les communes de la Meurthe. Nancy. A. Lepage, 2 vol. gr. in-8°.

1853 — MAYNARD (abbé). Des études et de l'enseignement des Jésuites à l'époque de leur suppression (1750-1773), suivi de l'examen général de l'Histoire du Pontificat de Clément XIV, du P. Theiner, par le même auteur. Paris, Poussielgue-Rusand, in-8° de 296 p.

1853 — MICHIELS (Alfred). La question de l'enseignement au XVIIᵉ siècle, In-8° de 22 p. (Revue contemporaine.)

1853 — MONNIER (Francis). Alcuin et son influence littéraire, religieuse et politique chez les Francs, avec des fragments d'un commentaire inédit d'Alcuin sur saint Mathieu et d'autres pièces publiées pour la première fois (Thèse-Paris). Paris, Durand, in-8° de 268 p. (1).

1853 — MONNIER (Francis). De Gothescalci et Joannis Scoti Erigenæ controversia (Thèse-Paris). Paris, Durand, in-8° de 103 p.

1853 — MONTEIL (Alex). Histoire des Français des divers états ou histoire de France aux trois derniers siècles. Paris, Lecou et Guéraudet, 5 vol. in-12 (nouvelle édition) (2).

1847-1853 — OGÉE (J.). Dictionnaire historique et géographique de la province de Bretagne. Nouvelle édition par A. Marteville et P. Varin. Rennes, Deniel, 3 vol. in-4° (3).

1853 — PIERRON (Al.). Saint Louis et Harcourt. Notice historique lue à la distribution des prix (13 juillet). Paris, J.-B. Gros, in-8° de 31 p.

1873 — POUCHET (F.-A.). — Histoire des sciences naturelles au Moyen-Age ou Albert-le-Grund et son époque considérés comme point de départ de l'Ecole expérimentale. Paris, J. B. BAILLIÈRE, in-8°.

1853 — STALLAERT et VAN DER HAEGHEN. De l'instruction publique au moyen âge (dans la collection des Mémoires couronnés par l'Académie des sciences de Bruxelles).

1854 — ACHARD (Paul). Administration et mouvement ancien de l'instruction publique dans Vaucluse (Annuaire de Vaucluse).

1854 — Bulletin de la Société de l'histoire du protestantisme français. Paris, Cherbuliez, in-8° (4).

1854 — DREYSS. Les anciennes Universités de France. (Revue de l'instruction publique) (5).

(1) Réimprimé en 1864 avec d'utiles augmentations.
(2) On pourrait tirer de cet ouvrage un volume sur l'instruction publique, comme on a fait pour la médecine. La meilleure édition publiée du vivant de l'auteur, est la troisième ; elle a paru, revue et corrigée, en 1848.
(3) La première édition est de Rennes, 1778-1780.
(4) Il continue depuis et a pris aujourd'hui le titre de Bulletin littéraire et historique. On trouvera aux tables de nombreux renseignements de détail.
(5) Ce sont des articles bien étudiés sur l'ancien enseignement dans les seize nouveaux centres académiques que venait de créer la loi du 14 juin 1854, et qui avaient remplacé les académies départementales établies par la loi du 15 mars 1850.

1854 — Dutilleul. *Notice abrégée sur l'ancienne Université et l'Académie de Douai*. Douai, Adam d'Aubers, in-8° de 16 p.

1854 — Hugonin (l'abbé). *Essai sur la fondation de l'école de Saint-Victor* (Thèse-Paris). Paris, E. Belin, in-8° de viii-183 p.

1854 — La Luzerne (Mgr de), Évêque de Langres. *Rapport sur la situation de l'enseignement dans son diocèse en 1782*. V. (Carnandet, *Le trésor des pièces rares et curieuses de la Champagne*, t. Ier, p. 17)(1).

1854 — Lamothe (Léonce de). *Ancienne Université de Guyenne*. (*Revue de Bordeaux*, p. 317).

1854 — Lamothe (L. de). *Les Jésuites à Bordeaux*. (Comptes rendus de la Commission des monuments et documents historiques du département de la Gironde).

1854 — Laurendeau. *Notes et documents sur l'École centrale de 1796*. In-8° de 12 p. (*Bulletin de la Société archéologique de Soissons*.)

1854 — Lourde-Rocheblave (Le past.). *L'Académie d'Orthez* (*Bulletin de la Société de l'histoire du protestantisme français*).

1854 — Morellet. *Mémoire sur les Écoles de Decize depuis le xive siècle jusqu'en 1789* (*Bulletin de la Société nivernaise*, t. Ier, p. 416).

1854 — Nicolas (M.). *Histoire littéraire de Nîmes et des localités voisines qui forment actuellement le département du Gard*. Nîmes, Ballivet et Fabre, 3 vol. in-12.

1854 — Raumer (Karl von). *Geschichte der Pedagogik* (Histoire de la Pédagogie). Stuttgard, Liesching, 4 vol. in-8° (2).

1854 — Thomas. *Le Collège de Pézenas*, in-4° de 27 p. (*Mémoire de la Société archéologique de Montpellier*, t. III) (3).

1855 — Arbois de Jubainville (d'). *Voyage paléographique dans le département de l'Aube*. Troyes, Bouquot, in-4° (4).

1855 — Benech. *Les Visigoths et les études à Toulouse*. Toulouse, Bonnal et Gibrac, in-8°.

1855 — Bimbenet (E.). *Université d'Orléans*. Chronique historique extraite des registres des écoliers allemands. Orléans, Herluison, in-8°.

1855 — Bourret (l'abbé). *L'école chrétienne de Séville sous la monarchie des Visigoths*, recherches pour servir à l'histoire de la civilisation chrétienne chez les Barbares. Paris, Douniol, in-8° de 216 p.

(1) Ce rapport, en réponse à la circulaire adressée à tous les Évêques en 1780, par l'abbé de Périgord, alors Agent Général du Clergé, est le seul que je connaisse de tous ceux qui ont dû arriver à l'Agence générale ; il est très bien fait et contient une critique motivée de l'Edit de février 1763.

(2) Les deux premiers volumes traitent seuls de l'histoire de l'enseignement. Le premier, après une introduction de 60 pages sur la renaissance littéraire de Dante et de Léon X, va du moyen âge à la mort de Bacon ; le deuxième, de la mort de Bacon à celle de Pestalozzi. Le troisième volume contient diverses études de pédagogie théorique, et le quatrième traite des universités allemandes.

(3) Le collège de Pézenas, dont il s'agit ici, appartenait à la ville et à l'Université de Montpellier.

(4) Ecoles latines et collèges de Chaource, de Mussy, Brienne, etc.

1855 — Chauvet (Emm.). *Hippocrates Coüs qualis fuerit inter philosophos quæsivit Chauvet.* Caen, A. Hardel, in-8° de 46 p.

1855 — Dassier (D'). *Liste des professeurs de la Faculté de Médecine de Toulouse de 1228 à 1793. (Mémoire de l'Académie de Toulouse).*

1855 — Delisle (Léopold). *De l'instruction littéraire de la noblesse française au moyen âge (Journal général de l'instruction publique).*

1855 — Dorlan. *Études historiques sur l'École et la Société littéraire de Schlestadt au xv° et au xvi° siècle (Revue d'Alsace, p. 308, 377 et 385).*

1855 — Durand. *Notice sur le village de Jujurieux en Bugey.* Lyon, imprimerie Vingtrinier, gr. in-8°.

- 1855 — Germain (A.). *Un professeur de mathématiques sous Louis XIV,* Montpellier, Bœhm, in-4° de 26 p. (Extrait des *Mémoires de l'Académie des sciences de Montpellier.*)

1855 — Guardia. *De ortu medicinæ apud Græcos progressuque per Philosophiam Dissertatio* (Thèse-Páris). Parisiis, A. Durand, in-8° de VI-137 p.

1855 — Huguenin (A.). *Etude sur l'abbé Suger.* (Thèse-Paris). Paris, Thunot et Cie, in-8° de 156 p. (1).

1855 — Jung. *De Scholis romanis in Gallia comata.* Lutetiæ Parisiorum, Treuttel et Wurtz, in-8° de 46 p.

1855 — Lenient. *De Ciceroniano bello apud recentiores* (Thèse-Paris), Parisiis, Vid. Joubert, in-8° de 73 p.

1855 — Marchegay. *L'Académie des protestants de Saumur.* Angers, imprimerie de Cosier et Leclère, in-8° de 15 p.

1854-1855 — Rathery. *Les anciens collèges de Paris (Journal général de l'instruction publique)* (2).

1855 — Rodier. *Notice sur S. Romain de Pennafort et les décrétales de Grégoire IX,* in-8° de 12 p. (*Recueil de l'Académie de législation de Toulouse, t. IV.*)

1855 — Schmidt. *La vie et les travaux de J. Sturm, premier recteur du Gymnase et de l'Académie de Strasbourg.* Paris, Meyrueis, in-8°.

1855 — Waddington (Ch.). *Ramus (Pierre La Ramée) : sa vie, ses écrits et ses opinions.* Paris, Meyrueis, in-8° (3).

1856 — Bourgeat (abbé). *Études sur Vincent de Beauvais ou spécimen des études théologiques, philosophiques et scientifiques au moyen âge* (xiii° siècle). Paris, Durand, in-8°.

1856 — Bousson de Mairet. *Annales historiques et chronologiqu:s de la ville d'Arbois.* Arbois, Javel, in-12.

1856 — Digot (A.). *Histoire de la Lorraine.* Nancy, Wagner, 6 vol. in-8° (4).

1856 — Gauthier (Fr.). *Notice historique sur le collège de Langres.* Langres, imp. L'Huillier, in-8° de 77 p.

_____

(1) Parmi les questions examinées dans cette thèse on remarque : 1° caractère de Suger comme légiste; 2° sa part dans le rétablissement du droit et de la justice au xii° siècle; 3° quelle protection a-t-il accordée aux arts et aux études?

(2) Ce travail a commencé le 1er octobre 1854 dans le *Journal général.*

(3) Bonne bibliographie de Ramus.

(4) Ordres religieux, congrégations enseignantes, écoles de la Lorraine.

1856 — Goux (abbé). *Lérins au v* siècle.* (Thèse-Paris). Paris, E. Belin, in-8° de 112 p.

1856 — Laisné, *Notice bibliographique sur Alexandre de Villedieu* (*Mémoires de la Société archéologique d'Avranches*).

1856 — Lallemand. *Notice sur le collège de Vannes.* (*Annuaire du Morbihan*).

1856 — Landriot. *Pièces historiques et justificatives sur la question des classiques.* Autun, Dejussieu, in-8° de 32 p.

1856 — Livet. *Essai sur l'état de l'enseignement en France au XVII* siècle (*Revue française*).

1856 — Long. *La Réforme et les guerres de religion en Dauphiné* (1560-1598). Paris, F. Didot, in-8°.

1856 — De Martonne. *Les grandes Écoles et le Collège de Blois* (*Mémoires de la Soc. des lettres et sciences de Blois*, t. V).

1856 — Moureau (Jules). *Notice historique sur le Collège de Saint-Quentin.* Saint-Quentin, Ad. Moureau, in-8° de 91 p.

1856 — Nève (Félix). *Mémoire historique et littéraire sur le Collège des trois langues à l'Université de Louvain.* Bruxelles, B. Duprat, in-4°, collection des *Mémoires* couronnés (1).

1856 — Nicolas (M.), *Les Écoles primaires et les Collèges chez les protestants français avant la révocation de l'édit de Nantes* (*Bulletin de la Soc. de l'histoire du protestantisme français*. Janvier et février).

1856 — Nourrisson. *Le Cardinal de Bérulle,* sa vie, ses écrits et son temps. Paris, Didier, in-8°.

1856 — Pilot (J.-J.-M.). *Recherches sur les anciennes Universités du Dauphiné et de la généralité de Grenoble* (*Bull. de la Soc. de statistique de l'Isère*, 2° série, t. III, p. 287-312). Grenoble, imp. Maisonville, in-8°.

1856 — Poisson, *Histoire du règne de Henri IV,* Paris, L. Colas, 2 vol. in-8° (2).

1856 — Prat (Le P.). *Maldonat et l'Université de Paris au XVI* siècle.* Paris, Julien Lanier et Cie, 1 vol. in-8° de VI-636 p.

1856 — Prégnon (l'abbé). *Histoire du pays et de la ville de Sedan.* Paris, Dumoulin, 3 vol. in-8°.

1856 — Rich. *Recherches historiques sur les médecins et chirurgiens des rois de France* (*Gazette médicale de Paris*).

1856 — Rigault (H.). *Histoire de la querelle des anciens et des modernes* (Thèse-Paris). Paris, Hachette, in-8°.

1856 — Taranne. *De la discipline dans l'ancienne Université de Paris* (*Journal général de l'instruction publique*, 9 févr.). in-8° de 12 p.

1856 — Voigt (Georges). *Enéa Silvio de Piccolomini, als Papst Pius.* Berlin, G. Reimer, 3 vol. in-8° (*Œneas Silvius de Piccolomini... et son temps*).

---

(1) C'est le pendant des *Mémoires* de Goujet *sur le Collège de France.*

(2) Ce qui se rapporte aux établissements publics, à l'Université, aux lettres, sciences et arts, va de la page 327 à la page 834 du t. II.

1857 — CAILLET. *De l'administration en France sous le ministère du cardinal de Richelieu* (Thèse-Paris). Paris, Didot, Garnier et Durand, in-8° de XVII-548 p.

1857 — CHARMA. *Documents sur l'Université de Caen et Guillaume de Conches* (Mém. de la Soc. des Antiquaires de Normandie, 3° série, T. II, p. 260).

1857 — CHARMA (A.) et MANCEL (G.). *Le Père André, jésuite.* Documents inédits pour servir à l'histoire philosophique, religieuse et littéraire du XVIII° siècle. Paris, L. Hachette, 2 vol. in-8°.

1857 — CLÈRE (Jules). *Henri IV à La Flèche.* La Flèche, Luxembourg, in-12.

1857 — FAUCILLON (J.-N.). *La Faculté de théologie de Montpellier* (1613-1790). Montpellier, J. Martel aîné, in-8° de 48 p.

1857 — FAUCILLON. *Le Collège des Jésuites de Montpellier* (1629-1762). Montpellier, J. Martel, in-8° de 151 p.

1857 — JOLY (A.). *Étude sur J. Sadolet* (1477-1547). Caen, A. Hardel, in-8° de 222 p.

1857 — KŒRNER (Frédéric). *Geschichte der Pædagogik...* Leipzig, in-8°. (Histoire de la pédagogie).

1857 — MEUNIER (Francis). *Essai sur la vie et les ouvrages de Nicole Oresme.* Paris, Durand, in-8° de 205 p.

1857 — *Notice sur le Collège de Condom* (Revue d'Aquitaine).

1857 — PHILIPPE (A.). *Royer-Collard.* Sa vie publique, sa vie privée. Paris, Michel Lévy, in-8°.

1857 — TUEFFERD. *Essai sur les écoles de Montbéliard avant 1792* (Bull. de la Soc. d'émul. de Montbéliard).

1858 — D'ARBOIS DE JUBAINVILLE. *Étude sur l'état intérieur des abbayes cisterciennes, et principalement de Clairvaux aux XII° et XIII° siècles,* avec la collaboration de M. L. Pigeotte. Paris, Durand, 1 vol. in-8° de XII-489 p.

1858 — DE BEAUVILLÉ. *Histoire de la ville de Montdidier.* Paris, Didot frères, 3 vol. in-4°.

1858 — CARRÉ (l'abbé). *L'importance et l'organisation des grandes écoles publiques d'Auxerre au moyen âge* (Congrès scientifique de France, t. II, p. 403 à 413).

1858 — CAUVET (Jules). *Le Collège des droits de l'ancienne Université de Caen.* Caen, Le Gost-Clérisse, in-8° de 194 p.

1858 — DE L'ESPINOIS. *De l'enseignement de la philosophie et de la littérature des XI° et XII° siècles* (Annales de philosophie chrétienne), in-8°.

1858 — DE L'ESPINOIS. *Histoire de Chartres.* Chartres, Garnier, 2 vol. in-8°.

1858 — FAYE. *Le Collège de Chaumont* (Discours de distribution des prix), s. l. n. n., in-8°.

1858 — GEFFROY. *Les étudiants suédois à Paris au XIV° siècle* (Revue des Soc. savantes, t. V, p. 659).

1858 — JAUMES. *Études pour servir à l'histoire de l'École de médecine de Montpellier.* Fréd. Bérard et son opposition à Barthez. In-8° de 72 p. (Montpellier médical.)

1858 — JOURDAIN (Charles). *Sextus Empiricus et la philosophie scolastique.* Paris, Paul Dupont, in-8°.

1858 — JOURDAIN (Ch.). *La philosophie de saint Thomas d'Aquin.* Paris, Hachette, 2 vol. in-8°.

1858 — LE PUILLON DE BOBLAYE (général). *Esquisses historiques sur les écoles d'artillerie.* Metz, Rousseau-Callez, gr. in-8° de 159 p.

1858 — ROPARTZ. *Études pour servir à l'histoire du tiers état en Bretagne.* Saint-Brieuc, Prud'homme, in-8° (1).

1858 — THÉRY (A.-F.). *Histoire de l'éducation en France depuis le VI° siècle jusqu'à nos jours.* Paris, Dezobry et Magdeleine, 2 vol. in-8°.

1858 — TRESVAUX. *Histoire de l'Église et du diocèse d'Angers.* Paris, J. Lecoffre, 2 vol. in-8°.

1859 — ANGLADA. *Notice sur la Bibliothèque de la Faculté de médecine de Montpellier,* in-8° de 58 p. (*Montpellier médical.*)

1859 — BRIVES-CAZES. *Notice historique sur la Bazoche de Bordeaux,* in-8° de 15 p. (*Recueil de l'Académie de Législation de Toulouse,* t. VIII).

1859 — CHANTELAUZE (R. de). *Le P. de la Chaise, confesseur de Louis XIV Etude d'histoire religieuse.* Lyon, Brun, in-8°.

1859 — CLASSEN. *Jacob Mycillus, Rector zu Frankfurt und Professor zu Heidelberg.* Frankfurt, Berlioz, in-8° (2).

1859 — CORDARA (J.). *Historiæ Societatis Jesu pars Sexta 6. Complectens res gestas sub Mutio Vittellescho. Tomus secundus ab an.* 1625-1633. Romæ, typis Civilitatis catholicæ, in-fol.

1850-1859 — DERIBIER DU CHATELET. *Dictionnaire statistique et historique du département du Cantal.* Aurillac, Penet et Bonet, 5 vol. in-4° (3).

1859 — DREYSS. *Quâ æstimatione habendum Ph. Marnixii opus cui titulus de institutione principum ac nobilium puerorum* (Thèse-Paris). Parisiis, Durand, in-8° de 123 p.

1859 — FAUCILLON. *Le collège du Vergier ou de la Chapelle neuve à Montpellier* (1648-1790). Montpellier, Martel, in-8° de 86 p.

1859 — FEUGÈRE (Prosper). *Caractères et portraits littéraires du XVI° siècle.* Paris, Didier, 2 vol. in-8°.

1858-1859 — DE GAUJAL. *Études sur le Rouergue.* Paris, P. Dupont, 4 vol. in-8°.

1846-1859 — HAAG (Eug. et Em.). *La France protestante ou vies des protestants français qui se sont fait un nom dans l'histoire, avec notice historique sur le protestantisme en France.* Paris, Cherbulier, 9 vol. in-8° (Une seconde édition plus complète, a été donnée par M. H. Bordier).

1854-1859 — HAUSSONVILLE (D'). *Histoire de la réunion de la Lorraine à la France.* Paris, Lévy frères, 4 vol. in-8°.

1859 — HUBERT-VALLEROUX. *De l'enseignement, ce qu'il a été, ce qu'il est, ce qu'il devrait être.* Paris, Guillaumin, in-8° de VII-429 p. (4).

(1) Une note sur le collège de Guingamp.

(2) Le chapitre premier contient d'intéressants détails sur les écoles de Strasbourg avant la réforme de J. Sturm.

(3) Nombreuses notices sur les anciens collèges.

(4) 91 pages sont consacrées à l'enseignement avant 89.

1859 — Jodocus Sincerus. *Voyage dans la vieille France*, avec une excursion en Angleterre, en Belgique, en Hollande, en Suisse et en Savoie, par Jodocus Sincerus, écrivain allemand du xviiᵉ siècle, traduit du latin par Thalès Bernard (Extr. de la *France littéraire*, de Lyon). Paris, Dentu et Vanier; Lyon, librairie nouvelle et Meton, in-12 de 358 p.

1859 — Lalanne. *Histoire de Châtellerault et du Châtelleraudais.* Châtellerault, A. Rivière, 2 vol. in-8°.

1859 — Livet. *La grammaire et les grammairiens du xviᵉ siècle.* Paris, Didier, in-8° (1).

1859 — Mort (E.). *Bossuetius et Fenelo, quatenus regiorum alumnorum praeceptores, inter se comparantur* (Thèse-Lettres). Augustae Auscorum, Portes, in-8° de 105 p.

1859 — Rozensweig. *Quelques ordonnances de police à Vannes* (1650-1735) (*Bull. de la Soc. polymat. du Morbihan*).

1859 — Stœber (A.). *L'école militaire de Colmar pendant les années 1776-1779.* Notice tirée des Mémoires manuscrits de Chrét.-Hub. Pfeiffel, suivie de plusieurs lettres adressées à ce dernier par le poète Théoph. Conrad Pfeiffel et sa fille Frédérique, et publiée avec un appendice par A. Stœber. Mulhouse, Risler, in-8° de 55 p.

1859 — Tisserand. *Le Théâtre au collège*, étude sur les exercices dramatiques dans les écoles, suivie de l'analyse des principales pièces représentées au collège de Sens (1610-1761), traduites et commentées. Paris, Dumoulin, in-8° de 155 p.

1860 — Baunard (l'abbé). *Théodulf, évêque d'Orléans et abbé de Fleury.* Paris, Douniol, in-8° de 373 p.

1860 — Baunard (l'abbé). *Quid apud Graecos de institutione puerorum senserit Plato* (Thèse-Paris). Paris, Douniol, in-8° de 163 p.

1860 — Boreau (V.). *Chronique protestante de l'Angoumois.* Paris, Meyrueis, in-8° (2).

1860 — Cabrol (Etienne). *Annales de Villefranche de Rouergue.* Villefranche, Vve Lestan, 2 vol. in-8° (3).

1860 — Faucillon. *La Faculté des arts (des lettres) de Montpellier.* Montpellier, Jean Martel aîné, in-8°.

1860 — Germain. *Les inscriptions de l'ancienne Université de médecine de Montpellier.* Montpellier, Jean Martel, in-4° de 32 p.

1860 — Goguel. *L'enseignement, l'éducation et les livres du peuple au temps de la Réforme*, avec les portraits des principaux fondateurs d'écoles à cette époque. Sainte-Suzanne (Doubs), Grassart, in-12 de 278 p.

1860 — Lassabatrie. *Histoire du Conservatoire impérial de musique et de*

(1) Analyse des grammaires de Dubois, Pelletier, Meigret, des Autels, Ramus, Garnier, J. Pillot, Robert et Henri Estienne.

(2) Note sur le collège protestant d'Angoulême dans les premières années du xviiᵉ siècle.

(3) Cet ouvrage s'arrête à l'année 1789. Voir à la table les mots : Collège, Écoles, Notre-Dame des Treize-Pierres.

déclamation, suivie de documents recueillis et mis en ordre. Paris, Michel Lévy, in-12 de 372 p.

1860 — LEVET. *Rapport et projet de délibération concernant le Collège Chappuisien*. Annecy, Robert, in-8°.

1860 — MENIÈRE et BROUCHOUD. *De la noblesse des médecins et des avocats jusqu'au* XVIII° *siècle*. Paris, imprimerie Thunot, in-8°.

1860 — DE METZ-NOBLAT. *Mémoire sur la chute des jésuites* (Mém. de l'Académie de Stanislas). Nancy, Grimblot, Vve Reybois, in-8° de 102 p.

1860 — MICHON (D' Jos.). *Étude d'histoire médicale*. Documents inédits sur la grande peste de 1348 (Consultation de la Faculté de médecine de Paris, consultation d'un praticien de Montpellier, description de Guillaume de Machaut) (Thèse-Paris). Paris, Rignoux, in-4° de 60 p. (1)

1860 — RIBADIEU (Henry). *Notice sur Elie Vinet*. Bordeaux, Chaumas, in-8°.

1860 — RODIÈRE. *Recherches sur l'enseignement du droit dans l'Université de Toulouse* (Recueil de l'Académie de Législation, t. IX) (2).

1859-1861 — BALDIT (l'abbé). *Notices sur les collèges de Mende* (Bull. de la Soc. d'agric. de la Lozère) (3).

1861 — BELBŒUF (de). *Notice sur le collège du Trésorier* (à Paris). Paris, Ch. Lahure, in-8° de 83 p.

1861 — DUILHÉ DE SAINT-PROJET (l'abbé). *Des études religieuses en France depuis le* XVII° *siècle jusqu'à nos jours*, ou des causes qui ont produit dans les temps modernes la splendeur et la décadence des sciences théologiques. Paris, J. Lecoffre et Cie, in-8° de XI-432 p.

1858-1861 — FAUCHÉ-PRUNELLE. *Un épisode de l'histoire du Parlement de Grenoble*, in-8° de 180 p. (Bulletin de l'Académie delphinale) (4).

1861 — JOURDAIN (Ch.). *De l'Origine des traditions sur le christianisme de Boèce*. Paris, imp. impér., in-4° de 35 p.

1861 — JOURDAIN (Ch.). *Un collège oriental à Paris au* XIII° *siècle* (Rev. des Soc. savantes), in-8° de 8 p.

1861 — NADAL (l'abbé). *Histoire de l'Université de Valence et des autres établissements d'instruction publique de cette ville*. Valence, Marc Aurel, in-8° de 432 p.

1861 — NADAL (l'abbé). *Texte d'un contrat passé en 1585 entre Fr. Roaldès et l'Université de Cahors* (Document). (Recueil de l'Académie de Législation de Toulouse, t. X, p. 545.)

(1) C'est le plus ancien document scientifique émanant de la Faculté de médecine de Paris.

(2) Ce travail, commencé en 1860, a été continué, les années suivantes, dans les tomes X, XII et XV du *Recueil de l'Académie de Législation*.

(3) M. l'abbé Baldit a publié dans ce recueil, en 1859, notices sur le séminaire et le collège de Mende (p. 228), sur le collège de Chirac (p. 280), sur le collège de Toussaint (p. 427), sur le collège de Saint-Privat-la-Roche et Saint-Lazare (p. 463); en 1860, notice sur le collège des Cinq-Plaies (p. 146) et en 1861, statuts du collège des Douze-Médecins, fondé à Montpellier par le pape Urbain V (p. 106).

(4) Lutte au sujet de l'enregistrement des Édits contre les Jésuites.

1861 — VASSAL (de). *Recherches sur le collège royal d'Orléans*. Orléans, Herluison, 1 vol. in-8° (Extr. de la *Revue Orléanaise*).

1862 — BAUDOIN (A.). *Réception d'un licencié en décret de l'Université de Montpellier en 1379* (Mém. de l'Académie de Toulouse).

1862 — CEILLIER (Dom Remy). *Alcuin* (Dans *l'Histoire générale des auteurs sacrés*). T. XII, Paris, Vivès, in-8° (1).

1862 — DE CLOSMADEUC, *La pharmacie à Vannes avant la Révolution* (Bull. de la Soc. archéol. du Morbihan).

1862 — DUMONT. *Histoire de l'Académie de Saumur* (1600-1684), in-8° de 112 p. (Mémoires de l'Académie de Maine-et-Loire.)

1862 — FAUCILLON, *Les professeurs de droit français de la Faculté de Montpellier* (1781-1791). (Mém. de l'Académie des sciences et lettres de Montpellier.) Montpellier, Boëhm et fils, in-4° de 24 p.

1862 — FAUCILLON, *Les professeurs de droit civil et canonique de la Faculté de Montpellier* (1510-1789), in-8° de 74 p. (Mém. de l'Académie de Montpellier).

1862 — FAUCILLON, *Les Docteurs agrégés de la Faculté de droit de Montpellier* (1684-1791). (Mém. de l'Acad. des sciences de Montpellier). Montpellier, Boëhm et fils, in-4° de 30 p.

1862 — FONS, *Documents inédits de 1311, constatant l'usage du droit romain dans le Midi* (Recueil de l'Acad. de législation de Toulouse), p. 207.

1862 — FRANKLIN, *Les origines de l'Institut. Recherches historiques sur le collège des Quatre-nations.* Paris, A. Aubry, in-12 de XIII-205 p.

1862 — JOURDAIN (Ch.), *Histoire de l'Université de Paris au XVIIe et au XVIIIe siècle*. Paris, L. Hachette et Cie, in-folio.

1862 — JOURDAIN (Ch.). *Index chronologicus chartarum pertinentium ad historiam Universitatis Parisiensis, ab ejus originibus ad finem decimi sexti sæculi, adjectis insuper pluribus instrumentis quæ nondum in lucem edita erant*. Parisiis, apud L. Hachette et socios, in-fol.

1862 — JOURDAIN (Ch.). *L'Université de Toulouse au XVIe siècle* (Documents inédits). Paris, Durand, in-8° de 55 p.

1862 — LAFOREST, *Limoges au XVIIe siècle*. Limoges, Leblanc, in-8° (2).

1862 — LE FUSLIER DE BORLAYE (général), *Notice sur les écoles de génie de Mézières et de Metz*. Metz, Rousseau-Pallez, in-8° de 96 p.

1862 — OUVAN (H.), *L'Enseignement au moyen âge et les facultés des lettres*. Aix, Pardigon, in-8° de 39 p.

1862 — RAYNAUD (Maurice), *Les médecins au temps de Molière*. Paris, Didier, in-8° de 464 p.

1862 — SAISSET (Émile), *Précurseurs et disciples de Descartes* (Roger Bacon, *La Réforme de Ramus*), Paris, Didier, in-8° de 466 p.

1862 — SEMICHON (Ern.), *Histoire de la ville d'Aumale et de ses institutions*, Paris, Aubry, 2 vol. in-8°.

(1) Cet ouvrage, dont la première édition formait 23 volumes (1729-1763), a eu une deuxième édition (1858-1864) en 17 vol.

(2) Il y a une notice sur le Collège des Jésuites de Limoges (p. 141-178).

1862 — Van der Straeten. *Notice sur Liévin van der Straeten, dit Crucius, instituteur flamand au xvi° siècle* (*Annales du Comité flamand de France*, t. VI.)

1862 — Vissac (l'abbé). *De la poésie latine en France au siècle de Louis XIV*. Paris, Durand, in-8° de 310 p.

1863 — Beaurepaire (Ch. de). *Recherches sur les établissements d'instruction publique et la population dans l'ancien diocèse de Rouen*. Caen, Hardel, in-4° de 116 p.

1863 — Bellot-Herment. *Historique de la ville de Bar-le-Duc*. Bar-le-Duc, Vve Laguerre, in-18.

1863 — Carayon (le P.). *Commencements de la Compagnie de Jésus en l'Université de Paris*. Poitiers, Oudin, in-8° de xi-148 p. (Doc. inédits relatifs à l'histoire de la Compagnie de Jésus).

1863 — Chéreau. *Notice sur la vie de Gilbert Cousin* (*Mém. de la Soc. d'émulation du Jura*).

1863 — Chéreau. *Henri de Mondeville, chirurgien de Philippe le Bel* (*Mém. de la Soc. des Antiquaires de Normandie*). Série V, 2 vol. p. 1.

1863-1864 — Corneille Saint-Marc. *Notice sur l'histoire de l'Instruction en Franche-Comté* (*Mém. de la Soc. d'émulation du Jura*).

1863 — Derode (V.). *L'Instruction publique dans la Flandre wallonne*. Lille, Danel, in-8° de 23 p. (Extr. des Mém. de la Société de Lille.)

1863 — Duvoisin (l'abbé C.). *Vie de M. Daguerre, fondateur du séminaire de Larressore, avec l'histoire du diocèse de Bayonne, depuis le commencement du dernier siècle jusqu'à la Révolution française*. Bayonne, Vve Lamaignère, in-8° de 520 p.

1863 — Franklin (Alfred). *Recherches sur la Bibliothèque publique de Notre-Dame-de-Paris au xiii° siècle, d'après des documents inédits*. Paris, Aubry, in-8° de viii-189 p.

1863 — Guibal. *De Joannis Boyssonnæi vitâ, seu de litterarum in Galliâ meridianâ restitutione* (Thèse-Paris). Toulouse, Chauvin, in-8° de 115 p.

1863 — Jourdain (Ch.). *De l'enseignement de l'hébreu dans l'Université de Paris au xv° siècle*. Paris, Durand, in-8° de 16 p.

1863 — Leroux (l'abbé). *Histoire de la ville et de tout le diocèse de Paris*. Nouv. édition annotée et continuée par H. Cocheris. Paris, Durand, 2 vol. in-8° (1).

1863 — Maggiolo. *Mémoires sur l'érection de l'Université de Pont-à-Mousson*. Documents inédits. (Mém. lus à la Sorbonne). Paris, impr. impériale, in-8°.

1863 — Papillon (L.). *Le Collège de Vervins* (*Journal de Vervins* du 28 décembre 1862 au 8 février 1863).

1863 — Pilorelle. *Essai historique sur l'ancienne Université de Poitiers* (*Mém. de la Soc. des Antiquaires de l'Ouest*), t. XXVII (2).

(1) Il a paru, en outre, une partie du troisième volume. Quoique incomplète, cette publication est très précieuse par les indications de manuscrits et d'imprimés que l'éditeur y a ajoutés sur les anciens collèges de Paris.

(2) C'est le seul travail un peu étendu sur l'Université de Poitiers.

1863 — Puiseux (Léon). *Les docteurs normands au commencement du xvᵉ siècle*. Etude sur le rôle de la nation normande de l'Université de Paris dans l'affaire du Schisme d'Occident et dans la querelle des Armagnacs et des Bourguignons. 30 p. (*Mém. lus à la Sorbonne*).

1863 — Roussel. *Histoire ecclésiastique et civile de Verdun, Bar-le-Duc*, Contant-Laguerre, 2 vol. in-8°.

1863 — Théry. *Histoire critique des méthodes d'enseignement* (*Mém. lus à la Sorbonne*).

1863 — Vignon. *Etude historique sur l'administration des voies publiques*. Paris, Durand, 3 vol. in-8° (1).

1864 — Bouchet (Ch.). *Nouveaux documents sur l'histoire du Vendômois* (*Bullet. de la Soc. archéol. du Vendômois*) (2).

1864 — Bouchut (Dʳ). *Histoire de la Médecine et des doctrines médicales*. Paris, Germer-Baillière, in-8° de xxxvi-512 p.

1864 — Burnier (L.). *Histoire littéraire de l'éducation morale et religieuse en France et dans la Suisse Romande*. Lausanne, G. Bridet, 2 vol. in-8° de 1262 p.

1864 — Carayon (le P. A. S. J.). *Bibliothèque historique de la Compagnie de Jésus ou Catalogue des ouvrages relatifs à l'histoire des Jésuites depuis leur origine jusqu'à nos jours*. Paris, Durand, in-4° de v-612 p.

1864 — Chamoux (l'abbé). *Vie du vénérable César de Bus, fondateur de la Congrégation des prêtres séculiers de la Doctrine chrétienne et de l'Institut des Ursulines de France*. Paris, Palmé ; Carpentras, Vinet et Floret, in-12° de 474 p.

1864 — Chéreau (A.). *La Bibliothèque d'un médecin au commencement du xvᵉ siècle*. Paris, Techener, in-8° de 22 p.

1864 — Chéreau (A.). *Jean-Michel de Pierrevives, premier medecin de Charles VIII, roi de France, et le mystère de la Passion*. Paris, Techener, in-8° de 24 p.

1864 — Cordouan. *Histoire de la commune de Lorgues* (Var). Paris, Amyot, in-18 (3).

1864 — Cournot. *Des institutions d'instruction publique en France*. Paris, Hachette, in-8° de viii-575 p. (4).

1864 — Danglard (J.). *De litteris apud Arvernos a primo ad sextum usque seculum*. Clermont-Ferrand, Thibaud, in-8° de 82 p.

1864 — Deschamps. *Notes sur l'ancien Collège communal de Niort*, 15 p. (*Mém. de la Soc. de Statistique, Sciences et Arts des Deux-Sèvres*). Niort, Clouzot, in-8°.

1864 — Desmazes (Ch.). *XVIᵉ siècle. P. Ramus, professeur au Collège de*

(1) L'Histoire de l'École des Ponts et Chaussées se trouve tome III, p. 104. Pièces justificatives, n° 337, p. 150.

(2) Parmi ces documents, Lettres patentes relatives au collège de Vendôme, 1578-1596.

(3) Renseignements sur le Collège de Lorgues.

(4) Intéressants chapitres sur les anciennes écoles.

France, sa vie, ses écrits, sa mort (1515-1572). Paris, Cherbuliez, gr. in-8°.

1864 — Dezeimeris. *De la Renaissance des Lettres à Bordeaux au xvi° siècle*
(Discours) (Extr. des *Mém. de l'Académie de Bordeaux*), in-8°
de 66 p.

1864 — Dumont (D'). *L'Oratoire et le cartésianisme en Anjou*, in-8° de
206 p. (*Mém. de la Soc. académique de Maine-et-Loire*).

1864 — Fierville. *Histoire du Collège de Quimper*. Paris, Hachette, in-8°
de 170 p.

1864 — Floquet *Bossuet précepteur du Dauphin, fils de Louis XIV, et
évêque à la Cour*. Paris, Didot, in-8°.

1864 — Franklin. *Recherches sur la Bibliothèque de la Faculté de Médecine
de Paris*, suivies d'une notice sur les manuscrits qui y sont
conservés. Paris, Aubry, in-8° de x-185 p.

1864 — Garasse (Le P.). *Récit au vrai des persécutions soulevées contre
les PP. de la Compagnie de Jésus dans la ville de Paris,
l'an 1624, 1625, 1626, fait par le P. Garasse, qui en subit une
bonne partie*. Poitiers, Oudin, in-8° de lvi-240 p. (*Documents
inédits relatifs à l'histoire de la Compagnie de Jésus.*)

1864 — Gaudry. *Histoire du barreau de Paris depuis l'origine jusqu'en
1830*. Paris, Durand, 2 vol. in-8°.

1864 — Guy-Allard. *Bibliothèque historique, chronologique, géographique, etc., du Dauphiné*, publiée pour la première fois par
Gariel. Grenoble, Allier, 3 vol. in-8°.

1864 — Hugues. *Histoire de l'Eglise réformée d'Anduze*. Montpellier,
Boëhm et fils, in-8° (2° édition).

1864 — Lepage (H.). *Retablissement de la Faculté de droit de Nancy* (*Annuaire de la Meurthe*).

1864 — Liard. *Histoire de Domfront*. Domfront, Liard, in-8° (2° édition).

1864 — Maggiolo. *Mémoires sur l'Université de Pont-à-Mousson* (Organisation et conditions d'existence) (*Mém. lus à la Sorbonne*),
in-8° de 34 p.

1864 — [Martin (l'abbé)]. *De l'instruction publique en France dans le passé
et dans le présent*. Colmar, Hoffmann, in-8°.

1864 — Menjoulet (l'abbé). *Chronique du Diocèse d'Oloron*. Oloron,
Marque, 2 vol. in-8°.

1864 — Ozeray. *Histoire de la ville et du duché de Bouillon* (2° édition).
Bruxelles, Van Trigt, 2 vol. in-8°.

1864 — Pétrequin (D'). *Aperçu historique sur l'enseignement médical à
Lyon depuis la Restauration des Lettres par Charlemagne*. Paris,
Delahaye, in-8° de 62 p.

1860-64 — Quicherat (J.). *Histoire de Sainte-Barbe. Collège, communauté, institution*. Paris, Hachette, 3 vol. in-8° de 382, 445,
428 p.

1864 — Ropartz. *Histoire de la ville de Ploërmel*. Rennes, Ganche; Paris,
Durand, in-8°.

1864 — Vallois. *Notice historique sur le Collège de Péronne*. Péronne,
J. Quentin, in-12 de 70 p.

1865 — Beaune (H.). *Documents inédits sur l'Université de Besançon* (*Revue des Sociétés savantes*).

1865 — Bédu. *Histoire de la ville de Bapaume.* Arras, Rousseau-Leroy, in-8°.

1865 — Bimbenet (E.). *Notice sur Guill. Prousteau, docteur régent de l'Université et fondateur de la Bibliothèque d'Orléans.* In-8° de 51 p. (*Mém. lus à la Sorbonne*).

1865 — Bouteillier. *L'Oratoire et le Collège de Niort* (1617-1861). *Notice historique.* Versailles, Aubert, in-8° de 45 p.

1865 — Boutiot (Théophile). *Histoire de l'Instruction publique et populaire à Troyes pendant les quatre derniers siècles.* Paris, Techener et Aubry, in-8° de 45 p.

1865 — Brouchoud. *Recherches sur l'enseignement du droit à Lyon depuis la formation de la Commune jusqu'à nos jours.* Lyon, Aug. Brun, in-8° de 29 p.

1865 — Caillemer (E.). *Etude sur Antoine de Govéa* (1505-1566). Paris, Durand, in-8° de 46 p. (1).

1865 — Choron (Etienne). *Recherches historiques sur l'Instruction primaire dans le Soissonnais.* Soissons, impr. Michaux, 3 fasc. in-8°(Extr. du *Bull. archéologique, historique et scientifique de Soissons*) (2).

1865 — Daremberg (Ch.). *La Médecine. Histoire et doctrine.* Paris, Didier et J.-B. Baillière, in-12.

1865 — Dehaisnes (l'abbé Ch.). *Les origines de l'Université de Douai.* In-8° de 11 p. (*Mém. lus à la Sorbonne*).

1865 — Demante (Gabr.) *Décret de la Faculté de Paris pour associer à son corps la Faculté de Toulouse* (Document) (*Recueil de l'Académie de Législation*), t. XIV, p. 601.

1865 — Desbarreaux-Bernard. *Introduction aux statuts des Chirurgiens-Barbiers de Toulouse* (1544). Toulouse, Rouget et Delahant, in-8° de 39 p.(Extr. des *Mém. de l'Académie des Sciences, etc., de Toulouse*)

1865 — Franklin (Alfred). *Histoire de la Bibliothèque de l'abbaye Saint-Victor de Paris.* Paris, Aubry, in-12 de IX-180 p.

1865 — Gatien-Arnoult. *De l'Université de Toulouse à l'époque de sa fondation en 1229.* Toulouse, Savy, in-8° de 20 p.

1865 — Guardia. *Le médecine à travers les siècles. Histoire. Philosophie.* Paris, J.-B. Baillière, in-8°.

1865 — Grateau. *L'Ecole des Mines de Paris. Histoire, organisation, enseignement, élèves ingénieurs et élèves externes.* Paris, Noblet et Baudry, in-8°.

1865 — Louis XVI. (Louis-Auguste, Dauphin, puis). *Education politique, morale, religieuse et philosophique ou Réflexions sur mes entretiens avec le duc de Vauguyon,* précédées d une introduction par M. de Falloux. Paris, chez tous les libraires, in-8°.

(1) Avait paru d'abord dans les *Mémoires de l'Académie des Sciences, belles-lettres et arts de Caen.*

(2) Le fascicule premier (76 p.) est extrait du *Bulletin* de cette Société 1865. Le fascicule 2° (74 p.) du *Bulletin* de la même Société 1866 et 1875, et le fascicule 3 (111 p.) du même *Bulletin*, 1879.

1865 — Maggiolo. *Mémoire sur l'Université de Pont-à-Mousson.* Faculté de Droit. 3e mém. In-8e de 30 p. (*Mém. lus à la Sorbonne.*)

1865 — De Martonne. *Un diplôme de l'Université de Bourges* (*Revue du Berry,* in-4e de 5 p.).

1865 — Ourgand. *Notice historique sur la ville et le pays de Pamiers.* Pamiers, Berge, in-8e (1).

1865 — Parrot. *Histoire de l'école épiscopale et de l'Université d'Angers au Moyen Âge.* 22 p. (*Mém. lus à la Sorbonne et Mém. de l'Académie d'Angers*).

1865 — Perraud (R. P. Adolphe). *L'Oratoire de France au XVIIe et au XIXe siècles* (Thèse-Théologie-Paris). Paris, Ch. Douniol, in-8e de xv-524 p.

1865 — Poncet (P.-F.). *Le Collège chapuisien d'Annecy.* Chambéry, Puthod, in-8e de 88 p.

1865 — Quesvers. *Maîtres d'école et maîtres de latin à Montereau* (*Journal de Montereau,* 28 nov.).

1865 — Rocher. *Histoire de l'abbaye royale de Saint-Benoît-sur-Loire.* Orléans, Jacob, in-8e.

1865 — Saussaye (de la). *Mémoire sur l'organisation de l'instruction publique sous l'empire romain.* In-8e de 20 p. (*Mém. lus à la Sorbonne*).

1865 — Vaïsse-Cibiel. *L'ancienne Université de Toulouse,* Etude d'histoire locale. Toulouse, Bonnal, in-8e de 32 p. (Extr. de la *Revue de Toulouse.* Mai).

1865 — Vesque. *L'ancien Collège du Havre,* son origine et son organisation. Le Havre, Albert Mignot, in-8e de 29 p.

1866 — Azaïs (l'abbé). *Un maître du collège de Nîmes au XVIIe siècle,* le P. Besson, recteur du collège de Nîmes en 1645 (*Mém. de l'Académie du Gard*).

1866 — Betant (Aé). *Notice sur le Collège de Rive.* Genève, Fick, in-8e de 45 p. (2).

1866 — Charma (A.). *De l'éducation donnée aux enfants de France, petits-fils de Louis XIV.* In-8e de 20 p. (*Mém. lus à la Sorbonne*).

1866 — Chauvin (Victor). *Histoire des Lycées et Collèges de Paris,* suivie d'un appendice sur les principales institutions libres et d'une notice historique sur le Concours général depuis son origine jusqu'à nos jours. Paris, Hachette, in-12 de 304 p.

1866 — Guéreau (Ach.). *Notice sur les anciennes Ecoles de Médecine de la rue de la Bûcherie.* Paris, Delahaye, in-8e de 31 p.

1866 — Chéruel. *L'ancienne Université et l'Académie moderne de Strasbourg* (Discours de rentrée des Facultés). Strasbourg, Ed. Hüder, in-8e de 23 p.

1866 — Gatien-Arnoult (A.-F.). *Roland de Crémone, Jean de Saint-Gilles, Laurent l'Anglais, maîtres de Théologie à l'Université de*

(1) Voir page 273, la Bulle donnée par Boniface VIII pour l'érection du *Studium generale.*

(2) Le collège, fondé sous les auspices de Calvin, servit plusieurs fois de modèle aux Ecoles protestantes de France.

Toulouse (1229-1235). Toulouse, typogr. Bonnal et Gibrac, in-8° de 20 p. (Extr. de la *Revue de Toulouse*, septembre).

1866 — GHYSS. *Histoire de la ville d'Obernai*. Strasbourg, Salomon, 2 vol. in-8° (1).

1866 — LAMARE. *Notice sur le Collège de Saint-Brieuc* (*Bull. de la Société d'émulation des Côtes-du-Nord*, t. IV).

1866 — LOISEAU (Arth.). *Etude historique et philologique sur Jean Pillot et les doctrines grammaticales du XVI° siècle* (Thèse-Paris). Paris, Ernest Thorin, in-8° de 141 p.

1866 — MAITRE (Léon). *Les écoles épiscopales et monastiques de l'Occident depuis Charlemagne jusqu'à Philippe-Auguste* (768-1180). Etude historique sur la situation des écoles, la condition des maîtres et des élèves et le programme des études avant la création des Universités. Paris, Dumoulin, in-8° de VIII-318 p.

1866 — MONNIER (Em.). *Histoire de Libanius* (Thèse-Paris). Paris, Lahure, in-8° de 177 p.

1866 — MONNIER (Em.). *De Rhetoricæ discipulis ac magistris per Orientem in quarto Christiani ævi sæculo* (Thèse-Paris). Paris, Lahure, in-8° de 77 p.

1866 — MONTZEY (de). *Institutions d'éducation militaire jusqu'en 1789*. Paris, Dumaine et Chamerot, in-8° de VIII-368 p.

1866 — PIERRON (A.). *Voltaire et ses maîtres, épisode de l'histoire des humanités en France*. Paris, Didier et Cie, in-12 de 364 p.

1866 — PIOLIN (Dom). *Les Ecoles épiscopales et monastiques de l'Occident* (*Revue de l'Art chrétien*), in-8° de 4 p.

1866 — PLANCHON. *Rondelet et ses disciples ou La Botanique à Montpellier au XVII° siècle* (*Montpellier médical*).

1867 — AUDENARD. *Histoire de l'Instruction publique à Toulon depuis le XV° siècle*. Toulon, Laurent, in-8° de 18 p.

1867 — BEAUNE (Henri). *Voltaire au collège; sa famille, ses études, ses premiers amis, lettres et documents inédits*. Paris, Amyot, in-8°.

1867 — BERIN (J.). *Documents pour servir à l'histoire du Collège de Valenciennes depuis sa fondation jusqu'à la Révolution de 1789*. Valenciennes, Prignet, in-8° de 55 p.

1867 — BENOIT (Arthur). *L'Ecole des cadets-gentilshommes du roi de Pologne à Lunéville* (1735-1766). Lunéville, Majorelle, in-8° de 25 p.

1867 — CARAYON (le P.). *Notes historiques sur les Parlements et les Jésuites au XVIII° siècle*. Paris, L'Ecureux, in-8° de CLXXII p.

1867 — CAVROIS. *O'Connell et le Collège anglais de Saint-Omer* (2° édit.). Arras, Leroy, in-8° de 112 p.

1867 — CHARMA (A.). *Etude sur le Compendiloquium de vita, moribus et dictis illustrium philosophorum, de Jean de Galles, professeur à Oxford et à Paris, au XIII° siècle*. In-8° de 16 p. (*Mémoires lus à la Sorbonne*).

1867 — *Christian Schools and scholars or sketches of education from the christian era to the council of Trent; on the author of the three Chancellors*. London, Longmans, 2 vol. in-8°.

(1) Voir t. II.

1867 — COMBET. *Le Collège de Brives* (Dans le *Corrézien*, juillet).

1867 — COUGNY. *Des représentations dramatiques et particulièrement de la Comédie politique dans les Collèges.* 50 p. (*Mém. lus à la Sorbonne*).

1867 — COUTURE (L.). *Attestation des plus notables habitants d'Auch en faveur des Jésuites du Collège de cette ville* (*Revue de Gascogne*).

1867 — DELARUELLE. *Notice sur le séminaire de Chirac* (XVIIᵉ et XVIIIᵉ siècles). (*Bulletin de la Société d'agriculture de la Lozère*).

✦ 1867 — DUCHASSEINT. *Etude sur l'Université de Bourges* (*Revue du Berry*), in-8ᵒ de 10 p.

1867 — DUPRÉ. — *Essai historique sur la culture des sciences et des lettres à Blois au XVIᵉ siècle*, in-8ᵒ de 12 p. (*Mém. lus à la Sorbonne*).

1867 — ESTIGNARD. *La Faculté de droit et l'école centrale à Besançon.* Paris, Dumoulin; Besançon, Jacquin, in-8ᵒ de 92 p.

1867 — MAGGIOLO (L.). *Inventaire chronologique et sommaire des pièces représentées en Lorraine sur le théâtre de la compagnie de Jésus de 1582 à 1736.* Université de Pont-à-Mousson. In-8ᵒ de 20 p. (*Mémoires lus à la Sorbonne.*)

1867 — LEROY (G.). *Historique sommaire de l'enseignement à Melun, du XIIᵉ au XIXᵉ siècle.* Melun, A. Hérisé, in-8ᵒ de 16 p.

1867 — LE VIEUX SEDAN. *Documents extraits de la Chronique du P. Norbert pour servir à l'histoire de l'Académie de Sedan.* Sedan, Laroche, in-12 de 68 p.

1867 — MICHAUD (l'abbé). *Guillaume de Champeaux et les Ecoles de Paris au XIIᵉ siècle*, d'après des documents inédits. Paris, Didier, in-8ᵒ de III-551 p.

1867 — PORT (C.). *La Bibliothèque de l'Université d'Angers* (Extr. de la *Revue d'Anjou*).

1867 — RAVENEZ (L. W.). *Histoire du Cardinal François de Sourdis.* Bordeaux, Gounouilhou; Paris, Palmé, in-4ᵒ de XI et 568 p.

1867 — DE RIBBE (Charles). *Une famille au XVIᵉ siècle*, document original précédé d'une introduction. Paris, Albanel, in-12 (1).

1867 — SAINTE-BEUVE. *Histoire de Port-Royal* (3ᵉ édition). Paris, Hachette, 6 vol. in-18 (2).

1867 — TEISSIER. *Inventaire-sommaire des archives communales de Toulon.* Toulon, E. Aurel, 2 vol. in-4ᵒ (3).

1867 — THOMAS. *Le séminaire de Montpellier* (Mém. de l'Académie des *Sciences et Lettres de Montpellier*, t. IV).

1867 — VAUGEOIS. *François Guinet, jurisconsulte lorrain* (Mém. de l'Acad. de Stanislas).

1868 — ARBONDEAU. *Le Collège de Sougé* (Bull. de la Soc. archéol. du *Vendômois*).

1868 — BATAILLARD. *Les origines de l'histoire des Procureurs et des avoués,*

(1) On suit dans cet ouvrage l'entrée en carrière des membres d'une famille nombreuse.

(2) V. le chap. sur les *petites Ecoles*.

(3) De nombreux documents relatifs au collège de l'Oratoire y sont publiés en entier.

depuis le v° *siècle jusqu'au* xv° (422-1483). Paris, Cotillon, 1 vol. in-8°.

1868 — BEAUSSIRE. *Deux étudiants de l'Université de Poitiers : Bacon et Descartes*, in-8° de 18 p. (*Mém. lus à la Sorbonne*).

1868 — BIGOT. *De l'enseignement du droit en Anjou* (Discours). Angers, Laine Néra, in-8° de 57 p.

1868 — BONNIER. *De l'abus des doctrines gallicanes* (*Revue critique de législation et de jurisprudence*, liv. de juin).

1868 — BROUTIN. *Le Collège de Montbrison et les Pères de l'Oratoire* (*Revue Forézienne*), p. 78 et 132.

1868 — CHATEL (Eug.). *Michel Trégore, recteur de l'Université de Caen, son tombeau à Dublin*, in-8° de 15 p. (*Bull. de la Société des Antiquaires de Normandie*).

1868 — DELAYANT. *Notes pour servir à une histoire de l'instruction publique à La Rochelle* (*Annales de l'Académie de La Rochelle*). La Rochelle, Mareschal, in-8° de 90 p.

1868 — DESPOIS (Eugène). *Le Vandalisme révolutionnaire. Fondations littéraires, scientifiques et artistiques de la Convention.* Paris, Germer-Baillière, in-12 de VIII-380 p.

1868 — DUMAY (Gabriel). *L'Université de Dijon* (1722-1792). (Discours à la Conférence Proud'hon). Dijon, J.-E. Robertot, in-8° de 39 p.

1868 — DUPRÉ. *Règlement du Collège de Blois* (*Rev. des Soc. savantes*).

1868 — FERTÉ (H.). *Des grades universitaires dans l'ancienne Faculté des Arts. Détermiance ou baccalauréat, licence et maîtrise ès arts.* Paris, Hachette, in-8° de 23 p. (Extr. de la *Revue de l'Instruction publique*).

1868 — FIERVILLE (Ch.). *Note historique sur les origines du Collège de Saint-Sever* (*Société des Lettres, Sciences et Arts des Landes*), in-8° de 19 p.

1868 — GAVERES (M.-J.). *Philippe Mornay de Bauves ou l'Éducation d'un gentilhomme protestant au* xvi° *siècle.* Paris, Ch. Meyrueis, in-8° de 46 p.

1868 — HIVER. *L'enseignement d'Alciat et de Duaren à Bourges*, in-8° de 14 p. (*Mém. lus à la Sorbonne*).

1868 — JOURDAN. *Quelques documents inédits pour servir à l'histoire de l'Instruction publique à la Rochelle* (*Revue de l'Aunis et de la Saintonge*, t. II.)

1868 — PAROZ. *Histoire universelle de la pédagogie renfermant les systèmes d'éducation et les systèmes d'enseignement des temps anciens et modernes, les biographies de tous les pédagogues célèbres, etc.* Paris, Dezobry, in-8° de 536 p.

1868 — QUICK (R. Hébert). *Essays on educational reformers*, London, Longmans, in-8° (*Essais sur les réformateurs de l'éducation*).

1868 — SONNIÉ-MORET. *Recherches sur l'instruction à Clamecy* (*Almanach du département de la Nièvre*, 2° partie, p. 1).

1868 — *** *Statistique de l'enseignement supérieur*, 1862-1865. Paris, imp. impér., in-4°.

1868 — *** *Statistique de l'enseignement secondaire*, 1865. Paris, imp. impér., in-4° (1).

1868 — THUROT (Ch.). *Notices et Extraits des manuscrits : Extraits des manuscrits latins pour servir à l'histoire des doctrines grammaticales au moyen âge.* Paris, imp. impér., in-4° de 592 p. (2).

1869 — ACHARD. *Les chefs des plaisirs, Basoche et abbés de la Jeunesse.* (Annuaire de Vaucluse).

1869 — ASTRE. *L'Université de Toulouse devant le Parlement de Paris en 1466*, in-8° de 17 p. (Mém. de l'Académie des Sciences de Toulouse).

1861-1869 — BACKER (Les PP. Aug. et Aloys de). *Bibliothèque des écrivains de la Compagnie de Jésus ou Notice bibliographique* 1° de tous les ouvrages publiés par les membres de la Compagnie ; 2° des Apologies, controverses religieuses, critiques littéraires et scientifiques suscitées à leur sujet. Liège, Grammont-Donders, 7 vol. in-4°.

1869 — BAUME (Maxime de la). *L'Ecole de droit de Montpellier.* Montpellier, J. Martel aîné, in-8° de 52 p.

1869 — BRAUNE (H.). *Mémoire sur l'Université de Dôle (Recueil de l'Académie de Législation de Toulouse).*

1869 — BONHOMME (l'abbé Jules). *Le Collège et le Petit-Séminaire d'Aire sur l'Adour.* Paris, Dumoulin ; Bayonne, Lasserre, in-8° de VII-103 p.

1869 — CAGNY (de). *Histoire de l'arrondissement de Péronne.* Péronne Quentin, 2 vol. gr. in-8° (3).

1869 — CASTAN (A.). *Sully et le Collège de Bourgogne (Mém. de la Soc. d'émulation du Doubs)*, in-8° de 18 p.

1869 — CLOSMADEUC (de). *Chirurgie et Barbarie en Bretagne avant la Révolution.* Vannes, Galles, in-8° de 16 p.

1869 — CROISOLLET. *Histoire de Rumilly.* Chambéry, Puthod, in-8°.

1869 — DELHAYE. *Bavay et la contrée qui l'environne.* Douai, Dechristé, in-8°.

1869 — DELISLE (Léopold). *Les Ecoles d'Orléans au XIIᵉ et au XIIIᵉ siècles* (Annuaire-Bulletin de la Soc. de l'histoire de France).

1869 — *** *Ecoles de la Gaule romaine (Les) et ses rhéteurs jusqu'à la chute de l'Empire romain (Soc. archéologique de la Moselle,* p. 267).

1869 — EGGER (Emile). *L'Hellénisme en France.* Leçons sur l'influence des études grecques dans le développement de la langue et de la littérature française. Paris, Didier, 2 vol. in-8°.

(1) Ces deux statistiques contiennent quelques indications utiles sur l'organisation de l'enseignement avant 89. Consulter particulièrement à ce sujet les tableaux sur l'origine des bâtiments.

(2) C'est incontestablement le meilleur et le plus solide travail publié sur la matière.

(3) Collèges de Péronne et de Nesle, école latine de Ham.

1869 — Fontenay (H. de). *Napoléon, Joseph et Lucien Bonaparte, au Collège d'Autun, en Bourgogne.* Paris, Dumoulin, in-8° de 20 p.

1869 — Gomart. *Essai historique sur la ville de Ribemont et son canton.* Paris, Aubry et Dumoulin, in-8°.

1869 — Guardia. *Histoire de la médecine en France et en Allemagne (Gazette médicale de Paris).*

1869 — Guillaume (l'abbé). *Écoles épiscopales de Toul pendant toute la durée du siège fondé par saint Mansuy* (*Bull. de la Société d'Archéologie lorraine*), t. XV, p. 488.

1869 — Jourdain (Ch.). *Les commencements de l'économie politique dans les Écoles du moyen âge* (Fragment lu dans la séance publique annuelle de l'Académie des Inscriptions et belles-lettres). Paris, Didot, in-4° de 26 p.

1869 — Médicis (Estienne). *Chronique d'Estienne Médicis, bourgeois du Puy,* publiée par Aug. Chassaing, t. Ier. Le Puy, Marchesson, in-4°.

1869 — Montzey (de). *Le Père Eudes, missionnaire apostolique et ses instituts, sa vie et l'histoire de ses œuvres (1601-1869).* Paris, L. Lethielleux, in-12.

1869 — Pouy (F.). *Iconographie des thèses.* Notice sur les thèses historiées soutenues par des Picards. Amiens, Caillaux, in-8° de 35 p.

1869 — Sénillot (L.-Am.). *Les professeurs de mathématiques et de physique générale au Collège de France* (Extr. du Bolletino di Bibliografia), t. III, Roma, in-4° de 204 p.

1869 — Soucaille. *Notice historique sur le Collège de Béziers (1594-1868)* (Bulletin de la Société archéologique de Béziers, 2° série, t. IV).

1869 — Tartière (H.). *De l'Instruction publique dans les Landes avant la Révolution,* spécialement en 1789. Mont-de-Marsan, Delarcy, in-8° de 16 p. (1).

1869 — Vérin. *Étude sur Lancelot.* Blois, Lecesne, in-8°.

1870 — Abel (Ch.). *Rabelais médecin stipendié de la cité de Metz.* Étude sur les médecins stipendiés de Metz. In-8° de 69 p. (*Mém. de l'Académie de Metz.*)

1870 — Abram (le P.). *Histoire de l'Université de Pont-à-Mousson (1572-1650).* Histoire extraite du manuscrit du P. Abram, publiée par le P. Carayon. Paris, L'Écureux, in-8° de 543 p. (2).

1870 — Achard (F.). *L'Instruction publique dans la Haute-Vienne.* Limoges, Vve Ducourtieux, in-8° de 32 p. et une carte.

1870 — Advielle. *Journal professionnel d'un maître de pension de Paris au XVIII° siècle,* publié avec préface et des notes, d'après un manuscrit autographe inédit. Pont-Lévêque, Delahais, in-8° de 37 p.

1870 — Arnaud. *Notice historique et bibliographique sur les imprimeurs de*

(1) Avait paru d'abord dans le *Bulletin de la Soc. des lettres, sciences et arts des Landes,* juillet 1868.

(2) Cette histoire avait été traduite une première fois en 1755 par Ragot. Le manuscrit de cette traduction est à la Bibliothèque de Nancy sous le n° 40. Conf. le travail de M. l'abbé Martin dans les *Mémoires de la Soc. d'Archéol. lorraine* (1887) : *le P. Abram et ses deux traducteurs.*

l'Académie protestante de Die en Dauphiné au XVIIe siècle. Grenoble, Allier, in-8° (1).

1870 — BEAUNE (H.) et D'ARBAUMONT. *Les Universités de Franche-Comté* (Gray, Dôle, Besançon). Dijon, Marchand, 1 vol. gr. in-8° de CCXC-XI-212 p.

1870 — BEAUNE (H.). *Une Université d'autrefois* (Correspondant, 10 avril).

1870 — BOYSSE (E.). *La Comédie au Collège* (Revue Contemporaine, décembre 1869, janvier 1870) (2).

1870 — CHAPELIER, *Traité pour l'enseignement de la chirurgie fait en 1634.* (Bull. de la Soc. d'archéol. lorraine.)

1870 — CHAPOTIN (le P.). *Le Collège de Dormans-Beauvais et la Chapelle de Saint-Jean l'Évangéliste.* Paris, Albanel, in-8° de 623 p.

1870 — CHARPIGNON (Aug.). *Notices sur les maîtres en chirurgie d'Orléans jusqu'en 1789* (Mém. de la Soc. d'Agriculture, Sciences, etc., d'Orléans, in-8° de 100 p.

1870 — DORNER (J.-A.). *Histoire de la théologie protestante.* Paris, Meyrueis, in-8°.

1870 — FAURE (H.). *Antoine de Laval et les écrivains Bourbonnais de son temps* (XVIe et XVIIe siècles). Moulins, Place, in-8° de 341 p.

1870 — FRANKLIN. *Les anciennes bibliothèques de Paris. Eglises, monastères, Collèges*, etc. Paris, imp. impériale, gr. in-4° de XIV-463 p.

1870 — GÉRIN. *Recherches historiques sur l'Assemblée du Clergé de France de 1682* (2e édition). Paris, Lecoffre, in-8°.

1870 — GOUDÉ. *Histoire de Châteaubriand, baronnie, ville et paroisse.* Rennes, Oberthur et fils, in-4°.

1870 — HUEBNER (de). *Sixte-Quint.* Paris, impr. Franck, 3 vol. in-8° (3).

1870 — JOURDAIN (Ch.). *L'Université de Paris à l'époque de la domination anglaise.* In-8° de 28 p. (Extr. du Bulletin de l'Académie des Inscriptions et Belles-lettres.)

1870 — LANDRIOT (Mgr). *De l'esprit chrétien dans l'enseignement des sciences, des lettres, des arts, et dans l'éducation intellectuelle et morale.* Paris, Palmé, in-12.

1870 — LEBLANC. *Histoire du Collège de Tourcoing.* Tourcoing, Mathon, in-8° de XVI-567 p.

1870 — MAGGIOLO. *Mémoire sur l'enseignement public en Lorraine avant 1789* (Mém. lus à la Sorbonne).

1870 — PAULINIER. *Saint-Benoît d'Aniane et la fondation du monastère de de ce nom*, in-4° de 88 p. (Mém. de l'Académie des Sciences, etc., de Montpellier). Montpellier, Boëhm et fils.

1870 — DE ROZIÈRES. *L'Ecole de Droit d'Alais au XIIIe siècle*, in-8° de 16 p. (Bibliothèque de l'école des Chartes).

1870 — THUROT. *Documents relatifs à l'histoire de la grammaire au Moyen Age* (Extr. des Comptes rendus de l'Académie des Inscriptions et Belles-Lettres (2e série, t. VI), in-8° de 30 p.

(1) Un supplément à cette notice a paru en 1886.
(2) A paru depuis en volume séparé.
(3) Voir notamment le livre V : Les Congrégations, et le livre VIII : La Ligue.

1870 — Zirngiebl (D' Eberhard). *Studien über das Institut der Gesellchaft Jesu* mit besonderer Berüchsichtigung der pœdagogischen Wirksamkeit dieses ordens in Deutschland. Leipzig, Fues, in-8° (Etudes sur la Société de Jésus et en particulier sur son action pédagogique en Allemagne).

1871 — Boyer (A.). *L'Académie protestante de Nîmes et Samuel Petit.* Montauban, J. Vidallet, in-8° de 58 p.

1871-1872 — Brossard. *Les Jésuites et le Collège de Bourg* (*Annales de la Soc. d'émulation de l'Ain*, 1871, p. 337; 1872, p. 22).

1871 — Broutin. *Notice historique sur les Oratoriens de Notre-Dame-de-Grâce.* Lyon, Vingtrinier, in-8°.

1871 — *Description du département du Bas-Rhin.* Paris, Vve Berger-Levrault, 3 vol. gr. in-8° (1).

1871 - Dupré. *Essai sur l'histoire littéraire de Noirmoutier, au Moyen Age.* Tours, in-8° de 25 p.

1871 — Gaultier du Mottay. *Plouguernevel. Origine de son petit séminaire* (*Annuaire des Côtes-du-Nord*) (2).

1871-1872 — Gautier (Alex.). *Etude sur l'Instruction publique en France.* Rouen, lith. Lecerf, in-4° de 30 p.

1871 — Germain (A.). *Isaac Casaubon à Montpellier* (*Mém. de l'Académie des Sciences, etc., de Montpellier*). Montpellier, J. Martel, in-4° de 68 p.

1871 — Imbert. *Histoire de Thouars.* Niort, Clouzet, in-8°.

1871 — *Inventaire-sommaire des fonds conservés aux Archives nationales* 1re partie : Régime antérieur à 1789. Paris, impr. nat., in-4° (3).

1871 — Jourdain (Charles). *L'éducation des femmes au Moyen Age.* Fragment lu dans la séance publique annuelle des Académies, le mercredi 25 octobre 1871. Paris, Didot, in-4° de 32 p.

1871 — Normand. *Histoire du Collège de Magnac-Laval depuis sa fondation en 1664 jusqu'à la Révolution.* Limoges, Barbou frères, in-12 de 296 p.

1871 — [Olivier]. *L'Instruction publique en France avant 1789* (*Annales de la Soc. d'émulation de l'Ain*, 4e année, p. 11).

1871 — Patron (l'abbé). *Recherches historiques sur l'Orléanais.* Orléans, Herluison, 2 vol. in-8° (4).

1871 — Thurot. *Documents relatifs à l'Université d'Orléans.* Réforme de 1389, in-8° de 18 p. (*Bibliothèque de l'Ecole des Chartes*).

1871 — Trochon (abbé Ch.). *Histoire du Collège de Saint-Lô.* Saint-Lô, Elie fils, in-8° de ii-111 p.

(1) Le chapitre *Instruction publique* (3e vol.) est dû à MM. Duval-Jouve et Jost, et à MM. les doyens des Facultés.
(2) *Histoire des séminaires de Cornouailles.*
(3) Voir ce qui concerne les Archives de l'Université et des Collèges de Paris, de la page 604 à la page 623.
(4) Anciennes écoles, la scholastique, l'Université, les Collèges d'Orléans, Montargis, Gien, etc.

1872 — ALTMEYER. *Les Précurseurs de la Réforme aux Pays-Bas.* Paris, Alcan, in-8°.

1872 — ARNAUD. *Histoire de l'Académie protestante de Die au XVII° siècle.* Paris, Grassart, in-8° (Extrait du *Bulletin de l'Académie Delphinale*, 3° série, t. VII, p. 92-205).

1872 — ARNSTŒDT. *François Rabelais und sein Traité d'éducation* mit besonderer Berücksichtigung der pædagogischen. Grundsätze Montaigne's, Loke's und Rousseau's. Leipzig, Amb. Barth, in 8°.

1872 — BARTHÉTY (Hilarion). *L'ancien Collége de Lescar, ses transformations et l'Ecole normale primaire du département* (Extrait du *Mémorial*, 7, 23 et 28 mars, 4 avril). Pau, Vignancourt, in-12 de 46 p.

1872 — BATAULT (Henri). *Essai historique sur les Ecoles de Chalon-sur-Saône, du XV° siècle à la fin du XVIII° siècle* (Extr. des *Mém. de la Soc. d'Hist. et d'Archéol. de Chalon-sur-Saône*, t. V). Chalon-sur-Saône. Dejussieu, in-4° de 168 p.

1872 — BAUDEL. *Les Ecoles d'Albi, de 1380 à 1623* (*Bull. de la Soc. des études littéraires du Lot.*) In-8° de 40 p.

1872 — BRÉAUREPAIRE (Ch. de). *Recherches sur l'Instruction publique dans le diocèse de Rouen avant 1789.* Evreux, Pierre Huet, 3 vol. in-8° de 930 p. (Extr. des *Mém. de la Soc. des Antiquaires de Normandie*).

1872 — BOUCHARD (Ernest). *Histoire du Collége de Moulins* (2° édition). Moulins, Desrosiers, in-8° de 322 p.

1872 — BOYER. *Du rôle de la médecine et des médecins dans la société.* Etude sur Hippocrates et le chirurgien Quesnay (*Congrès scientifique*, in-8° de 312 p.

1872 — BROSSARD. *Inventaire sommaire des Archives de Bourg en Bresse.* Bourg, Comte-Millet, in-4°.

1872 — *Documents relatifs à la constitution et à l'histoire de l'Ecole des langues orientales vivantes.* Paris, impr. nationale, in-4°.

1872 — DUBOIS (E.). *Guillaume Barclay, jurisconsulte écossais* (*Mémoires de l'Académie de Stanislas*).

1872 — DURAND DE LAUR. *Erasme, précurseur et initiateur de l'esprit moderne.* Paris, Didier, 2 vol. in-8°.

1872 — GERMAIN (A.). *De la médecine et des sciences occultes à Montpellier dans leurs rapports avec l'astrologie et la magie.* Montpellier, Boëhm, in-4°.

1872 — GERMAIN (A.). *La Renaissance à Monpellier.* Montpellier, Boëhm, in-4° (1).

1872 — GODRON. *Notice historique sur les jardins des plantes de Pont-à-Mousson et de Nancy* (*Mém. de l'Académie de Stanislas*).

1872 — GUAYS DES TOUCHES. *Notes historiques sur le Collège de Château-Gontier* (dans la *Semaine du fidèle*).

(1) Pièces relatives à l'Université de Médecine et aux Facult's de droit et de théologie.

1872 — HOEFFEL. *Aperçu historique sur l'ancienne faculté de médecine de Strasbourg.* Strasbourg, Treuttel et Wurtz, in-8° de 138 p.

1872 — HOUSSAYE (l'abbé). *Le P. de Bérulle et l'Oratoire de Jésus.* Paris, Plon, in-8°.

1872 — HUGUES (Edm.). *Antoine Court. Histoire de la restauration du protestantisme en France au XVIII° siècle,* d'après des documents inédits. Paris, Michel Lévy frères, 2 vol. in-8°.

1872 — LAAS (Ernest). *Die pædagogik der Johannes Sturm,* historisch, und Kritisch beleuchtet. Berlin, Weidmann, in-8°. (La pédagogie de Jean Sturm, au point de vue historique et critique).

1872 — LAURENTIE. *Les crimes de l'éducation française.* Paris, Plon, in-8°.

1872 — DE LENS. *Deux hellénistes de l'Université d'Angers au XVI° siècle* (I. le D' Jean Butin. — II. Jean Lurcin, professeur royal de grec). Angers, Barassé, in-8° de 42 p. (Extr. de la *Revue d'Anjou*).

1872 — *Mémoires des RR. PP. Jésuites du Collège de Colmar* (1698-1750), publiés par Julien Sée, avec une notice par M. X. Mossemann. Genève, Fick, p. in-8° de XVI-200 p.

1872 — MÉNORVAL (de). *Les Jésuites, l'église Saint-Paul et le Lycée Charlemagne,* Paris, Aubry, in-8°.

1872 — NICOLAS. *L'Académie protestante de Montauban* (1598-1685). [Discours pour la rentrée de la Faculté de Théologie (1871)]. Montauban, Forestié neveu, in-8° de 23 p.

1872 — PICOT (G.). *Histoire des Etats Généraux considérés surtout au point de vue de leur influence sur le gouvernement de la France.* Paris, Hachette, 4 vol. in-8° (1).

1872 — PROTH (Mario). *Quatre-vingt-treize et l'instruction publique. Lakanal.* Paris, Rodière, in-8° de 32 p.

1872 — RANGEARD. *Histoire de l'Université d'Angers,* publiée pour la première fois d'après le manuscrit original, par M. Albert Lemarchand, bibliothécaire en chef de la ville d'Angers. T. I°', Angers, Barassé, gr. in-8° de XX-449 p. (2).

1872 — WAILLY (Natalis de). *Joinville et les enseignements de saint Louis à son fils.* Paris, J. Renouard, in-8° de 61 p. (Extr. de la *Biblioth. de l'Ecole des Chartes,* t. XXXIII).

1873 — ANDRÉ (H.). *Nos maîtres hier.* Etudes sur les progrès de l'éducation et sur les développements de l'Instruction populaire en France depuis les temps les plus reculés jusqu'à J.-J. Rousseau. Paris, Hachette, in-16 de 460 p.

1873 — BARTHÉLEMY (Ed. de). *L'Instruction publique avant 1789 (Revue de France,* mai).

1873 — BAUDEL. *L'Université de Cahors et la Communauté d'Alba.* Cahors, Laytou, in-8° de 8 p.

1873 — BOUCHER DE MOLANDON. *La salle des thèses de l'Université d'Orléans*

---

(1) Grâce à la *Table générale,* rien n'est plus aisé que de se rendre compte du grand travail consacré par les États Généraux, dans la dernière moitié du XVI° siècle et au commencement du XVII° siècle, à l'organisation des grandes écoles.

(2) Le deuxième volume a paru en 1877, chez le même éditeur.

(2ᵉ édition), in-8° de 91 p. (Extr. des *Mém. de la Soc. archéol. de l'Orléanais*).

1873 — BOUCHON-BRANDELY. *Le Collège de France*. Paris, Claye, in-8° de 16 p.

1873 — CAUVET (J.). *L'ancienne Université de Caen*. Notice historique. Caen, Le Blanc-Hardel, in-8° de 38 p.

1873 — CHARLES (L.). *L'Instruction publique à La Ferté-Bernard depuis le moyen âge jusqu'à nos jours*. La Ferté-Bernard, Dagnet, in-8° de 19 p.

1873 — CORLIEU (A.). *Notice sur J. Mentel [régent de la Faculté de Paris, 1671] (Annales de la Soc. hist. de Château-Thierry*), in-8° de 3 p. (1).

1873 — DEMIMUID (l'abbé). *Jean de Salisbury* (Thèse-Paris). Paris, E. Thorin, in-8° de 292 p.

1873 — DEMIMUID (l'abbé). *De Bernardo Carnotensi, grammatico professore et interprete Virgilii* (Thèse-Paris). Paris, E. Thorin, de 52 p.

1873 — DENAIS. *Jean Tarin, recteur de l'Université de Paris. (Revue d'Anjou*, p. 227).

1873 — DEVALS. *Les Écoles publiques à Montauban du xᵉ au xviiᵉ siècle*. Montauban, Forestié, in-8° de 40 p.

1873 — DIETRICH. *Les Écoles à Belfort (Bull. de la Soc. Belfortaise d'émulation*, 1872-1873).

1873 — DUBORD (l'abbé). *Recherches sur l'enseignement primaire dans nos contrées avant 1789 (Revue de Gascogne*, juillet).

1873 — *** *Écoles de Castres au xviᵉ siècle (Annuaire du Tarn)*.

1873 — FAILLON. *Vie de M. Olier, fondateur du séminaire de Saint-Sulpice* (4ᵉ édition, revue et considérablement augmentée par l'auteur). Paris, Poussielgue, Wattelier, 3 vol. in-4° (2).

1873 — FAYET. *Rapport sur les Écoles avant 1789*. Paris, Chamerot, in-8° de 46 p.

1873 — FAYET. *Les Écoles de la Bourgogne sous l'ancien régime*. Langres, Dangien, in-8°.

1873 — GAUBAN. *Histoire de La Réole*. La Réole, Vigoureux, in-8° (3).

1873 — GAUBIN. *Nomination de régent à Mauriac en 1716 (Revue de Gascogne)*.

1873 — GIRAUDET (L.). *Histoire de la ville de Tours*. Tours, principaux libr., 2 vol. in-8°.

1873 — GUIGUE (G.). *Topographie du département de l'Ain*. Bourg, Gromier, in-4°.

1873 — HAMELIN (l'abbé F.). *Essai sur la vie et les ouvrages d'Alcuin*. Rennes, Oberthur, gr. in-8°.

(1) Les volumes suivants de ces *Annales* contiennent plusieurs biographies de médecins célèbres.

(2) Cet ouvrage est le plus complet sur l'instruction sacerdotale au xviiᵉ siècle. On trouvera beaucoup de renvois utiles à la *Table méthodique*. Le troisième volume est consacré aux séminaires.

(3) V. p. 244-246. et p. 363-384.

1873 — HYVER (l'abbé). *Maldonat et les commencements de l'Université de Pont à-Mousson*, avec pièces justificatives. Paris, Collin, in-8°.

1873 — JALABERT (Ph.). *Les professeurs de droit à l'Académie de Stanislas* (Discours de réception à l'Académie). Nancy, Berger-Levrault, in-8° de 24 p.

1873 — JOUSSET. *Le Collège de Pin-la-Garenne aux temps passés* (*Echo de l'Orne*), in-8° de 24 p.

1873 — LELEU (G.). *Notice historique sur les écoles de Semur en Auxois*. Semur, Verdat, in-8° de 92 p. (Extr. du *Bull. de la Soc. des sciences de Semur*, 1872).

1873 — LENORMAND (Ch.). *Essais sur l'Instruction publique*, réunis et publiés par son fils Fr. Lenormand. Paris, Didier, in-12 de 416 p. (1).

1873 — DE LENS. *La philosophie en Anjou*, esquisse historique. Angers, Barassé, in-8° (Extr. de la *Revue d'Anjou*).

1873 — LEVAVASSEUR (Gustave). *Sur la chapelle du Collège d'Eu*. In-8° de 28 p. (*Annuaire de l'Association normande*.)

1873 — MASSON. *Notice historique sur le Collège et Lycée d'Auch* (*Revue de Gascogne*, t. XIV, p. 341).

1873 — MONTALEMBERT (Comte de). *Les Moines d'Occident depuis saint Benoît jusqu'à saint Bernard*. Paris, Lecoffre, 5 vol. in-8°.

1873 — MONTEIL (Alex.). *La Médecine en France*. Hommes et doctrines depuis l'antiquité jusqu'à nos jours, avec introduction, notes et supplément, par A. Le Pileur. Paris, P. Dupont et Deffis, in-12 de 439 p. (*Bibliothèque nouvelle*).

1873 — MORTIMER D'OCAGNE. *Les grandes Écoles de France*. Paris, Hetzel, in-12 (2).

1873 — PRAT (J.-G.). *L'Instruction sous la Convention*. Paris, Leroux, in-12.

1873 — RENAULD (J.). *L'enseignement libre de la médecine à Nancy après la suppression de l'Université* (1792) (*Bull. de la Soc. d'archéol. lorraine*).

1873 — REUSS (Rodolphe). *Les statuts de l'ancienne Université de Strasbourg*, d'après un manuscrit du xviiᵉ siècle (Extr. de la *Revue d'Alsace*). Mulhouse, Vve Bader, in-8°

1873 — RIBBE (Charles de). *Les familles et la société en France avant la Révolution*, d'après des documents originaux. Paris, Albanel, in-12 (3).

1873 — ROSTAN. *Monographie du couvent des Dominicains de Saint-Maximin* [*Bull. de la Soc. d'études de Draguignan*, t. IX (4)].

1873 — TAMIZEY DE LA ROQUE. *De la renaissance des lettres en France au xviᵉ siècle* (*Revue de Gascogne*, 13 p.).

(1) *Histoire de l'enseignement classique*, p. 63-86, les Jésuites, p. 86-109.
(2) Notices historiques sur les Écoles spéciales.
(3) Le deuxième livre de cet ouvrage est divisé en trois chapitres entièrement consacrés à la *Famille et l'École*.
(4) Voir le chapitre IV.

1873 — VILLEQUEZ. *Les Écoles de droit en Franche-Comté et en Bourgogne* (*Revue de Législation ancienne et moderne, française et étrangère*. Paris, Thorin, in-8° (1).]

1874 — AFFRE (H.). *Lettres sur l'histoire de Rodez.* Rodez, de Broca, in-8°.

1874 — BAUDEL (J.). *Histoire de l'Instruction publique à Cahors, et du Collège de cette ville* (Discours de distribution des prix au lycée de Cahors). Cahors, Laytou, in-8° de 15 p.

1874 — BENEZET (B.). *Étude sur la renaissance des lettres, des sciences et des arts à Toulouse, au xvi° siècle* (*Recueil de l'Académie des Jeux floraux*).

1874 — BRUN-DURAND. *Le Dauphiné en 1698, suivant le Mémoire de l'Intendant Boucher, sur la Généralité de Grenoble. Notes, dissertations et commentaires.* Lyon et Grenoble, Brun et Drevet, in-8°.

1874 — COURAJOD. *Histoire de l'enseignement du dessin au xviii° siècle, l'école royale des élèves protégés,* suivie de documents sur l'école gratuite de dessin fondée par Bachelier. Paris, Dumoulin, in-8° de 264 p.

1874 — DARIO. *Histoire du Collège de Moissac* (Discours de distribution de prix). — Montauban, Forestié, in-8° de 30 p.

1874 — DENAIS (Joseph). *Notice sur Olivier Levêque et la fondation du Collège de Sablé en 1682.* Paris, Dumoulin, in-8° de 30 p. (Extr. du *Bull. de la Soc. d'Agriculture, sciences et arts de la Sarthe*).

1874 — FAYET. *Des hautes œuvres de la Révolution en matière d'enseignement.* Langres, Dangien, in-8° de 60 p.

1874 — FAYET. *Influence du paganisme sur l'éducation.* Bourges, Pigelet, in-8° de 36 p.

1874 — FAYET. *Comment les cléricaux fondent les Écoles; comment les autres les détruisent* (Diocèse de Bourges). Châteauroux, Migné, in-8° de 23 p.

1874 — FEUGÈRE (G.). *Érasme, sa vie et ses ouvrages.* Paris, Hachette, in-8° (2).

1874 — FROMENT. *Essai sur l'histoire de l'éloquence judiciaire en France avant le xii° siècle* (Thèse-Paris). Paris, Thorin, in-8° de 357 p.

1874 — FROMENT. *Quid è Quintiliani oratoriâ institutione ad liberos ingenuè nunc educandos excerpi possit* (Thèse-Paris). Paris, Thorin, in-8° de 184 p.

1874 — GAULLIEUR (E.). *Histoire du Collège de Guyenne, d'après un grand nombre de documents inédits.* Paris, Sandoz et Fischbacher, gr. in-8° de xxviii-576 p.

1874 — GUIMPS (baron de). *Histoire de Pestalozzi, de sa pensée et de son œuvre.* Lausanne, G. Bridel, in-8° de 548 p.

(1) Les premiers articles de ce travail ont paru dans la *Revue* en 1872, p. 258 et suiv., 349 et suiv., 587 et suiv. Le 3° a été tiré à part. (Voir ci-dessous 1875.)

(2) Bonne bibliographie du sujet.

1874 — HYVER (abbé). *Le Doyen Pierre Grégoire de Toulouse et l'organi-sation de la Faculté de Droit de Pont-à-Mousson.* In-8° de 63 p. (*Mémoires de la Société philotechnique de Pont-à-Mousson*).

1874 — JEUDY (R.). *L'éducation dans Rabelais et dans Montaigne.* Paris, L. Hurtau, in-12 de 32 p.

1874 — JOURDAIN (Charles). *Mémoire sur les commencements de l'économie politique dans les Écoles du Moyen-Age.* Paris, imprimerie impériale, in-4°.

1874 — LA BONNARDIÈRE (D^r). *Les Universités anciennes et modernes. Ori-gines de l'Université de Grenoble* (*Rev. cathol. des Institutions et du droit.* T. III et IV (1).

1874 — LANTOINE (H.). *Histoire de l'enseignement secondaire en France au XVIIe siècle* (Thèse-Paris). Paris, Thorin, in-8° de 295 p.

1874 — DE LENS. *Consultations données par l'Université d'Angers sur le projet de divorce de Henri VIII.* Angers, Barassé, in-8° (Extr. de la *Revue d'Anjou*).

1874 — MANGEONJEAN. *Les écoles primaires avant la Révolution de 1789, dans la région des Vosges formant l'arrondissement de Remire-mont.* Epinal, Collot, in-8°.

1874 — PAULY (Alph.). *Bibliographie des sciences médicales.* Paris, Tross, in-8° de 1788 col. (2).

1874 — PORT (Célestin). *Dictionnaire historique, géographique et biogra-phique de Maine-et-Loire.* Paris, J.-B. Dumoulin ; Angers, Lachèse et Dolbeau, 3 vol. in-8°.

1874 — PRAVEL. *La corporation des apothicaires de Nantes* (*Annales de la Soc. acad. de Nantes*). In-8° de 8 p. (3).

1874 — QUANTIN (Max). *Histoire de l'Instruction primaire avant 1789 dans les pays formant le département de l'Yonne* (*Annuaire de l'Yonne*), in-8° de 146 p.

1874 — RIVIÈRE. *Une lecture à l'Université d'Orléans* (*Revue de Législa-tion*).

1874 — ROCQUAIN. *L'état de la France au 18 brumaire,* d'après les rap-ports des Conseillers d'Etat chargés d'une enquête sur la situation de la République. Paris, Didier, in-12.

1874 — SIMON (Jules). *La Réforme de l'enseignement secondaire* (2e édit.). Paris, Hachette, in-12 de 430 p.

1874 — SOUS (G.). *Histoire de la médecine à Bordeaux pendant les cinq premiers siècles* (*Mém. et Bull. de la Soc. de médecine de Bor-deaux*).

1874 — TOURDES. *Origines de l'enseignement médical en Lorraine* (*Mémoires de l'Acad. de Stanislas*).

(1) Le troisième volume contient un tableau synoptique, chronologique et his-torique des anciennes Universités françaises.

(2) Ouvrage contenant de nombreux documents sur l'histoire de l'enseigne-ment de la médecine et sur les Facultés et Collèges, par nations et par époques. Cf. chapitre III, *Histoire*, col. 441-743.

(3) Lettres-patentes approuvant des statuts en 1563 et en 1572.

1874 — VIANSON. *Histoire du premier Collège de Metz*. Nancy, Réau, in-8° de 80 p. (*Mémoires de l'Acad. de Metz*).

1874 — VIGNOLLE. *Un centenaire. Histoire du Collège de Sainte-Marie-d'Oloron* (Discours.) (*Mémorial du 13 août*).

1875 — ANDRÉ. *Nos maîtres aujourd'hui ; étude sur les progrès de l'éducation, sur les méthodes et les établissements d'instruction à tous les degrés, depuis J.-J. Rousseau jusqu'à nos jours.* Paris, Hachette, in-8°.

1875 — ARNAUD (D.). *Histoire des protestants du Dauphiné.* Paris, Grassart, 3 vol. in-8°.

1875 — BABEAU (Albert). *L'Instruction primaire dans les campagnes avant 1789, d'après les archives communales et départementales de l'Aube.* Troyes, Dufour-Bouquot, in-8° (1).

1875 — BASCHET (Arm.). *Histoire du dépôt des Archives des affaires étrangères.* Paris, Plon, in-8° (2).

1875 — BELLÉE (Armand). *Recherches sur l'Instruction publique dans le département de la Sarthe avant et pendant la Révolution.* Le Mans, Monnoyer, in-12 de 299 p. (3).

1875 — BERTHAULT (E. A.). *De Mathurino Corderio et creatis apud Protestantes litterarum studiis* (Thèse-Paris). Paris, J. Bonhoure, in-8° de 80 p.

1875 — BIMBENET. *Université d'Orléans. Chronique historique extraite des registres des Ecoliers allemands.* Orléans, Herluison, in-8°.

1875 — BIMBENET. *Fuite de l'Université d'Orléans à Nevers* (*Mémoire de la Soc. agric. d'Orléans*).

1875 — BIMBENET. *Recherches sur l'origine et l'évolution de l'enseignement et de la pratique de la médecine en France.* Orléans, Puget et Cie, in-8° de 65 p.

1875 — CAMPION. *Note sur l'école de dressage et d'équitation de Caen* (fondée en 1728). [*Annuaire de l'Association normande*], in-8° de 28 p.

1875 — CARRON. *Les Jésuites à Avignon*, esquisse historique (1555-1875). Avignon, Seguin, in-12 de 166 p.

1875 — CHENU (abbé). *Histoire du Collège de Vienne.* (Discours de distribution de prix). (*Le Républicain*).

1875 — CUISSARD-GAUCHERON. *L'École de Fleury-sur-Loire à la fin du x⁰ siècle, et son influence* (*Mém. de la Soc. archéol. et hist. de l'Orléanais*. T. XIV, p. 149.)

1875 — DIDIER (Ch.). *L'Église, l'Université et l'État devant l'enseignement public en France ; essai historique et polémique.* Saint-Dizier, Briquet, in-8° de 80 p.

---

(1) Petits collèges d'Ervy, de Brienne, Bar-sur-Seine, Nogent-sur-Seine, Pont-sur-Seine.

(2) Renseignements intéressants sur l'école de diplomatie fondée en 1700 par M. de Torcy.

(3) Excellent résumé des archives départementales en ce qui concerne les écoles où l'on trouve beaucoup de notes sur les écoles latines.

1875 — FRANKLIN. *La Sorbonne, ses origines, sa bibliothèque, les débuts de l'imprimerie à Paris, et la succession de Richelieu.* Paris, Wilhem, in-12 de XIV-279 p. (1).

1875 — GÉRIN. *La Commission des Réguliers (Revue des Questions historiques).*

1875 — GOUJON. *Histoire de Bernay et de son canton.* Evreux, Hérissey, in-8° (2).

1875 — GERMAIN (A.). *Liber procuratoris studiorum (Mém. de l'Acad. des Inscriptions et Belles-lettres de Montpellier).*

1875 — HUBER (D' J.). *Les Jésuites.* Traduction de l'allemand, par Alf. Marchand (3° édit.). Paris, Sandoz et Fischbacher, 2 vol. in-12 de 300 et 388 p.

1875 — JOURDAIN (Charles). *Un compte de la nation d'Allemagne de l'Université de Paris au XV° siècle.* In-8° de 23 p. (*Mémoires de la Soc. de l'Hist. de Paris et de l'Ile-de-France, t. 1er*).

1875 — JOURDAIN (Charles). *Nicolas Oresme et les astrologues de la cour de Charles V. (Revue des questions historiques).*

1875 — LEGAT. *Adrien Tournebus, lecteur royal (1512-1565),* in-8° de 55 p. (*Bull. de la Société des Antiquaires de Normandie*).

1875 — DE LENS. *Collèges et professeurs de l'Université d'Angers, du XVI° siècle à la Révolution (Revue d'Anjou, t. XIV, p. 358).*

1875 — DE LENS. *Un manuel de l'école de droit,* publié en 1512 pour l'usage des Ecoliers de l'Université d'Angers. Angers, Barassé, in-8° de 13 p. (Extrait de la *Revue d'Anjou,* 15 avril).

1875 — MAGGIOLO. *Pièces d'Archives et documents inédits,* pour servir à l'histoire de l'Instruction publique en Lorraine (1789-1802). Nancy, Berger-Levrault, in-8° de 30 p.

1875 — PEIGNÉ-DELACOURT. *Tableau des abbayes et des monastères d'hommes en France, à l'époque de l'Edit de 1768 relatif à l'assemblée du clergé.* Liste des abbayes royales de filles. Arras, Planque et Cie, in-fol. de 84 p. avec cartes.

1875 — RIVAIN (C.). *Table générale des quinze premiers volumes de l'Histoire littéraire de la France.* Paris, V. Palmé, in-4°.

1875 — RIVIER. *Jean Barbier et son « Viator Juris » (Revue de législation ancienne et moderne).*

1875 — ROBIOU. *Les classes populaires en France pendant le Moyen Age.* Paris, Douniol, in-8° de 14 p.

1875 — ROSSIGNOL (Elie). *Petits Etats d'Albigeois ou Assemblées du diocèse d'Albi.* Paris, Dumoulin, in-8°.

1875 — SCHMITZ (L.-A.). *La thèse doctorale de Louis de Ramberviller (1619).* In-8° de 8 p. (*Bull. de la Soc. d'archéol. lorraine*).

1875 — VERLAQUE (V.). *Le Cardinal de Fleury, précepteur de Louis XV,* d'après des documents inédits. Paris, Ch. Douniol et Cie, in-8° (Extr. du *Correspondant*).

(1) « Le travail de M. Franklin, dit M. Puyol (*Edmond Richer, 1876*) est surtout curieux au point de vue bibliographique, et élucide fort bien les questions relatives à l'établissement de la première imprimerie parisienne. »

(2) Voir notamment p. 208.

1875 — Villequez. *Les Écoles de droit en Franche-Comté et en Bourgogne. La Faculté de droit de Dijon.* Paris, Thorin, in-8° de 167 p. (Extr. de la *Revue de Législation ancienne et moderne, française et étrangère*).

1876 — Bala. *Un mot sur la chimie à la fin du xviiᵉ siècle.* J.-N. Lémery (1696). In-8° de 14 p. (*Mém. de la Soc. des lettres, sciences et arts de Bar-le-Duc*).

1876 — Baudel et Malinowsky. *Histoire de l'Université de Cahors* (*Annuaire du Lot*, 1876, p. 3 et 1877, p. 1. Il y a un tirage à part). Cahors, Laytou, in-8° de 108 p.

1876 — Baudoin (A.). *Discours sur l'ancienne Université de Toulouse*, in-8° de 19 p. (*Mémoires de l'Académie de Toulouse*).

1876 — Bourbon (Georges). *La Licence d'enseigner et le rôle de l'Écolâtre au moyen âge* (Extr. de la *Revue des questions historiques*). In-8° de 42 p.

1876 — Budinsky (Dʳ Alex.). *Die Universität Paris und die Fremden an derselben im Mittelalters.* Berlin, Hertz, in-8° de XII-234 p. (L'Université de Paris et ses étudiants étrangers au moyen âge).

1875 — Carlez (J.). *La Musique à Caen, de 1066 à 1848* (*Mém. de l'Acad. de Caen*).

1876 — Cauvet (J.). *Un recteur de la fin du xviiᵉ siècle.* Episode de l'histoire de l'ancienne Université de Caen. Caen, Le Blanc-Hardel, in-8° de 32 p.

1876 — Cauvet (J.). *Les origines du Droit civil de l'ancienne Normandie* (Discours). Caen, Le Blanc-Hardel, in-8° de 18 p.

1875 — Chardon (abbé). *État général de l'Instruction dans le diocèse de Reims vers la fin du xviiiᵉ siècle* (*Revue de Champagne et de Brie*, t. X, p. 113, 123, 226, 237).

1876 — Charles (abbé). *Étude historique et archéologique.* Les Chroniques de la paroisse et du Collège de Courdemanche en Maine. Paris, Didron; Le Mans, Pelchat, in-8° de 36 p.

1876 — Clair (le P.). *Que devons-nous à l'Église et à la Révolution en fait d'éducation publique, spécialement dans le Maine et les provinces voisines?* Le Mans, Leguicheux-Gallienne, in-8° de 45 p.

1876 — Denais (J.). *Notice historique sur le Collège du Puy en Velay* (*Tablettes historiques du Velay*, 6ᵉ année). Paris, Dumoulin, in-8°.

1876 — Desmazes (Ch.). *L'Université de Paris* (1200-1875). *La nation de Picardie, les Collèges de Laon et de Presles. La loi sur l'enseignement supérieur.* Paris, Charpentier, in-8° de XII-347 p.

1876 — Foulques de Villaret (Mlle). *L'Enseignement des lettres et des sciences dans l'Orléanais, depuis les premiers siècles du christianisme jusqu'à la fondation de l'Université d'Orléans.* Orléans, Herluison, in-8° de 144 p.

1876 — François-Franquet. *Le Collège de Sedan.* Notice historique sur son origine, sa transformation et sa nouvelle organisation (L'*Investigateur*, journal de la Société des Études historiques), in-8° de 30 p.

1876 — GAUFRÈS (M.-J.). *Histoire du plan d'études protestant*, in-8° de 18 p. *(Bull. litt. et hist. de la Soc. de l'hist. du protestant. français).*

1876 — GAUTIER (A.). *Le Collège de Rouen, aujourd'hui lycée Corneille.* Paris, P. Dupont, in-8° de 40 p.

1876 — GENAY (C.-L.). *De Cl. Flori libro qui inscriptus est de studiorum ratione et delectu* (Thèse-Dijon). Besançon, Bonvalot, in-8° de 52 p.

1876 — GERMAIN (A.). *Les étudiants de l'École de Médecine de Montpellier au XVIᵉ siècle.* Nogent-le-Rotrou, Daupeley, in-8°.

1876 — GILL (John). *Systems of education ; a history and criticism of the principles, methods, organisation and moral discipline, advocated by eminent educationists.* London, Longman and Cᵉ, in-12 (Histoire critique des systèmes d'éducation).

1876 — GOIFFON (l'abbé). *L'Instruction publique à Nîmes. Le Collège des Arts, les Jésuites, les doctrinaires, d'après Ménard et les documents originaux.* Nîmes, Grimot et Bedot, in-8° de 136 p.

1876 — GRÉGOIRE. *Rapport inédit de Grégoire,* publié par Ulysse Robert. *Observations sur l'état actuel de l'Instruction publique, des bibliothèques, des archives et des monuments dans les départements de la Haute-Marne, de la Haute-Saône, des Vosges, de la Meurthe, Haut et Bas-Rhin, Doubs, etc.* Paris, H. Menu, in-8°.

1876 — HYVER (abbé). *La Faculté de Médecine de l'Université de Pont-à-Mousson,* in-8° de 60 p. *(Mém. de la Soc. d'Archéol. lorraine).*

1876 — JOURDAIN (Ch.). *Le Collège du Cardinal Lemoine,* in-8° de 44 p. (Extr. des *Mém. de la Soc. de l'hist. de Paris et de l'Ile de France,* t. III).

1876 — DE LENS. *Facultés, Collèges et professeurs de l'ancienne Université d'Angers, du XVᵉ siècle à la Révolution française.* (Livre Iᵉʳ. L'Université en général). Angers, Germain et Grassin, in-8° de 144 p.

1876 — DE LENS. *Facultés, Collèges et professeurs de l'ancienne Université d'Angers, du XVᵉ siècle à la Révolution française* (Livre IIᵉ La Faculté des droits). Angers, Germain et Grassin, in-8° de 132 p. (C'est la suite de la pagination de la première partie. Le tout forme 287 p.).

1876 — DE LENS. *Facultés, Collèges et professeurs de l'ancienne Université d'Angers* (Livre III. La Faculté de Théologie). Angers, Germain et Grassin, in-8° de 40 p. (Ce fascicule a une pagination distincte et forme la dernière partie de l'ouvrage).

1876 — LUCE (Siméon). *Histoire de Bertrand du Guesclin et de son époque.* Paris, Hachette, in-8° (1).

1876 — MAGGIOLO. *L'Instruction publique dans le district de Lunéville* (1789-1802). Nancy, Berger-Levrault, in-8° de 40 p.

(1) *L'Instruction au XIVᵉ siècle,* p. 15 et suivantes.

6

1876-77-78 — Maitre (Léon). *L'Université de Nantes.* (*Revue de Bretagne et de Vendée*).

1876 — Meyer (Ed.). *Histoire de la ville de Vernon.* Les Andelys, Delcroix, 2 vol. gr. in-8° (1).

1876 — Monneret (Le P.). *Le Ratio studiorum.* Lyon, Pitrat aîné, in-8° de 61 p. (Extr. des *Études religieuses*).

1876 — Péchenard (l'abbé). *De Schola Remensi decimo sæculo,* (Thèse-Paris). Reims, impr. coopérative, in-8° de 86 p.

1876 — *Police du Collège de l'impériale cité de Besançon,* 1567 (Dans les *Documents inédits de l'Académie de Besançon*).

1876-78 — Prat (Le P.). *Recherches historiques et critiques sur la Compagnie de Jésus en France au temps du P. Coton (1564-1626).* Lyon, Briday, 5 vol. in-8°.

1876 — Puyol (Ed.). *Edmond Richer. Etude historique et critique sur la rénovation du Gallicanisme au commencement du XVIIᵉ siècle.* Paris, Th. Olmer, 2 vol. in-8° (2).

1876 — Rameau (l'abbé). *L'Instruction primaire à Mâcon avant 1789 (Rev. de la Soc. littéraire, artistique et archéologique du départeme..t de l'Ain* (Nᵒˢ de juillet et d'août).

1876 — Reiffenberg (baron de). *De l'Instruction de la noblesse au Moyen Age.* Lu à la Société des Sciences morales, des Lettres et des Arts de Seine-et-Oise, le 7 janvier 1876. Versailles, impr. Cerf, in-8° de 15 p.

1876 — Schmidt (Dʳ L.-A.). *Geschichte der Erziehung under Unterrichts,* Dritte Auflage, von Dʳ Richard Lange-Colhen, in-8° (Histoire de l'éducation et de l'enseignement).

1876 — Sturm (Jean). *Mémoire de Jean Sturm sur le projet d'organisation du Gymnase de Strasbourg* (Document), in-8° de 5 p. (*Bull. hist. et litt. de la Soc. de l'hist du protestantisme français*).

1876 — Tamizey de La Roque. *Jean Maurus et le Collège de Lectoure* (*Rev. de Gascogne,* t. XVII).

1876 — Thiault. *Collège d'Embrun* (Journal la *Durance,* nᵒˢ des 20 et 27 août).

1876 — Tisserand. *Histoire d'Antibes.* Antibes, Marchand, in-8° de XII-536 p.

1877 — Babeau (Alb.). *Le Village sous l'ancien regime.* Paris, Didier, in-8° VIII-392 p.

1877 — Baudel (J.). *Étude sur François Roaldès, docteur-régent de l'Université de Cahors (1519-1589).* Cahors, Laytou, in-8° de 15 p.

1877 — Benoist (Ant.). *Quid de puerorum institutione senserit Erasmus?* Paris, Thorin, in-8° de 136 p.

1877 — Bimbenet (E.). *Université d'Orléans. Maîtres grammairiens tenant tutelle (pension), docteurs en médecine, docteurs régents (Mém. de la Soc. d'agr. sc... d'Orléans*).

(1) V. au t. II le chapitre *Instruction,* p. 118-137.
(2) On trouvera dans le deuxième volume de cet ouvrage deux excellentes bibliographies, l'une du Collège de Sorbonne (p. 49-51), l'autre d'Edmond Richer (p. 419-433).

1877 — Bourbon (G.). *Notice historique sur le Collège de Montauban, de la fondation jusqu'en 1792.* Montauban, Forestié, in-8° de 30 p.

1877 — Boyer (L.). *Histoire de la médecine.* Paris, G. Masson, in-4° de 272 p. (1).

1877 — [Bretagne]. *Destruction des œuvres d'art conservées dans les bâtiments de l'Université.* In-8° de 8 p. (*Bull. de la Soc. d'archéol. lorraine*).

1877 — Caillemer. *L'enseignement du droit civil en France vers la fin du XIII° siècle*, in-8° de 20 p. (*Nouv. Revue historique du droit français et étranger*).

1877 — Chevalier (U.). *Répertoire des sources historiques du moyen âge.* Paris, Société bibliographique, in-4° (2).

1877 — Corlieu (Dr A.). *L'ancienne Faculté de Médecine de Paris.* Paris, Vve Adrien Delahaye, in-12 de IV-283 p.

1877 — Cramail. *Documents historiques antérieurs à 1790, inédits ou en cours de publication, extraits des Archives départementales.* Paris, J. Leclère, in 8° de 26 p. (3).

1877 — Desjardins (F.). *Les Jésuites et l'Université devant le Parlement de Paris, au XVI° siècle.* Paris, G. Baillière, in-8° de 95 p.

1877 — Ecoiffier (F.). *Recherches historiques sur la Faculté de Médecine d'Avignon* (Thèse-Montpellier). Montpellier, Hamelin frères, in-8° de 62 p.

1877 — Faure. *Les Écoles de Toul depuis 1790.* Toul, Lemaire, in-8° de 69 p. (4).

1877 — Gatien-Arnoult. — *Histoire de l'Université de Toulouse* (1er fragment) (*Mém. de l'Académie des Sciences de Toulouse*).

1877 — Germain (A.). *Une loge maçonnique d'étudiants à Montpellier.* Montpellier, Boëhm, in-4°.

1877 — Germain. (A.). *Étude historique sur l'École de droit de Montpellier* (1160-1793). Montpellier, Boëhm et fils, in-4° de 124 p.

1877 — Gevry (Antoine). *Abrégé de l'histoire du couvent des Frères Prêcheurs de la ville de Bourges en Berry.* Bourges, Jollet, in-8° de XVI-316 p. (5).

1877 — Hérelle (G.). *Histoire du collège de Vitry-le-Français* (1567-1850). *Documents inédits, tirés des Archives municipales* (Extr. de la *Revue de Champagne et de Brie*). Paris, H. Menu, in-8° de 31 p.

---

(1) Cet ouvrage est extrait du *Dictionnaire encyclopédique des sciences médicales*, de Dechambre; il est accompagné d'une bibliographie spéciale. On peut consulter aussi, dans la même *Encyclopédie*, l'article *Enseignement de la médecine*, de H. Montanier, et l'article du *Rôle de la médecine*, de L. Boyer.

(2) Cet ouvrage a eu, en 1887, un Supplément qui porte à 2,370 le nombre des colonnes.

(3) Voir un document sur le Collège de Semur, en Brionnois.

(4) V. p. 14 et suivantes ce qui se rapporte à l'enseignement secondaire. Séminaire des Lazaristes, Collège Saint-Léon, École épiscopale, Collège Saint-Claude.

(5) Note sur la fondation de l'Université de Bourges dans la maison des Frères Prêcheurs.

1877 — JULLIOT. *Philippe Hodoard, fondateur du Collège de Sens, 1537.* (*Bull. de la Soc. archéol. de Sens*), t. XI, in-8° de 39 p.

1877 — KRUG-BASSE. *L'Alsace avant 1789 ou état de ses institutions provinciales et locales, de son régime ecclésiastique, féodal et économique, de ses mœurs et de ses coutumes, sous l'ancienne administration française.* Paris, Sandoz et Fischbacher, in-8° de 362 p.

1877 — LACROIX (P.). *Sciences et Lettres au moyen âge et à l'époque de la Renaissance.* Paris, Didot, in-4° (1).

1877 — LECOMTE (abbé). *Ecole de l'Abbaye du Bec. Lanfranc, saint Anselme (1048-1092).* Rouen, E. Cagnard, in-8° de 67 p.

1877 — MAGGIOLO. *Les Archives scolaires de la Beauce et du Gâtinais (1560-1808).* Nancy, Berger-Levrault, in-8° de 55 p.

1877 — MARCHAND. *Origines et abrégé historique du Collège de Versailles.* Versailles, Cerf et fils, in-8°.

1877 — PELLISSON (J.). *Les Maîtres apothicaires à Cognac.* In-8° de 21 p. (*Arch. hist. de la Saintonge et de l'Aunis*).

1877 — [PEMARTIN]. *Recueil des principales circulaires des supérieurs généraux de la Congrégation de la Mission.* Paris, Chamerot, 3 vol. in-4° (2).

✝ **1877** — PETIT (Ernest). *Le Collège des Doctrinaires de Noyers* (*Annuaire de l'Yonne*).

1877 — PINGAUD (L.). *L'Ecole bénédictine en Franche-Comté* (Discours. Séance de rentrée des Facultés). Besançon, Dodivers, in-8° de 15 p.

1877 — PONTAL (Edouard). *L'Université et les Jésuites. Deux procès en Cour de Parlement au XVI° siècle.* Étude historique. Paris, Ed. Baltenweck, in-18 de 83 p.

1877 — *Professeurs et agrégés de la Faculté de Droit de Montpellier (1161-1791).* Montpellier, Hamelin et Cie, in-8° (*Biographie Montpelliéraine*).

1877 — QUANTIN (Max). *Histoire de l'enseignement secondaire et supérieur dans les pays qui ont formé le département de l'Yonne, avant 1790* (*Annuaire de l'Yonne*), in-8° de 115 p.

1877 — RIVIER (Alphonse). *La science du droit dans la première moitié du moyen âge,* in-8° de 46 p. (*Nouv. Revue historique du droit français et étranger*), p. 1.

1877 — RIVIER (Alphonse). *Nouveaux écrits juridiques de la première moitié au moyen âge* (*Nouv. Revue historique du droit fr. et étr.*), p. 500.

1877 — ROUX (E.). *Le Collège d'Autun sous les Oratoriens* (*Mém. de la Soc. Eduenne,* t. VI, p. 1). In-8° de 82 p.

1877 — SOUS (G.). *Histoire de la Médecine à Bordeaux* (XVI° et XVII° siècles); *enseignement de la Chirurgie* (*Mém. et Bull. de la Soc. de Médecine de Bordeaux*).

(1) Voir les chapitres sur les Universités, Collèges, etc.
(2) On trouve dans ces circulaires des renseignements sur les Collèges et Séminaires dirigés par les Lazaristes.

1877 — THÉVENOT. *Notice historique sur l'ancien Collège et le Lycée de Troyes* (Extr. de *l'Annuaire du département de l'Aube*), in-8° de 53 p.

1877 — VOGEL (Auguste). *Geschichte der Pædagogik als Wissenschaft nach den Quellen dargestellt.* Gütersloh, Bertelsmann, in-8°. (*Histoire de la Pédagogie considérée comme science.*)

1877 — WYART (Arthur). *Notice historique sur le lycée de Tournon.* Tournon, Parhin, in-8° de 47 p.

1878 — *Annales d'un collège chrétien.* Guéret, imp. Hipp. Richet, in-8° (1).

1878 — ANNE DE FRANCE. *Les enseignements d'Anne de France, duchesse de Bourbonnais et d'Auvergne à sa fille Suzanne de Bourbon.* Moulins, Desroziers, in-8°.

1878 — AUBERGÉ (E.). *De l'enseignement à l'époque de la Renaissance, et des idées de Rabelais et de Montaigne en matière d'éducation.* Meaux, Destouches, in-8° de 10 p. (Extr. du *Bull. de la Soc. d'Archéologie, lettres, sciences et arts du département de Seine-et-Marne*).

1878 — BIMBENET. *Fuite de l'Université d'Orléans à Nevers; son retour.* In-8° de 20 p. (*Mém. de l'Acad. d'Orléans*). Orléans, Piget, in-8° de 20 p.

1878 — BONET-MAURY (G.). *Gérard de Groote, un précurseur de la Réforme au XIV° siècle, d'après les documents inédits.* Paris, Sandoz et Fischbacher, in-8°.

1878 — BULTEAU (abbé). *Étude sur les sept arts libéraux en France* (*Mém. de la Soc. d'émulation de Cambrai*).

1878 — CHARLES (R.). *Histoire du Collège de Château-Gonthier* (*Revue archéologique du Maine*, 1° liv.) (2).

1878 — CHARMASSE (A. de). *État de l'instruction primaire dans l'ancien diocèse d'Autun pendant les XVII° et XVIII° siècles* (2° édition). Paris, Champion, in-8° de 210 p. (3).

1878 — CHARVET (E.). *L'instruction publique à Beauvais pendant la Révolution* (*Mém. de la Soc. académique de l'Oise*, t. X).

1878 — CHARVET (Léon). *Les origines de l'enseignement public des arts du dessin à Lyon (1676-1780).* (*Réunion des Soc. savantes, beaux-arts*). Paris, Plon, in-8° de 40 p.

1878 — CHEREAU (D° A.). *Notice sur l'origine de la bibliothèque de la Faculté de Médecine de Paris. Ce qu'elle a été, ce qu'elle sera.* Paris, Delahaye, in-8°.

1878 — COUSSEMACKER. *Documents inédits relatifs à la ville de Bailleul.* Paris, Picard, 3 vol. in-8°.

1878 — CURIE-SÉMÈRE. *Une thèse anatomique sur le cerveau en 1620* (*Rev. de Gascogne*).

1878 — DUBOIS (l'abbé R.). *Le Collège Saint-Nicolas de Gimont et le cou-*

---

(1) Bonne notice sur le Collège de Felletin, qui publie ce recueil.
(2) M. Allain dit : Bonne notice sur les Écoles et le Collège.
(3) On trouve dans cet ouvrage beaucoup de renseignements sur les écoles latines.

vent des Ursulines ou *l'Instruction publique sous l'ancien régime.*
Auch, imp. Foix, in-8° de 91 p.

1878 — DUMAY (Gabriel). *Étude sur la vie et les travaux de Proudhon, doyen de la Faculté de droit de Dijon.* (*Congrès scientifique de France*). In-8° de 232 p. (1).

1878 — FAVIER. *Mœurs et usages des étudiants de l'Université de Pont-à-Mousson* (1572-1768). Nancy, Wiemer, in-8° de 64 p. (Extr. des *Mém. de la Soc. d'Archéologie lorraine*).

1878 — GATIEN-ARNOULT. *Histoire de l'Université de Toulouse*, fragment 2° (Extrait des *Mémoires de l'Académie de Toulouse*). Toulouse, Douladoure, in-8° de 32 p.

1878 — GILLY (l'abbé). *Erasme de Rotterdam* (*Revue des sciences ecclésiastiques*) (2).

1878 — GRELLOIS (G.). *Un épisode de l'histoire de l'ancienne Faculté de Médecine de Pont-à-Mousson* (*Mém. de la Soc. philotechnique de Pont-à-Mousson*).

1878 — GROUCHY (de) et TRAVERS. — *Étude sur Nicolas de Grouchy et son fils Timothée de Grouchy.* Paris et Caen, Champion et Leblanc-Hardel, in-16 de VII-236 p.

1878 — HYVER (abbé). *Les Agonothètes ou les donateurs de prix à Pont-à-Mousson* (*Mémoires de la Soc. philotechnique de Pont-à-Mousson*).

1878 — JADART (Henri). *Les traditions de charité dans le Réthelois.* Réthel, Beauvarlet, in-8°.

1878 — JADART (Henri). *L'Université de Paris au temps d'Etienne Marcel.* Paris, Victor Palmé, in-8° de 23 p. (Extr. de la *Revue des Questions historiques*).

1878 — JOURDAIN (Ch.). *La taxe des logements dans l'Université de Paris* (*Mém. de la Soc. de l'hist. de Paris*).

1878 — KURTH (G.). *Saint Grégoire de Tours et les études classiques au VIᵉ siècle* (*Rev. des Questions historiques*).

1878 — LABOULBÈNE (A.). *Histoire de la médecine. Hôpital de la Charité de Paris* (1606-1878). Paris, G. Masson, in-8°.

1878 — LACROIX (Paul). XVIIIᵉ *siècle. Lettres, sciences et arts de France* (1700-1789). Paris, Firmin-Didot, in-4° de 560 p.

1878 — LANTENAY (de). *L'Oratoire de France et le Collège de Guyenne* (*L'Aquitaine*, numéros des 30 mars et 6 avril).

1878 — LE LASSEUR (le P.). *Le Bonhomme Galard.* (Extr. des *Etudes religieuses*), in-8° (3).

1878 — MARION (Henri). *J. Locke, sa vie et son œuvre, d'après des documents nouveaux.* Paris, Germer-Baillière et Cie, in-12.

(1) Proudhon, né en 1758, mort en 1838, ayant passé sa vie à enseigner, est un des hommes qui permettent de juger le mieux les diverses phases de l'enseignement pendant plus de 60 ans.
(2) L'auteur étudie la situation d'Erasme en face de l'Église et de la libre pensée. V. les p. 144, 193, 340, 416.
(3) C'est la vie d'un professeur janséniste à la fin du XVIIᵉ siècle.

1878 — MASSEBIEAU (L.). *Les colloques scolaires du XVIe siècle et leurs auteurs* (1480-1570). (Thèse-Paris). Paris, J. Bonhoure, in-8° de 254 p.

1878 — MASSEBIEAU (L.). *De Ravisii Textoris (Jean Tixier, sieur de Ravisi), comœdiis seu de comœdiis collegiorum in Gallia, præsertim ineunte sexto decimo sæculo.* (Thèse-Paris), Paris, J. Bonhoure, in-8° de 85 p.

1878 — MATHIEU (l'abbé). *L'ancien régime dans la province de Lorraine et Barrois, d'après des documents inédits (1698-1799).* Paris, Hachette, in-8°.

1878 — MEINADIER. *Histoire du Collège d'Argentan.* Paris, librairie générale, in-8° de 56 p.

1878 — MILLET. *Notice sur l'Université d'Orange (Annuaire du département de Vaucluse)*, in-8°. de 44 p.

1878 — DE MONTZEY. *Histoire de La Flèche et de ses seigneurs.* Le Mans, Pellechat ; Paris, Champion. in-8°.

1878 — PAGUELLE DE FOLLENAY (abbé). *Notice historique sur l'école épiscopale de Notre-Dame de Paris* (Discours prononcé, le 3 août, à la distribution des prix de la maîtrise métropolitaine). Paris, de Soye, in-8° de 56 p.

1878 — PAPILLON. *Le Collège de Vervins* (LA THIÉRACHE, *Bulletin de la Soc. archéologique de Vervins*).

1878 — PORT (Célestin). *Dictionnaire historique, géographique et biographique de Maine-et-Loire).* Paris, Dumoulin, 4 vol. in-4° (1).

1878 — ROBINEAU. *De l'éducation des enfants; étude sur le chapitre XXV des Essais DE MONTAIGNE.* Niort, Clouzot, in-8° de ?' p.

1878 — ROQUES (Paul). *Le Collège de Thiers* (Dans l'*Album de Thiers,* 1er juin).

1878 — ROUET (l'abbé). *Étude sur l'école juive de Lunel au moyen âge.* Montpellier, Seguin ; Paris, Wieweg, in-8° de XI-65 p.

1878 — SMYTTÈRE (de). *Les Collégiales de Cassel et ses autres institutions religieuses anciennes.* Hazebrouck, David, in-8° de 428 p. (2).

1878 — *Statistique de l'enseignement supérieur. Enseignement, examens, grades, recettes et dépenses en 1876. Actes administratifs jusqu'en août 1878.* Paris, imprimerie nationale, in-4°.

1878 — TAIÉE (Ch.). *L'enseignement secondaire à Laon.* Paris et Laon, E. Leroux et Jacob, in-8° de 223 p.

1878 — TROCHON (l'abbé). *Journal d'Eusèbe Renaudot, régent ex-médecine à Paris (1646-1679),* in-8° de 29 p. (*Mémoires de la Soc. de l'hist. de Paris et de l'Ile-de-France*).

1879 — ANTONINI (Paul). *L'Église et l'Instruction. L'instruction gratuite et obligatoire, décrétée par les Conciles; Écoles, Universités.* Paris, Dentu, in-12 de 30 p.

(1) Renseignements nombreux sur les anciens Collèges.
(2) Parle du Collège des Jésuites, fondé à Cassel au XVIIe siècle.

1879. — ARBOIS DE JUBAINVILLE (d'). *L'administration des Intendants*. Paris, Champion, in-8° (1).

1879 — AZAÏS (abbé). *Notice sur le Collège de Nîmes*. Nîmes, Clavel-Ballivet, in-8° de 127 p.

1879 — BAUDEL, *Les Écoles d'Albi, de 1380 à 1623*. Cahors, Laytou, in-8° de 19 p.

1879 — BLANC (l'abbé). *Monographie du Lycée de Nancy depuis 1789 jusqu'à nos jours*. Nancy et Paris, Berger-Levrault, in-8° de VII-182 p.

1879 — BOMBAL. *Histoire de la ville d'Argentat et de son hospice*. Tulle, Crauffon, in-12.

1879 — BOURGAIN (L.). *La chaire française au XIIe siècle*. Paris, Palmé, in-8° de 399 p.

1879 — BRÉARD (Ch.). *Histoire du Collège d'Eu, d'après des documents inédits*. Eu, A. Hocquelus, in-8°.

1879 — BRIVES-CAZES. *Usages des Étudiants (1723-1752)*. Bordeaux, Gounouilhou, in-8° de 63 p.

1879 — CAILLEMER. *Les Disputationes dans les Écoles de Droit aux XIIIe et XIVe siècles* (*Mém. de l'Académie de Caen*).

1879 — CAILLEMER. *L'Enseignement du droit civil en France au XIIIe siècle* (*Nouvelle Revue historique du Droit*, novembre, décembre), in-8° de 20 p.

1879 — CARO (E.). *Diderot. La réfutation d'Helvétius et le plan d'une Université* (*Revue des Deux-Mondes*, 1er novembre).

1879 — CHAVERNAC. *École provençale de lithotomie au XVIIIe siècle*. Marseille, Barlatier-Feissat, in-8° de 40 p.

1879 — CHOTEAU. *Notices sur les thèses soutenues dans l'ancienne Faculté de Médecine de Paris* (*Union médicale*).

1879 — CLOYSEAULT (le P.). *Recueil de vies de quelques prêtres de l'Oratoire*. Paris, Poussielgue, 3 vol. in-12 (2).

1879 — COMPAYRÉ (Gabriel). *Histoire critique des doctrines de l'éducation en France depuis le XVIe siècle*. Paris, Hachette, 2 vol. in-8° de XVI-977 p.

1879 — COMPAYRÉ (Gabriel). *L'Orbilianisme ou l'usage du fouet dans les Collèges des Jésuites au XVIe siècle*. Toulouse, Douladoure, in-8° de 11 p.

1879 — COURTET (Jules). *De l'état ancien de l'instruction publique dans Vaucluse* (*Bull. hist. et archéol. de Vaucluse*).

1879 — COUTURE (L.). *Une thèse de philosophie en 1755* (*Revue de Gascogne*), in-8° de 18 p.

1868-1879 — DANCOISNE (abbé). *Mémoire sur les établissements religieux du clergé séculier et du clergé régulier qui ont existé à Douai avant la Révolution* (*Mémoires de la Société d'agriculture*) (3).

1879 — DANIEL (le P. Ch.). *La géographie dans les Collèges des Jésuites aux XVIIe et XVIIIe siècles*. Paris, Lecoffre, in-8°.

(1) Cet ouvrage a été appelé avec raison un *Manuel de l'ancien régime*.
(2) Ce recueil a été publié par le P. Ingold, de l'Oratoire.
(3) Cet ouvrage est divisé dans les t. IX, X, XII et XIV des *Mémoires de la Société*.

1879 — DANIEL (le P.-Ch.). *Les Jésuites historiens aux* XVII* *et* XVIII* *siècles*. Lyon, Pitrat aîné, in-8°.

1879 — DAUMESNIL. *Histoire de la ville de Morlaix*. Morlaix, Lodan, in-8°.

1879 — DUPUY. *De græcis romanorum amicis aut præceptoribus à secundo punico bello ad Augustum* (Thèse-Paris), Paris, Thorin, in-8°.

1879 — DUPUY. *Les Écoles et les médecins en Bretagne au* XV* *siècle*. Brest, Gadreau, in-8° de 85 p. (Extr. du *Bull. de la Soc. académique de Brest*).

1879 — DUVAL (L.). *Les Écoles protestantes d'Alençon* (*Bull. de la Soc. de l'hist. du Protestantisme français*, juillet).

1879 — FAYET. *L'enseignement en Auvergne avant* 1789. Châteauroux, Nuret et fils, in-8° de 32 p.

1879 — FAYET. *L'enseignement dans le Berry avant* 1789. Châteauroux, Nuret et fils, in-8° (1).

1879 — FOURNIER (Paul). *Étude diplomatique sur les actes passés devant les officialités au* XIII* *siècle*. Paris, Picard, in-8° de 8 et 40 p.

1879 — FRŒHLY. *La discipline dans les écoles d'autrefois*. Montbéliard, impr. Hofmann, in-8° de 16 p.

1879 — GATIEN-ARNOULT. *Histoire de l'Université de Toulouse.* 3* fragment. Toulouse, Douladoure, in-8° de 36 p. (*Mém. de l'Académie de Toulouse*).

1879 — GATIEN-ARNOULT. *Pierre Laromiguière*, 1* partie. Toulouse, Douladoure, in-8°.

1879 — GERMAIN (A.). *Le* CÉRÉMONIAL *de l'Université de médecine à Montpellier. Notice sur ce manuscrit, accompagnée d'extraits inédits.* Montpellier, Boëhm, in-4°.

1879 — GERMAIN (A.). *La médecine arabe et la médecine grecque à Montpellier.* Montpellier, Boëhm, in-4°.

1879 — GERMAIN (A.). *Les pèlerins de la science, à Montpellier.* Montpellier, Boëhm, in-8°.

1879 — GUIGONET. *L'institution du notariat à Grenoble et dans le Dauphiné,* in-8° de 66 p. (*Bull. de la Soc. de statistique de l'Isère*).

1879 — GUILLIBERT (le chanoine). *Le Collège royal Bourbon d'Aix sous la direction des Jésuites* (1621-1763). (2* édit.). Aix, Sardat et Makaire; Paris, Lecoffre, in-8° de 48 p.

1879 — LA BONNARDIÈRE. *Études historiques et économiques sur les institutions médicales dans leurs rapports avec les religions, les civilisations, les mœurs et les lois.* Grenoble, imp. Baratier et Dardelet, in-8° de 165 p.

1879 — LACROIX (A.). *Les Écoliers de Tournon, de* 1632 *à* 1614 (*Bull. de la Soc. d'Archéol. et de Statist. de la Drôme*).

1879 — LAVAL (V.). *Attestation des études de Nicolas Saboly à l'Université d'Avignon.* Avignon, Seguin frères, in-8° de 11 p.

1879 — LENS (de). *La Faculté des Droits de l'ancienne Université d'Angers depuis ses dernières années du* XIV* *siècle* (*Revue d'Anjou*).

1879 — LENS (de). *La Faculté de Théologie de l'Université d'Angers* (*Rev. d'Anjou,* mars, juin, septembre et décembre).

(1) Ces deux derniers travaux de M. Fayet sont extraits de la *Revue du Centre*.

1879 — LUCE (Siméon). *Les Clercs vagabonds à Paris et dans l'Ile-de-France, sous Louis XI*. Nogent-le-Rotrou, Daupeley, in-8° de 8 p. (*Mém. de la Soc. de l'hist. de Paris et de l'Ile-de-France*).

1879 — MAGGIOLO. *De la condition de l'instruction primaire dans les Hautes Cévennes avant et après 1789*. Nancy, Berger-Levrault, in-8° de 42 p. (*Mémoires de l'Académie de Stanislas*) (1).

1879 — MARBOT (l'abbé). *Maîtrise métropolitaine d'Aix; son histoire, de 1480 à 1580*. (Discours prononcé le 23 août 1878). Aix, Makaire, in-8° de 36 p.

1879 — MARBOT (l'abbé). *Maîtrise métropolitaine d'Aix; son histoire, de 1580 à 1720*. (Discours prononcé le 13 août 1879). Aix, Makaire, in-8° de 39 p.

1879 — MARILLIER (abbé). *Les Écoles de Corbigny* (Discours). Nevers, s. n., in-8°.

1879 — MARTIN (Alexandre). *Les doctrines pédagogiques des Grecs* (Extr. de la *Revue pédagogique*). Paris, Ch. Delagrave, in-18 de 191 p.

1879 — MOLINIER. *Étude sur l'organisation de l'Université de Toulouse aux XIV° et XV° siècles*. Toulouse, Privat, in-4° (2).

1879 — PILLOT. *Les anciennes écoles* (*Le Dauphiné*, journal de Grenoble).

1879 — PIÔT (A.). *Études pédagogiques. I. L'Éducation au XVI° siècle*. Niort, Veuve Henri Echillet, in-8° de 43 p.

1879 — ROLLAND (Jules). *L'instruction en province avant 1789. Histoire littéraire de la ville d'Albi*. Toulouse, Privat, in-8° de 425 p.

1879 — RUMEAU. *Monographie de la ville de Grenade* (Haute-Garonne). Toulouse, Regnault et fils, in-8°.

1879 — SCHMIDT (Charles). *Histoire littéraire d'Alsace à la fin du XV° et au commencement du XVI° siècle*. Paris, Sandoz et Fischbacher, 2 vol. in-8°.

1879 — SICARD (l'abbé). *La Question d'enseignement et les Congrégations religieuses au siècle dernier* (*Correspondant*, 10 et 25 juin).

1879 — *Statuts des quatre Facultés de l'Université d'Angers* (1464-1791). Angers, Lachèse et Dolbeau, in-8° de VI-79 p.

1879 — TAMIZEY DE LA ROQUE. *Un député de 1793. Le P. Sébastien Dubarry, professeur de Rhétorique à Moulins, président du département de l'Allier* (*Revue de Gascogne*).

1879 — VERDIER (le P.), *Les anciennes Universités et la collation des grades*. Paris, Lecoffre, in-8° de 142 p.

1879 — VINCENT VON BEAUVAIS. *Hand- und Lehrbuch für Kœnigliche Prinzen und ihre Lehrer, herausgegeben von Fr. Chr. Schlosser*. Francfort, A. M., Wilmann, in-8° (Vincent de Beauvais, *Manuel pour l'éducation des princes du sang*).

1880 — ALLAIN (abbé), *L'instruction publique et la Révolution* (*Correspondant*, 10 juin).

(1) Donne d'utiles indications sur les Collèges des Cévennes.

(2) Dans la nouvelle édition de la grande *Histoire du Languedoc des Bénédictins*, t. VII, p. 519-608. Voir, en outre, dans le même volume, une série de documents sur l'Université de Toulouse, de 1309 à 1336.

1880 — Auzias-Turenne (Ch.). *L'Université de Paris au XIIIe siècle* (*Organisation, études, vie des Écoliers*). Paris, Oudin ; Grenoble, Baratier et Dardelet, in-8° de 60 p.

1880 — Babeau (Albert). *La ville sous l'ancien régime.* Paris, Didier et Cie, in-8°.

1880 — Bardinet (Léon). *Universitatis Avenionensis historica adumbratio* (Thèse-Aix). Limoges, Ducourtieux, in-8° de 108 p.

1880 — Beaune (H.). *L'enseignement du droit romain et la papauté.* Lyon, Briday, in-8°.

1880 — Besnard. *Souvenirs d'un nonagénaire. Mémoires publiés par* Célestin Port. Le Mans, Pellechat ; Paris, Champion, 2 vol. in-8° (1).

1880 — Bimbenet (Daniel). *Études sur Jacques de La Lande, régent de l'Université d'Orléans (1612-1703), in-8° de 43 p.* (*Lectures et documents de l'Académie de Sainte-Croix*).

1880 — Bordier (H.). *La France protestante des frères Haag.* Paris, Fischbacher, in-8°.

1880 — Le Charpentier (Henri). *Les Jésuites à Pontoise, recherches sur leur établissement, leur résidence et leur expulsion de cette ville (1593-1762), d'après des documents historiques et inédits.* Pontoise, Seyès, in-8° de 76 p. (Extr. du tome II des *Mém. de la Soc. histor. de Pontoise*).

1880 — Du Crène (Arthur). *Un petit Collège avant et pendant la Révolution. Baugé, de 1682 à 1793.* Angers, Germain et Grassin, 1 vol. in-8° de 74 p. (Extr. de la *Revue d'Anjou*).

1880 — Clos (Léon). *Notice sur Castelnaudary.* Toulouse, Privat, in-8° (2).

1880 — Corr. *Histoire de la ville de Roye.* Paris, Champion, 2 vol. in-4°.

880 — Corlieu. *L'origine de l'Internat dans les hôpitaux, la thèse de Louis, les chirurgiens gagnant maîtrise* (France médicale).

1880 — Corlieu. *Jacques Mentelle, professeur de l'ancienne Faculté de médecine et le réservoir du chyle (1569-1570)* (France médicale).

1880 — Costr (H.). *Quelques mots d'histoire sur la Faculté de Médecine de Montpellier.* (Gaz. hebd. des sc. méd. de Montpellier).

1880 — Cuissart (E.). *L'enseignement primaire à Lyon et dans la région lyonnaise avant et après 1789.* Paris, Garcet, in-8° de 40 p. (3).

1880 — Dancoisne (l'abbé). *Histoire des établissements religieux britanniques fondés à Douai avant la Révolution française.* Douai, L., Crépin, in-8° de 109 p.

1880 — Daniel (le P. Ch.). *Les méthodes de Port-Royal et les Jésuites* (*Études religieuses, philosophiques et littéraires.* Janvier).

1880 — Daniel (le P.). *Les Jésuites instituteurs de la jeunesse aux XVIIe et XVIIIe siècles.* Paris, Palmé, in-8° de 306 p.

(1) Collège de Doué, Université d'Angers.
(2) V. sur le Collège, p. 79 à 81.
(3) Indications sur les écoles latines.

1880 — XX... *Découverte bibliographique*. [*Registre des étudiants en droit de Rennes avant* 1789] (*Annuaire des cinq départements de l'ancienne Normandie*, p. 415).

1880 — Dion (Adolphe de). *Les écoles de Montfort-l'Amaury depuis le* xiii° *siècle* (Extr. du 5° volume des *Mémoires et documents publiés par la Société archéologique de Rambouillet*). Rambouillet, Raynal, in-8° de 42 p.

1880 — Dissard. *Un maître d'école au* xvii° *siècle à Saint-Haon-le-Châtel* (*en Forez*). Roanne, Chorgnon Abel, in-8° de 47 p.

1880 — Dittes. *Histoire de l'éducation et de l'instruction* (Traduction Rédolphi). Paris, Ch. Drouin, in-8° de 288 p.

1880 — Douarche. *Étude historique sur la banqueroute du P. Lavalette et la destruction des Jésuites* (Discours de rentrée à la Cour). Bourges, Beaudelot, in-8°.

1880 — Duméril (A.). *Des vœux des Cahiers de* 1789 *relatifs à l'instruction publique*. Toulouse, Douladoure, in-8° de 48 p. (Extr. des *Mém. de l'Acad. des sciences de Toulouse*).

1880 — Favier. *Nouvelle étude sur l'Université de Pont-à-Mousson. Comment on y devenait maître ès arts*, etc. Nancy, Sidot, in-8° de 64 p. (*Mém. de la Soc. d'archéologie lorraine*).

1880 — Fayet. *Recherches historiques et statistiques sur les communes et les écoles de la Haute-Marne*. Langres, Dangien; Paris, Dumoulin, in-8° de xxxii-388 p.

1880 — Félice (de). *Un étudiant bâlois* [Th. Platter] *à Orléans en* 1599 (*Mém. de la Soc. archéol. et histor. de l'Orléanais*). In-8° de 14 p.

1880 — Garet (Emile). *Histoire de l'établissement des Jésuites à Pau, suivie de l'arrêt de la Cour du Parlement de Navarre en* 1763. Pau, Garet, in-12 de 69 p.

1880 — Gaufrès. *Claude Baduel et la réforme des études au* xvi° *siècle*. Paris, Hachette, in-8° de x-354 p.

1880 — Gazier (A.). *L'expulsion des Jésuites sous Louis XV* (*Rev. histor.* Juillet, août).

1880 — Genay (Louis). *Un pédagogue oublié au* xvii° *siècle, l'abbé Fleury*. Paris, Hachette, in-8° de 69 p.

1880 — Germain (A.). *Étienne Strobelberger, géographe, voyageur, historien et botaniste*. Montpellier, Boëhm et fils, in-4° de 40 p. (1).

1880 — Germain (A.). *L'école de médecine de Montpellier, ses origines, sa constitution, son enseignement*. Montpellier, Boëhm et fils, in-4° (2).

1880 — Germain (A.). *Les maîtres chirurgiens de l'école de chirurgie de Montpellier*. Montpellier, Boëhm et fils, in-4° de 98 p.

1880 — Gontier de Biran. *Notes et documents relatifs aux institutions de la ville de Bergerac avant* 1789. Paris, P. Dupont, in-12°.

(1) Réimpression de l'*Historia Monspeliensis*, de Strobelberger.
(2) Réimpression de l'*Apollinare sacrum*, de F. Ranchin.

1880 — GOURRAIGNE. *De l'enseignement public à Bordeaux avant la Révolution* (Discours). Bordeaux, Grugy, in-8° de 24 p.

1880 — GUARDIA (J.-M.). *L'éducation dans l'école libre. L'écolier, le maître, l'enseignement.* Paris, Pedone-Lauriel, in-12 de v-405 p. (1).

1880 — INGOLD (le P.) *Essai de bibliographie oratorienne.* Paris, Sauton et Poussielgue, in-8°.

1880 — JADART (H.). *Robert de Sorbon, sa vie, ses écrits.* In-8° de 58 p. (*Travaux de l'Académie de Reims*).

1880 — JOLIBOIS (E.) *Établissements religieux de charité et d'instruction du département du Tarn en 1790* (*Revue histor. et archéol. du Tarn*).

1880 — LACOINTA. *Le plan d'étude des Bénédictins de Sorèze dès 1759* (*Correspondant*, 25 déc.).

1880 — LAVAL (V.). *Les bâtiments de l'ancienne Université d'Avignon* (*Bull. histor. et archéol. de Vaucluse*).

1880 — LAUWEYRENS DE ROOSENDAELE. *Le Procès des Jésuites au XVIII° siècle, à Saint-Omer* (1761-1773). Saint-Omer, Fleury-Lemaître, in-12 de 125 p.

1880 — LEBRUN (Emilien). *L'enseignement public à Brignoles* (*Courrier du Var*, 2 et 15 juillet, 8 et 15 août).

1880 — LEDOUBLE. *État religieux, ancien et moderne, des pays qui forment aujourd'hui le diocèse de Soissons.* Soissons, les principaux libraires, in-8° de 583 p.

1880 — DE LENS. *L'Université d'Angers, du XV° siècle à la Révolution française. T. I°°, La Faculté de Droit.* Angers, Germain et Grassin, in-8° de 289 p.

1880 — LETELLIER. *Le Comité d'instruction publique en 1793* (La Révolution française, numéro 12).

1880 — LOUANDRE (Ch.). *La noblesse française sous l'ancienne monarchie.* Paris, Charpentier, in-12.

1880 — MALLIARD (de). *État du collège de Brive en 1763* (Documents). (*Bull. de la Soc. archéol. et histor. de la Corrèze*).

1880 — MALLIARD (de). *Fondation des Doctrinaires et des Ursulines à Brives* (1607). (*Bull. de la Soc. histor. et archéol. de la Corrèze*).

1880 — MASSOUGNES (de). *Les Jésuites à Angoulême; leur expulsion et ses conséquences* (1816-1792). Angoulême, Chasseignac, in-8° de VIII-184 p.

1880 — MAYER (J.). *Les Monita Secreta des Jésuites* (Questions controversées de l'histoire et de la science). Paris, Soc. bibliogr., in-8°.

1880 — MÉRU (l'abbé J.-R.). *Le Droit canon du XI° siècle. Recherches et nouvelle étude critique sur les recueils de Droit canon attribués à Yves de Chartres* (Thèse).Paris, Berche et Tralin, in-8° de 110 p.

1880 — MEYNIER (J.). *Les médecins à l'Université de Franche-Comté* (*Mém. de l'Académie de Besançon*).

1880 — MILLOT. *Inventaire sommaire des archives communales de Chalon-sur-Saône.* Chalon-sur-Saône, Landa, in-4°.

(1) Renseignements sur l'histoire des méthodes.

1880 — Morlet (Anatole). *Victorin de Feltre et la maison Joyeuse, ou un lycée moderne au xv⁰ siècle en Italie.* Le Havre, Lepelletier, in-8° de 55 p.

1880 — Nadal. *Vie de Mgr d'Authier de Sisgaud, évêque de Bethléem, fondateur de l'Institut des Prêtres du Saint-Sacrement pour la direction des séminaires et des missions.* Valence, Lantheaume, in-8° de xxvi-534 p. (1).

1880 — Pierre (Victor). *L'École sous la Révolution française,* 41 p. (*Revue des Questions historiques*) (2).

1880 — Pignot (J.-H.). *Un jurisconsulte au xvi⁰ siècle. Barthélemy de Chasseneux, premier commentateur de la Coutume de Bourgogne et président du parlement de Provence. Sa vie et ses œuvres.* Paris, Larose, in-8°.

1880 — Pinet (A.). *Lois, décrets, règlements et circulaires concernant les Facultés et les écoles préparatoires de médecine.* Paris, P. Dupont, in-8° de xvi-397 p.

1880 — Protois (abbé F.). *Pierre Lombard, évêque de Paris, dit le Maître des Sentences. Son époque, sa vie, ses écrits, son influence.* (Thèse-Théol.). Paris, V. Palmé, in-8° de 198 p.

1880 — *Rôle du personnel de l'Université de Reims en 1766 (Document)* (*Annuaire de la Marne*), 3 p.

1880 — Rouxel. *L'enseignement au moyen âge* (*L'Instruction publique,* janvier).

1880 — Schuwer. *Quelques mots sur l'instruction primaire en Corse avant et depuis 1789.* Corté, Icard-Tournier, in-4° de 31 p.

1880 — Sicard (l'abbé). *L'Instruction publique et la Révolution* (*Correspondant*).

1880 — Souquet (Paul). *Les écrivains pédagogiques du xvi⁰ siècle* (Extr. des Œuvres d'Érasme, Sadolet, Rabelais, Luther, Vivès, Ramus, Montaigne, Charron). Paris, Delagrave, in-12 de 199 p.

1880 — Wiquot. *Le Collège de Saint-Waast à Douai et son enseignement philosophique* (*Mém. de l'Acad. d'Arras*), t. XII, in-8° de 25 p.

1881 — Allain. *L'Instruction primaire en France avant la Révolution, d'après des travaux récents et des documents inédits.* Paris, Soc. bibliographique, in-12 de 302 p.

1881 — Babeau (Alb.). *Le théâtre de l'ancien Collège de Troyes.* Troyes, Dufour-Bouquot, in-8° de 44 p.

1881 — Baudoin. *Rapport sur le prix donné... sur le sujet suivant : Étudier les arrêts du Parlement de Toulouse sur l'Université* (*Mém. de l'Académie des sciences de Toulouse*)

1874-1881 — Boislile (de). *Correspondance des contrôleurs généraux de France avec les Intendants des provinces.* Paris, imprimerie nationale (E. Didier). 2 vol. in-4°.

1881 — Bouchet. *Sceau de l'Oratoire de Vendôme.* In-8° de 4 p. (*Bull. de la Soc. d'archéol. du Vendômois*).

_____

(1) C'est le seul travail de quelque étendue sur les Pères du Saint-Sacrement.
(2) Ce travail a été fort développé l'année suivante.

1881 — Buzy (J.-B.). *Notice historique sur le Collège des Grassins.* Sens, Ch. Duchemin, in-8° de 27 p.

1881 — Chardon (J.). *État général de l'instruction dans le diocèse de Reims à la fin du xviii° siècle (Revue de Champagne et de Brie.* Août et septembre).

1881 — Dejob (Ch.). *Marc-Antoine Muret. Un professeur français en Italie dans la deuxième moitié du] xvi° siècle.* Paris, E. Thorin, in-8° de 496 p. (1).

1881 — Doinel (Jules). *Anne du Bourg à l'Université d'Orléans, sa régence, son habitation, ses trois rectoreries (Mém. de la Soc. archéol. et hist. d'Orléans),* in-8° de 34 p.

1881 — Doneaud du Plan. *L'Académie royale de marine, de 1775 à 1777.* Nancy, Berger-Levrault, in-8° de 88 p. (Extr. de la *Revue maritime et coloniale*).

1881 — Dubois. *Le vieux Collège de Saint-Brieuc (Revue de Bretagne et de Vendée.* Octobre).

1881 — Ducis (Chanoine). *Notice sur Dom Baranzano, Père barnabite, professeur au Collège Chappuisien d'Annecy.* Annecy, Aimé Périssin, in-8° de 16 p.

1881 — Dujarric-Descombes. *Aperçu de l'instruction publique en Périgord avant 1789.* In-8° de 12 p. (*Bull. de la Soc. histor. et archéol. du Périgord,* t. VII).

1881 — Faucher. *Note sur la gratuité des écoles à Bollène, depuis le commencement du xvii° siècle.* Avignon, Aubanel, in-8° de 8 p.

1881 — Favier (J.). *Quelques mots sur l'École royale militaire de Pont-à-Mousson (1776-1793) (Journal de la Société d'archéologie lorraine).* Nancy, Sidot, in-8° de 23 p.

1881 — Favier (J.). *Le Collège Saint-Bening de la cité d'Aoste, dirigé par des professeurs lorrains (1643-1748).* Nancy, Crépin, in-8° de 12 p. (*Journal de la Soc. d'archéol. lorraine.* Mars).

1881 — Fournier (D'). *L'instruction publique à Rambervilliers, au xviii° siècle (Mém. de la Soc. d'archéol. lorraine,* 3° série, neuvième volume, in-8° de 9 p.).

1881 — Gaillard. *L'instruction publique à Saint-Flour, de 1249 à 1881.* Saint-Flour, Passenaud, in-12 de 49 p.

1881 — Germain (A.). *Du principe démocratique dans les anciennes écoles de Montpellier.* Montpellier, Boëhm et fils, in-4° de 23 p.

1881 — Guillon (S.). *Lakanal et l'instruction publique sous la Convention.* Paris, librairie d'éducation laïque, in-8° de 156 p.

1881 — Hérelle (G.). *Socrate et l'éducation athénienne.* Vitry-le-Français, impr. Pesses, in-8° de 40 p.

1881 — Hippeau. *L'instruction publique en France pendant la Révolution,* t. I° (*Discours et rapports de Mirabeau, Talleyrand, Condorcet, etc*). Paris, Didier, in-12 de xxiii-520 p.

1881 — (Hobson et Poyntet). *Le collège anglais de Douai pendant la*

_____

(1) Renseignements intéressants sur la correspondance entre les savants au xvi° siècle.

Révolution (Douai, Equerchin, Doullens). Traduit de l'anglais avec une Introduction et des notes. Douai, Dechristé, in-12 de LXXXI-211 p.

1881 — LEROUX (Alfred). *Les solennités littéraires dans l'ancien collège de Limoges (Almanach du Limousin,* partie historique).

1881 — LUÇAY (de). *Les secrétaires d'État, depuis leur institution jusqu'à la mort de Louis XV.* Paris, Soc. bibliographique, in-8°.

1881 — LUNET. *Histoire du Collège de Rodez.* Rodez, de Broca, in-8° de 276 p.

1881 — MAGGIOLO. *Les Écoles de la Champagne avant 1789 (Revue de Champagne et de Brie.* Octobre).

1881 — MASSON (Fréd.). *Les jeunes de langues. Notes sur l'éducation dans un établissement de Jésuites au* XVIII° *siècle (Correspondant,* 10 septembre).

1881 — PERRAUD (Ph.). *Une mission franc-comtoise à Madrid en 1626 (Bull. de la Soc. d'agric. sciences, etc., de Poligny)* (1).

1881 — PIERRE (V.). *L'école sous la Révolution française.* Paris, Laloue et Guillot, in-18 de XVI-232 p.

1881 — PROT. *Inventaire sommaire des archives communales d'Avallon.* Avallon, Michel Odobé, in-4° (2).

1881 — PUECH (Dʳ). *Les pharmaciens d'autrefois à Nîmes.* Paris, Savy, in-8°.

1881 — PUISEUX. *L'instruction primaire dans le diocèse ancien de Châlonssur-Marne avant 1789.* Châlons, Martin, in-8° de 78 p.

1881 — RAMEAU (l'abbé). *Les fondations religieuses du* XVII° *siècle à Mâcon (Revue de la Soc. littér. de l'Ain,* p. 171, 219, 273) (3).

1881 — RENÉ. *L'ancienne Faculté de Médecine de Pont-à-Mousson (1592-1762). (Gazette des Hôpitaux de Paris).*

1881 — RENÉ (abbé). *Collège de Bagnols.* Nîmes, Jouve, in-8° de 37 p. *(Bull. du Comité de l'art chrétien du diocèse de Nîmes,* numéros 9 et 10).

1881 — REURE. *Un collège à Lyon au* IX° *siècle. Esquisse des études et des goûts littéraires sous Louis le Débonnaire et Charles le Chauve.* Lyon, impr. Schneider, in-8° de 44 p.

1881 — REUSS (Rodolphe). *Les colloques scolaires du Gymnase protestant de Strasbourg.* Strasbourg, Treuttel, in-8°.

1881 — *Revue internationale de l'enseignement supérieur, publiée par la Société de l'enseignement supérieur.* Rédacteur en chef, Dreyfus-Brissac (Se publie chaque mois, 2 vol. par an).

1881 — RICORDEAU. *Histoire de l'instruction publique et spécialement dans le département de l'Yonne, de 1791 à l'an* XIII. s. l. s. d., in-8° (4).

_____

(1) V. p. 33-95. Cette mission avait, entre autres objets, celui d'obtenir le maintien, à Dôle, de l'Université.

(2) Bonnes notes sur le Collège des Doctrinaires d'Avallon.

(3) Notice sur le Collège des Jésuites.

(4) Quoique cet ouvrage ne soit pas daté, je crois pouvoir, d'après mes souvenirs, le placer à l'année 1881.

1881 — Saint-Ferréol (Amédée). *Notice historique sur la ville de Brioude* Brioude, Chauvet, 2 vol. (1).

1881 — Voigt (Georges). *Die Wiederbelebung des classischen Altherthums.* (La Renaissance des lettres classiques ou le premier siècle des humanités). Berlin, Reimer, 2 vol. in-8°.

1882 — Aubertin (Ch.). *Recherches historiques sur les anciennes écoles de Beaune.* Beaune, Batault, in-12 (Extr. de la *Revue bourguignonne* (1881-1882).

1882 — Bannache (le P.). *Une école française. Le Collège de Juilly, son enseignement et ses œuvres.* Paris, Sauton, in-8° de 72 p. (3° édit.).

1882 — Bayle (G.). *Les médecins d'Avignon au moyen âge.* Avignon, Seguin, in-12 de 106 p.

1882 — Belmont (A.). *Maîtres de l'Université de Valence au XVI° siècle* (Bull. d'hist. ecclésiast. de Valence).

1882 — Boissier (Gaston). *La réforme des études au XVI° siècle* (Revue des Deux Mondes).

1882 — Bourchenin (Daniel). *Étude sur les académies protestantes en France aux XVI° et XVII° siècles.* Paris, Grassard, in-8° de 486 p. (2).

1882 — Gardevacque (A. de). *Le Collège de Saint-Vaast à Douai* (1619-1789). Douai, Crépin, in-8° de 124 p. (Extr. des *Mém. de la Soc. d'agriculture, sciences et arts de Douai*, 2° série, t. XV.)

1882 — Chabrand (le Dr A.). *État de l'instruction primaire dans le Briançonnais avant 1790.* Grenoble, Drevet, in-12° de 32 p. (3).

1882 — Chatel (E.). *Liste des recteurs de l'Université de Caen.* Caen, Le Blanc-Hardel, in-8°.

1882 — Darsy (F.). *Étude historique sur l'instruction publique. Les écoles et les collèges du diocèse d'Amiens.* Amiens, Delattre-Noël, in-8°.

1882 — Dehaisnes (l'abbé A.). *Inventaire sommaire des Archives communales de Bouchain, antérieures à 1789.* Lille, Danel, in-4°.

1882 — Denis (A.). *Hyères ancien et moderne* (4° édit.). Hyères, Souchon, in-8° (4).

1882 — Deschamps de Pas (L.) *Cession du collège des Bons-Enfants à Saint-Omer* (Bull. de la Soc. des Antiquaires de la Morinie).

1882 — Didier-Laurent (le P.). *Étude sur la méthode d'enseignement de la Compagnie de Jésus* (Discours). Reims, impr. coopérative, in-8° de 32 p.

1882 — Doinel (Jules). *Inventaire des meubles et monuments de la nation germanique.* (Université d'Orléans (Bull. de la Soc. archéol. et histor. de l'Orléanais), in-8° de 12 p.

1882 — Douais (l'abbé Célestin). *De l'enseignement de l'histoire ecclésiastique.* Paris, Alph. Picard, in-8°.

1882 — Durieux (A.). *Le Collège de Cambrai* (1270-1882) d'après des docu-

(1) V. le T. II, p. 43-89.
(2) Cet ouvrage est plutôt une analyse des règlements scolaires et une bonne bibliographie, qu'une étude proprement dite sur les maisons protestantes d'éducation.
(3) Utiles détails sur le Collège.
(4) Renseignement sur le Collège tenu à Hyères par les Oratoriens.

ments inédits, avec planches. Cambrai, J. Renaut, in-8° de 270 p. †

1882 — DURUY (Albert). *L'instruction publique et la Révolution.* Paris, Hachette, in-8° de 502 p.

1882 — ECKSTEIN. *Lateinischer Unterricht.* Leipzig, Reischland, in-8°.

1882 — FÉLICE (Paul de). *Lambert Daneau, de Beaugency-sur-Loire, pasteur et professeur en théologie.* Paris, Fischbacher, in-8°.

1882 — FROSSART (le past.). *Les origines de la faculté protestante de Montauban. Étude historique.* Paris, Grassart, in-8° de 47 p.

1882 — GALABERT (l'abbé). *L'instruction dans la seconde moitié du XVᵉ siècle à Caylus.* Montauban, Forestié, in-8° de 18 p. (*Bull. de la Soc. archéol. de Tarn-et-Garonne*).

1882 — GERMAIN (A.). *La Faculté des arts et l'ancien Collège de Montpellier (1242-1789). Étude historique d'après des documents originaux.* Montpellier, Boëhm et fils, in-8° de 70 p.

1882 — GERMAIN (A). *L'apothicairerie à Montpellier sous l'ancien régime universitaire.* Montpellier, Boëhm et fils, in-4° de 72 p.

1882 — GIMON (L.). *Chroniques de la ville de Salon, depuis son origine jusqu'en 1792, adaptées à l'histoire.* Aix, Makaire, in-8° (1).

1882 — GRÉGOIRE (C.). *État du diocèse de Nantes en 1790. Monasticon Nantais.* Nantes, Vincent Forest et Emile Giraud, in-8° (2).

1882 — INGOLD (l'abbé A. M. P.), *Supplément à l'Essai de Bibliographie oratorienne.* Paris, Téqui, in-8°.

1882 — JALOUSTRE (Elie). *Les anciennes écoles de l'Auvergne (Mém. de l'Acad. des sciences, belles-lettres et arts de Clermont-Ferrand, t. XXIII.)* Clermont-Ferrand, Thibaut, in-8° de 525 p.

1882 — JOURDAIN (Ch.). *Le petit Châtelet et l'Université.* Paris, F. Didot, in-fol. de 58 p. (3).

1882 — LACROIX (A.). *L'instruction primaire dans la Drôme avant 1789 (Arrond. de Nyons).* Grenoble, Drevet, in-8° de 40 p. (4).

1882 — LACROIX (Paul). *XVIIᵉ siècle. Lettres, siences et arts en France.* Paris, F. Didot, in-4°.

1882-1883 — LAHONDÈS (de J.). *Annales de Pamiers.* Toulouse, Privat, 2 vol. in-8° (5).

1882 — LAUWEYRENS DE ROOSENDAELE (L. de). *Le Prévôt de Notre-Dame et le magistrat dans le gouvernement des écoles publiques à Saint-Omer en 1366.* Saint-Omer, Homont, in-8° de 8 p. (Extr. du *Bull. de la Soc. des Antiquaires de la Morinie.*)

1882 — LAVAL (Dʳ Vict.). *Urbain V, docteur-régent de l'Université d'Avignon (Bull. histor. et archéol. de Vaucluse).* Avignon, Seguin, in-8°.

1882 — LEROUX (Alf.). *Inventaire sommaire des archives départementales de la Haute-Vienne, antérieures à 1792 (Série D.).* Limoges, Gely, in-4° (6).

(1) Renseignements sur le Collège de Salon.
(2) Avait d'abord paru (1881) dans le *Bull. de la Soc. archéol. de Nantes* t. XX.
(3) C'est la 11ᵉ livraison du deuxième volume de *Paris à travers les âges.*
(4) Nombreux renseignements sur les écoles latines.
(5) Excellentes notices sur les anciennes écoles et le collège de Pamiers.
(6) L'introduction à la série D est une notice étendue sur l'ancien Collège de Limoges.

1882 — LUNET (B.). *Histoire du Collège de Rodez*. Rodez, de Broca, in-8°
    de 276 p.

1882 — MAGEN (Ad.). *L'instruction publique à Agen en* 1794, in-8° de 16 p.
    (*Revue de l'Agenais.*)

1882 — MAGGIOLO(L.). *Pouillé scolaire* ou *Inventaire des Écoles dans les pa-
    roisses et annexes de l'ancien diocèse de Verdun* (Avant 1789.
    — de 1789 à 1833). Nancy, Berger-Levrault, in-8° de
    108 p.

1882 — MAITRE (Léon). *L'instruction publique dans les villes et les cam-
    pagnes du Comté nantais avant* 1789. Nantes, Mellinet, in-8°
    de 296 p.

1882 — METMAN (Et.). *Un oratorien laïque, Jacques Chapet*. Autun, Dejus-
    sieu, in-8° de 68 p.

1882 — MOREL (Ch.). *Étude sur l'école centrale de Nantes* (1798-1804).
    (*Annales de la Soc. académique de Nantes*).

1882 — MOSNIER (Henri). *L'enseignement secondaire au Puy en Velay, de
    l'an* VI *à l'an* XII (1798-1804). *L'école centrale de la Haute-Loire*.
    Paris, Charavay frères, in-8°.

1882 — MUTEAU (Charles). *Les écoles et les collèges en province, depuis les
    temps les plus reculés jusqu'en* 1789. Paris, Maresq, in-8° de
    XLV-601 p. (1).

1882 — PICCARD (l'abbé). *Monographie de l'Université chablaisienne de
    Thonon, ou la Sainte Maison* (Extr. de l'histoire de Thonon et
    du Chablais), in-8° de 61 p.

1882 — REVILLOUT (Ch.). *Le jurisconsulte J. Pacius de Bériga avant son éta-
    blissement à Montpellier* (1550-1603) (*Mémoires de l'Académie de
    Montpellier*).

1882 — REY. *L'ancien Collège de Grenoble* (*Le Républicain de l'Isère,*
    4 août).

1882 — REYGNEAUD (Paul). *L'Académie royale de Riom* (*Mém. de l'Acad.
    de Clermont*), in-8° de 19 p.

1882 — ROBERT (Édouard). *Notice sur Jean Amos Coménius* (1592-1670) *et
    ses idées humanitaires et pédagogiques*. Paris, Delagrave, in-12
    de 51 p. (Extr. de la *Revue pédagogique.*)

1882 — *Rôle du personnel de l'Université de Reims en* 1766. In-8° de 3 p.
    (*Annuaire de la Marne*)

1882 — RUMEAU. (R.). *Monographie de la Bastide de Séron*. Toulouse, Vve Gi-
    met ; Paris, Larose et Forcel, in-8°.

1882 — SAINT-CHARLES. *De l'enseignement dans la province de Languedoc
    avant la Révolution* (*Mém. de l'Académie de Toulouse*, 1er tri-
    mestre), in-8° de 20 p.

1882 — SICARD (l'abbé). *La question de la réforme de l'enseignement secon-
    daire au* XVIII° *siècle* (*Correspondant*, 10 et 25 sept., 10 oct. et
    10 déc.).

(1) Malgré son titre, cet ouvrage n'est guère qu'une monographie du Collège
de Dijon, accompagnée de quelques notes et documents sur divers petits collèges voisins.

1882 — TARRON (le pasteur). *L'éducation dans Montaigne*. Toulouse, impr.
　　Pharisier, in-8° de 16 p.

1882 — TRIGER (R.). *Les étudiants manceaux à l'Université de Caen* (1440-
　　1507) (Extr. de la *Revue du Maine*).

1883 — BARTHÉLÉMY (L.). *Les médecins à Marseille avant et pendant le
　　moyen âge* (Discours). Marseille, Barlatier-Feissat, in-8° de
　　37 p.

1883 — BERNARD (l'abbé E.). *Les Dominicains dans l'Université de Paris ou
　　le grand couvent des Jacobins de la rue Saint-Jacques*. Paris,
　　de Soye, in-8° de 548 p.

1883 — BIGOT (L.). *L'Université de Paris et l'école chez nos pères* (Dis-
　　cours). Paris, Dentu, in-8° de 14 p.

1883 — BOISSIER (G.). *L'instruction publique dans l'empire romain* (*Revue
　　des Deux Mondes*, 15 mars).

1883 — BOURMONT (A. de). *La fondation de l'Université de Caen et son orga-
　　nisation au* xv° *siècle*. Caen, Leblanc-Hardel, in-8° de 347 p.
　　(Extr. du *Bull. de la Soc. des Antiquaires de Normandie*) (1).

1883 — BOYER. *Histoire de la médecine dans l'école de Montpellier* (Extr.
　　de *Montpellier médical*), in-8° de 56 p.

1883 — CAILLEMER (Exup.). *Le droit civil dans les provinces anglo-nor-
　　mandes au* xiii° *siècle*. Caen, Leblanc-Hardel, in-8° de 72 p.

1883 — CARRÉ (J.). *Les petites écoles de Port-Royal*, in-8° de 65 p. (*Revue
　　pédagogique*, numéros de février et août).

1883 — CAZALS. *Une page de l'histoire du Lauraguais ou histoire de
　　Montesquieu*. Toulouse, Pinel, in-8°.

1883 — CHATEL (Eugène). *Statistique de l'enseignement supérieur à Caen,
　　de 1786 à 1791*. Caen, Leblanc-Hardel, in-8° de 42 p. (Extr.
　　des *Mém. de l'Académie de Caen*.)

1883 — COMPAYRÉ (G.). *Histoire de la pédagogie*. Paris, Paul Delaplane,
　　in-12 de XVI-488 p.

1883 — CONDORCET. *Rapport et projet de loi sur l'organisation générale de
　　l'instruction publique*, avec introduction et commentaire, par
　　G. COMPAYRÉ. Paris, Hachette, in-12.

1883 — CONIL (F.). *Antiqua Leydradi Schola*. Lyon, Wattener, in-8° de 16 p.

1883 — CROZAT (l'abbé). *Essai des droits et des devoirs de la famille et
　　de l'État en matière d'enseignement et d'éducation* (Ouvrage
　　couronné par l'Académie des sciences morales et politiques,
　　augmenté d'une étude complémentaire sur les droits et les
　　devoirs de l'Église en la même matière). Paris, Durand et
　　Pedone-Lauriel, in-8° de VII-553 p.

1883 — CUISSARD-GAUCHERON. *L'étude du grec à Orléans depuis le* ix° *siècle
　　jusqu'au milieu du* xvii° *siècle* (*Mém. de la Soc. archéol. et hist.
　　de l'Orléanais*).

1883 — DUMINY. *Des causes du transfert de l'Université d'Orléans à Nevers et
　　de son retour à Orléans* (*Bull. de la Soc. nivernaise des sciences,
　　lettres et arts*, t. 1er de la 3° série), in-8° de 14 p.

_____

(1) Excellentes tables.

1883 — DUVAL (Louis). *Les Collèges de Céaucé et de Domfront* (*Bull. de la Soc. hist. et archéol. du département de l'Orne*, p. 30).

1883 — FAUCONNEAU-DUFRESNE. *Notice sur le Collège de Levroux* (*Revue du bas Berry*).

1883 — FÉLIX (J.). *Les anciens imprimeurs : Certificat de l'examen universitaire d'un imprimeur rouennais*. Rouen, Cagniard, in-8° de 15 p.

1883 — FÉRET (l'abbé P.). *L'abbaye de Sainte-Geneviève et la Congrégation de France, précédée de la vie de la patronne de Paris, d'après des documents inédits*. Paris, Champion, 2 vol. in-8° de x-367 et 420 p. (1).

1883 — FLACH (J.). *Cujas, les Glossateurs et les Bartholistes* (*Nouv. Revue historique du droit français et étranger*).

1883 — FLEURY (G.). *Notes historiques su. le vieux Collège de .aamers*. Mamers, Fleury et Dangin, in-8° de 28 p.

1883 — GERMAIN (A). *Jacques Primerose, historien de l'École de médecine de Montpellier*. Montpellier, Bœhm, in-4° de 16 p. (2)

1883 — GERMAIN (A.). *La Faculté de théologie de Montpellier* (Extrait des mémoires de l'Académie de Montpellier) In-4° de 74 p.

1883 — GILLET (Mathurin). *Plutarchus quid senserit de pueris instituendis* (Thèse-Clermont). Paris, Guillaumin, in-8° de 64 p.

1883 — GUIBÉ. *Fondation du Collège de Céaucé* (*Semaine catholique du diocèse de Séez*. Octobre).

1883 — HARISTOY (l'abbé). *Recherches historiques sur le pays basque*. Bayonne, Lasserre, 2 vol. in-8° (3).

1883 — HAUTECLOQUE (de). *Histoire de l'enseignement dans le Pas-de-Calais* (*Mém. de l'Académie d'Arras*, t. XIII-XIV.)

1883 — HAVET (Julien). *Maître Fernand de Cordoue et l'Université de Paris au xve siècle* (Extr. des *Mém. de la Soc. de l'histoire de Paris et de l'Ile-de-France*, t. IX), in-8° de 34 p.

1883 — HIPPEAU (Célestin). *L'instruction publique en France pendant la Révolution*. T. II. Débats. Paris, Didier, in-12.

1883 — INGOLD (le P.). *Bossuet à Juilly*. Paris, Poussielgue, in-8°.

1883 — INGOLD (le P.). *L'Oratoire et la Révolution*. Paris, Poussielgue, in-8° de 102 p.

1883 — JOURDAIN (Ch.). *Un collège oriental à Paris au xiiie siècle*. Paris, Dupont, in-8° de 7 p.

1883 — LAPLAGNE-BARRIS. *Les régents de latin*. Vic-Fezensac et Nogaro (*Revue de Gascogne*).

1883-1884 — LEROUX, MOLINIER et THOMAS. *Documents historiques, bas latins, provençaux et français, concernant principalement la Marche et le Limousin*. T. Ier. Limoges, Ducourtieux, in-8° (4).

———

(1) Renseignements sur les collèges dirigés par les Génovéfains.
(2) Réimpression de l'*Academia Monspeliensis*, 1631.
(3) On y trouve des détails sur les *Escolanies*, maisons particulières au pays basque, annexées à des établissements ecclésiastiques, et où un ou plusieurs maîtres enseignaient parfois jusqu'à la philosophie.
(4) Notes sur les Collèges du Limousin.

1883 — MAGGIOLO (L.). *Pouillé scolaire ou inventaire des écoles dans les paroisses et annexes de l'ancien diocèse de Metz. Avant 1789. De 1789 à 1833.* Nancy, Berger-Levrault, in-8° de 104 p.

1883 — MALINOWSKI. *Tableau synoptique représentant l'organisation de l'Université de Cahors vers la fin de son existence (1700-1750)* (*Bull. de la Soc. des Études littéraires du Lot*).

1883 — MULLER (Dr Johannes). *Luther's reformatorische Verdienste um Schule und Unterricht.* Berlin, R. Gartner, in-8°. (Luther comme réformateur de l'enseignement) (1).

1883 — PARIS (Louis). *Le théâtre au Collège des Bons-Enfants et chez les Pères Jésuites de Reims.* Paris, Lévy ; Reims, imp. Monce, in-12 de 30 p.

1883 — POUCHET (G.). *La loi du 29 frimaire an II.* Paris, imp. Voisvenel, in-16.

1883 — RICARD (Mgr). *Les premiers jansénistes de Port-Royal.* Paris, E. Plon, in-8°.

1883 — ROUSSELOT (Paul). *Histoire de l'éducation des femmes en France.* Paris, Didier et Cie, 2 vol. in-12.

1883 — SAINT-CHARLES. *Collège de Maguelonne.* (*Mém. de l'Académie des sciences, inscriptions et belles-lettres de Toulouse, 4° semestre*).

1883 — SOUCARET. *Les Écoles à Eauze* (*Revue de Gascogne*, Février).

1883 — STEIN. *Die innere Verwaltung, 2tes Hauptgebiet. Das Bildungswesen 2tes Theil. Das Bildungswesen des Mittelalters, Scholastik, Universitäten, Humanismus 2te Auflage.* Stuttgard, Cotta, in-8° (L'instruction publique au moyen âge : la Scholastique, les Universités, l'humanisme).

1883 — TERRIS (l'abbé Paul). *Le Collège de l'Oratoire à Toulon (1625-1793)* (Discours de distribution de prix). Toulon, Costel, in-8° de 27 p.

1884 — ALLAIN (l'abbé Ernest). *L'œuvre scolaire de la Révolution, L'École normale de l'an III.* Paris, V. Palmé, gr. in-8° de 46 p. (*Revue des questions historiques*).

1884 — ANDRIEU (J.). *La censure et la police des livres en France sous l'ancien régime ; une saisie de livres à Agen en 1775.* Agen, Michel et Médan, in-8° de 47 p.

1884 — ARNAUD. *Des écoles à Forcalquier pendant les xv° et xvi° siècles.* Forcalquier, Bruneau, in-8° de 19 p.

1884 — BATGAVE (L.) *L'inscription de l'Université d'Orthez.* (*Revue de Béarn*, p. 183-192).

1880-1884 — BEAUCHAMP (de). *Recueil des lois et règlements sur l'enseignement supérieur.* Paris, Delalain, 4 vol. gr. in-8°.

1884 — BOIS et DUBIER. *Les Hautes-Pyrénées.* Tarbes, Dubut, in-12.

1884 — BOURMONT (Comte Amédée de). *La Bibliothèque de l'Université de Caen au xv° siècle.* Paris, bureaux du Polybiblion, in-8°.

1884 — BRUNEL (L.). *Les philosophes et l'Académie française au xviii° siècle.* Paris, Hachette, in-8° de 371 p.

1884 — BRUNET. *L'instruction publique à l'île de la Réunion* (*Revue maritime et coloniale.* Octobre).

(1) Deuxième édition augmentée.

1884 — BUDÉ (Eugène de). *Vie de G. de Budé, fondateur du Collège de France.* Paris, Didier, Perrin, in-12.

1884 — CHAMPION. *L'instruction publique en France d'après les cahiers de 1789* (Rev. internat. de l'enseignement. Juillet).

1884 — CHARMASSE (de). *Les Jésuites au Collège d'Autun (1618-1763).* Autun, Dejussieu; Paris, Champion, in-8° de 144 p. (Extr. des Mém. de la Soc. Eduenne, t. XIII).

1884 — CHATELLAIN (l'abbé J.-C.-V.). *Le P. Denis Petau, d'Orléans, jésuite, sa vie et ses œuvres.* Paris, Œuvre de Saint-Paul, in-8° de 540 p.

1884 — COLLIGNON (A.). *Sur la grammaire dite de Saint-Colomban* (VIII° siècle) (Bull. de la Soc. d'archéologie lorraine).

1884 — COMBIER. *Les anciens Palmarès.* In-8° de 11 p. (Bull. de la Soc. acad. de Laon).

1884 — DRIOB (Ch.). *De l'influence du concile de Trente sur la littérature et les beaux-arts chez les peuples catholiques; introduction à l'histoire littéraire du siècle de Louis XIV.* Paris. E. Thorin, in-8°.

1884 — DENIFLE (le P.). *Documents relatifs à la fondation et aux premiers temps de l'Université de Paris* (Extr. des Mém. de la Soc. de l'histoire de Paris et de l'Ile-de-France), in-8° de 24 p.

1884 — DERAMECOURT (l'abbé). *Les Clergés des diocèses d'Arras, Boulogne, Saint-Omer, pendant la Révolution (1789-1802).* Arras, Laroche, 4 vol. in-8°.

1884 — DESPLAGNES (Albert). *La question de l'enseignement public en France.* Histoire, traditions françaises, situation actuelle, droit, avenir. Paris, Oudin frères; Grenoble, Baratier et Dardelet, in-8°.

1884 — DOUAIS (l'abbé Célestin). *Essai sur l'organisation des études dans l'ordre des Frères Prêcheurs au XIII° et au XIV° siècle (1216-1342).* — Première province de Provence. — Province de Toulouse. — Paris, Alph. Picard; Toulouse, Ed. Privat, in-8° de XVI-285 p.

1884 — DUBOUCHET, *Examens, diplômes de l'École de Médecine de Montpellier* (Gazette hebdomadaire des Sciences médicales de Montpellier).

1884 — FISCHER DE CHEVRIERS (Ch.). *Histoire de l'instruction populaire en France depuis les premiers siècles jusqu'en 1789.* Paris, Lethielleux, in-8° de III-393 p.

1884 — FONDATION DE LA MAISON DE L'ORATOIRE à Effiat (27 avril 1627), documents (Bull. hist. et scient. de l'Auvergne, janvier, juin).

1884 — GENTY (l'abbé). *Influence de Fermat sur son siècle,* relativement aux progrès de la haute géométrie. Paris, Nyon, in-8° de 144 p.

1883-1884 — GRIGNARD (l'abbé). *L'instruction publique dans une petite ville de province* (à Flavigny) avant la Révolution (Bull. de la Soc. d'hist. et d'archéol. de Dijon).

1884 — GUARDIA (J.-M.). *Histoire de la médecine* depuis Hippocrate jusqu'à Broussais. Paris, O. Doin, in-12.

1884 — GUILLOTIN DE CORSON (l'abbé). *Pouillé historique de l'Archevéché de Rennes.* Paris, Haton, 4 vol. in-8°.

1884 — HEGGARD (D' S.). *Ueber Erziehung. Eine Darstellung der Pædagogik in ihrer Geschichte nach der 2 ten Auflage des dænischen Original*

übersetzt von G. Gleiss. Erster Theil : Theorie der Erziehung
Zweiter Theil : Geschichte der Erziehung. Güterslöh, B. Bertelsmann, pet. in-8° *(Exposé historique de la Pédagogie)* (1).

1884 — INGOLD (le P.). *L'Oratoire à Luçon*. s. l., s. n. in-12 de 21 p.

1884 — LACOMBE (Paul). *Essai d'une bibliographie des ouvrages relatifs à
l'histoire religieuse de Paris pendant la Révolution*. Paris, Poussielgue, in-8° (2).

1884 — LAMARE (Jules). *Histoire de la ville de Saint-Brieuc*. Saint-Brieuc,
Fr. Guyon, in-8°.

1884 — LANGERON (O). *Les Ecoles de philosophie et de théologie dans l'ancien couvent des Dominicains de Dijon (Bull. d'histoire de la
Société religieuse de Dijon).*

1884 — LANGERON (O.). *L'ancien couvent des Dominicains et l'Université de
Dijon (Bull. d'histoire de la Société religieuse de Dijon).*

1884 — LAVAL (le Dr Victorin). *Cartulaire de l'Université d'Avignon* (1303-
1791), publié avec une introduction et des notes, 1re partie.
Avignon, Séguin frères, in-8° de cx-476 p.

1884 — LHUILLIER (Th.). *Recherches historiques sur l'enseignement primaire
dans la Brie* (Extr. du *Bull. de la Soc. d'archéologie, sciences,
lettres et arts du département de Seine-et-Marne*). Meaux, Destouches, in-8° de 130 p. (3).

1884 — LUCHAIRE (Ach.). *L'ancienne Université de Bordeaux* (la *Gironde*,
14 déc.).

1884 — LUCO (l'abbé). *Pouillé historique de l'ancien diocèse de Vannes,
bénéfices séculiers.* Vannes, Galles, in-8° de 904 p.

1884 — MÈGE (Fr.). *Pascal Grimaud, histoire d'un prêtre révolutionnaire.*
Clermont-Ferrand, Mont-Louis, in-8° de 60 p. (*Revue d'Auvergne*) (4).

1884 — MOLINIER (C.). *Guillem Bernard de Gaillac et l'enseignement chez
les Dominicains à la fin du XIII° siècle* (Extr. de la *Revue historique*). in-8° de 34 p.

1884 — MOULIN (H.). *Lhomond et Haüy, professeurs au collège du cardinal Lemoine et amis intimes* (1727-1812). (*Mémoires de l'Académie de Caen*.)

1884 — NARBEY (l'abbé). *Le moine Roger Bacon et le mouvement scientifique
au XIII° siècle*, gr. in-8° de 62 p. (*Revue des questions historiques*).

1884 — OMONT (H.). *Alphabets grecs et hébreux publiés à Paris
au XVI° siècle.* (*Bull. de la Soc. de l'histoire de Paris et de l'Ile-
de-France*, novembre, décembre).

1884 — *** PETIT SÉMINAIRE (le) de Meaux* (1316-1882) suivie : le *Petit
séminaire d'Ava* (1662-1882). Fontainebleau, imp. Bourges,
in-8° de 43 p.

1884 — PINGAUD (L.). *J.-B. Courvoisier, professeur à l'Université de Besançon* (*Mém. de la Soc. d'émulation du Doubs* (5° série, t. VIII).

1884 — PRUD'HOMME (A.). *Notes et documents pour servir à l'histoire de*

(1) Cet ouvrage est traduit du danois, de M. Gleiss.
(2) Voir notamment à la Table les mots *Université, biens ecclésiastiques*, etc.
(3) Cet utile travail vient d'avoir une seconde édition.
(4) C'est la vie d'un ancien principal de collège.

l'Instruction publique en Dauphiné pendant la Révolution.
Bourgoin, imp. Vauvillez, in-18 de 38 p.

1884 — PUECH (D⁰ Albert) *Une ville au temps jadis ou Nîmes à la fin du xvi⁰ siècle.* Nîmes, Grimaud, in-8° (1).

1884 — SAINT-CHARLES. *Collèges de Vital-Galtier, Montlezun, Verdalle, Saint-Exupère, Adurane, Saint-Girons, Barthélemy, du Temple ou de Saint-Jean, Etienne Durant, Madiran, des Innocents ou des pauvres* (Mém. de l'Acad. des Sciences, Inscriptions et Belles-lettres de Toulouse, 1ᵉʳ semestre).

1884 — SAINT-CHARLES. *Jean de Quayrats, professeur de chirurgie et de pharmacie à Toulouse* (Mém. de l'Acad. des Sciences, Inscriptions et Belles-lettres de Toulouse, 2ᵉ semestre).

1884 — SICARD (l'abbé). *L'éducation morale et civique avant et pendant la Révolution* (1700-1808). Paris, Poussielgue frères, in-8°.

1884 — SOMMERVOGEL (le P. Carlos). *Dictionnaire des ouvrages anonymes et pseudonymes publiés par des religieux de la Compagnie de Jésus, depuis sa fondation jusqu'à nos jours.* Paris, Soc. bibliographique, Victor Palmé, in-4° de 1398 col.

1884 — TERRIS (l'abbé P.). *Le Collège royal de la marine à Toulon* 1686-1772) (Discours de distribution de prix). Toulon, Costel, in-8° de 24 p.

1884 — TOULGOET-TRÉANA (Cᵗᵉ de). *Histoire de Vierzon et de l'abbaye de Saint-Pierre.* Paris, Alph. Picard, in-8° (2).

1884 — VIDAL. *Le Collège de Tulle* (N° 62 et suiv. de novembre du Messager de la Corrèze).

1884 — WEISS. *La Sorbonne, le Parlement de Paris et les livres hérétiques, de* 1542 à 1548 (Bull. de la Soc. de l'hist. du Protestantisme français).

1884 — XAMBEU. *Histoire du Collège de Saint-Sever.* Dax, Justère, in-8° de 59 p.

1885 — AUDIAT (L.), PELLISSON (J.) et TILLY. *Saint Vincent de Paul et sa Congrégation à Saintes et à Rochefort* (Archives histor. de la Saintonge et de l'Aunis). In-8° de 103 p. (3).

1885 — BARDON (Achille). *Un collège de province au milieu du xvii⁰ siècle.* Alais, J. Martin, in-8° de 63 p. (Extr. de l'Évêque et le monde religieux d'Alais) (4).

1885 — BEAUNE (H.). *Les avocats d'autrefois, la Confrérie de Saint-Yves à Chalon-sur-Saône.* Dijon, Darantière, in-12.

1885 — BENET (Arm.). *Collège de Verneuil.* Acte de fondation de 1599 (Doc. dans la Revue de l'enseignement secondaire et supérieur), in-8° de 12 p.

1885 — BODIN (Dom.). *Histoire de Neuchâtel.* Rouen, Méterie, in-8°.

1885 — BONET-MAURY (G.). *Joachim Camerarius* (Revue pédagogique, 15 juin) (5).

(1) Voir les chapitres sur l'état des personnes et des Institutions scolaires, de la page 339 à la page 356.
(2) Voir ce qui est relatif au Collège, page 345.
(3) Fondation du petit séminaire, 1644.
(4) Extr. des Mém. de la Société scientifique et littéraire d'Alais, 1882-1883.
(5) Etude sur le livre des Symboles et Emblèmes.

1885 — Bouchard (Ernest). *Essai sur l'instruction en Bourbonnais avant la Révolution.* Montluçon, Prot, in-8° de 23 p. (*Unions de la paix sociale du Nivernais et du Bourbonnais*, Réunion régionale du 26 avril 1885).

1885 — Cauly (l'abbé E.). *Histoire du Collège des Bons-Enfants de l'Université de Reims* depuis son origine jusqu'à ses récentes transformations. Reims, Michaud, in-8° de XIII-776 p.

1885 — Chipon (Maurice). *Notes historiques sur le Collège tenu par les PP. jésuites à Dôle du Jura.* Besançon, Outhenin-Chalandre fils, in-18 de 32 p.

1885 — Coudirolle (Joseph). *Etude sur l'Acad. d'Orthez*, fin du XVIᵉ siècle et commenc. du XVIIᵉ. Orthez, J. Goude-Dumesnil, gr. in-8° de 91 p.

1885 — Danzas (le P. Ant.) *Etude sur les temps primitifs de l'Ordre de Saint-Dominique* (2ᵉ série). Saint Raymond de Pennafort et son époque. Paris, Oudin, 2 vol. in-8°.

1885 — Delachenal (Roland). *Histoire des avocats au Parlement de Paris.* Paris, Plon, in-8°.

1885 — Delisle (Léop.). *Mémoire sur l'école calligraphique de Tours au IXᵉ siècle.* Paris, imp. nat. in-4°.

1885 — Denifle (le P.). *Die Universitäten des Mittelalters bis 1400.* T. Iᵉʳ, Berlin, Wiedmann, in-8°. (Les Universités du moyen âge.)

1885 — Douais (l'abbé E.). *Les Frères Prêcheurs à Pamiers au XIIIᵉ et au XIVᵉ siècle* (1269-1333). Documents inédits, Paris, Champion, in-8°.

1885 — Duboys (Melchior). *Exposé de l'instruction publique en France.* Pithiviers, Forteau, in-8° de 69 p.

1885 — Dupon. *Saint-Gaudens et son collège, le Comminges et le Nébouzan.* Saint-Gaudens, Sabatier, in-18 de 139 p.

1885 — Duméril. *Un professeur anglais au XVIᵉ siècle. Robert Ascham* (*Mém. de l'Académie des Sciences de Toulouse*).

1885 — Edits, déclarations et arrêts concernant la religion prétendue réformée (1662-1751), précédés de l'Edit de Nantes. Paris, Fischbacher, in-12 (1).

1885 — Fayé (H.). *L'Instruction publique avant la Révolution* (*Revue d'Anjou*), gr. in-8° de 30 p.

1885 — Forest. *L'Ecole cathédrale de Lyon, le petit séminaire de Saint-Jean.* Paris, Delhomme et Briguet, in-8°.

1885 — Fringnet. *Le Collège des Oratoriens du Mans.* Documents (*Revue de l'enseignement secondaire et supérieur*).

1885 — Germain (A.). *Le sixième centenaire de l'Université de Montpellier* (*Mémoires de l'Académie de Montpellier*). In-8° de 8 p.

1885 — Grimot. *Histoire de l'Isle-Adam* (*Mém. de la Soc. d'hist. et d'archéol. de Pontoise et du Vexin français*, t. VII (2)).

1885 — Jarry et Herlinson. Université (l') et la topographie à Orléans, Documents (*Mém. de la Soc. archéol. et histor. d'Orléans*). In-8° de XII-95 p.

(1) Réimprimés pour le deuxième centenaire de la Révocation de l'Edit de Nantes.

(2) Voir à l'appendice le mot *Ecoles*.

1885 — Joubert (André). *Le Collège de Requeil, d'après des documents inédits (1676-1793)*. Mamers, Fleury et Dangin, in-8° de 14 p. (Extr. de la *Revue hist. et archéol. du Maine*).

1885 — Jullien (E.). *Les professeurs de littérature dans l'ancienne Rome et leur enseignement depuis l'origine jusqu'à la mort d'Auguste*. Paris, Leroux, in-8° de 379 p.

1885 — Lantenay (de). *Mélanges de Biographie et d'histoire*. Bordeaux, Féret et fils, in-8° (1).

1885 — Lascombe (Adrien). *État des revenus du Collège du Puy en 1792* (Société agricole et scientifique de la Haute-Loire), in-8° de 16 p.

1885 — Leblanc (E.). *Villaines-la-Juhel et la fondation de son Collège*. Laval, Moreau, in-8° de 37 p. (Extr. des *Procès verbaux et documents de la Commission hist. et archéol. de la Mayenne*).

1885 — Legrand (Emile). *Bibliographie hellénique*. Paris, Leroux, 2 vol. in-8°.

1885 — Lex (Léonce). *L'ancien Collège de Vesoul (1576-1796) d'après des documents originaux*. Vesoul, L. Cival fils, in-8° de 16 p.

1885 — Maggiolo (L.). *Les Collèges dirigés en Lorraine par les Chanoines réguliers (1623-1789)* (Mém. de l'Académie de Stanislas).

1885 — Marbot (L.). *Le Grammairien Pons (XIᵉ siècle)* (Discours de distribution de prix). Aix, A. Makaire, in-8° de 15 p.

1885 — Marie-Cardine (Arm.). *L'Instruction publique en Normandie avant 1789*. Paris, Hachette, in-8° (Extr. du *Dictionnaire de Pédagogie*).

1885 — Massebieau (L.). *Une acquisition du Musée pédagogique, Dialogus Jacobi Fabri Stapulensis in physicam introductionem. Introductio in physicam Aristotelis. Etude bibliographique et pédagogique*. Paris, Delagrave, in-8° de 18 p. (Extr. de la *Revue pédagogique*).

1885 — Maumus (Justin). *L'école de Mirande au XVIᵉ et au XVIIᵉ siècle* (Revue de Gascogne, t. XXVI, p. 533).

1885 — Michel (Ed.). *Da salle des thèses de l'Université d'Orléans*. (Ancienne librairie). Orléans, Herluison, in-16.

1885 — Muntz (E.). *La Renaissance en Italie et en France à l'époque de Charles VIII*. Paris, F. Didot, in-4°.

1885 — Nicolas (Michel). *Histoire de l'ancienne Académie protestante de Montauban (1598-1659) et de Puylaurens (1660-1685)*. Montauban, Forestié, in-8° de 440 p.

1885 — Nourrisson (F.). *Pascal physicien et philosophe*. Paris, Didier, in-8°.

1885 — [Prat (le P. H.)]. *Histoire du P. Broet et des Origines de la Compagnie de Jésus en France*. Paris, Le Puy, Freydier, in-8°.

1885 — Prosper (Dom). *La Scholastique et les traditions franciscaines* (Revue des Sciences ecclésiastiques, janv.).

1885 — Rance (l'abbé A.-J.). *La Réforme de l'Université de Paris sous Henri IV, d'après deux manuscrits de la Bibliothèque Méjanes*. Aix, Makaire, in-8° de 37 p.

(1) Voir notamment le Gallicanisme à l'Université de Bordeaux (1663), Rétablissement des cours dans la Faculté de Théologie, les Lettres provinciales devant le Parlement et la Faculté de Théologie de Bordeaux, De la dignité de chantre, etc.

1885 — Rétablissement (le) du *Collége de Morlaix* (*Revue de l'enseignement secondaire et supérieur*, novembre).

1885 — Saint-Charles. *Collége de Foix ou de Saint-Jérôme* (*Mém. de l'Académie des Sciences, Inscriptions et Belles-lettres de Toulouse*, février).

1885 — Salles. *Les Colléges de Céaucé et de Domfront* (*Bull. de la Soc. hist. et archéol. de l'Orne*).

1885 — Seilhac (V. de). *Fondation des Doctrinaires et des Ursulines de Brive* (1607). In-8° de 10 p. (*Bull. de la Soc. des Lettres de la Corrèze*).

1885 — Silvy (A.). *Les Colléges en France avant la Révolution* (Extr. de la *Réforme sociale*, 1er sept.). In-8° de 23 p.

1885 — Stein. *Notice sur le vieux Collége de Bar-le-Duc*, in-8° de 13 p. (*Mém. de la Soc. d'archéol. lorraine*).

1885 — Tholin (G.). *Cahiers des Doléances du Tiers-Etat du pays d'Agenais aux Etats généraux* (1588-1789). Paris, Alph. Picard, in-8° (1).

1885 — Vidal. *Histoire de la Révolution française dans les Pyrénées-Orientales*, t. Ier. Perpignan, Julia, in-8° (2).

1885 — Vincent (P.). *Histoire de la pédagogie*, rédigée conformément aux programmes officiels des Ecoles normales primaires et de l'examen pour le certificat d'aptitude aux fonctions d'inspecteur primaire. Paris, F. Nathan, in-12.

1885 — Vissac (Marc de). *Le Journal de l'Oratoire de Riom*. Riom, Girerd, in-8° de 167 p. (3).

1885 — Weyss. *Le Collége protestant de Sancerre* (*Bull. de la Soc. d'hist. du protestantisme français*).

1885 — Wieger. *Geschichte der Medicin*... in Strassburg... Strasbourg, Trübner, in-8° de XIX-173 p. (Histoire de la Médecine et de l'enseignement médical à Strasbourg).

1885 — Xambeu. *Histoire du Collége de Saintes* (*Mém. de la Soc. archéol. de Saintes*, p. 223 et 367, 3° série, t. Ier).

1886 — Abadie (B.). *Etat de l'instruction secondaire à Saint-Gaudens en 1789*. In-8° de 20 p. (*Revue du Comminges*, t. II).

1886 — Adry (le P.). *Mémoire sur le réglement des études dans les lettres humaines*, par M. Arnauld (publié par M. Gazier dans la *Revue internationale de l'enseignement*, 15 juillet et 15 août).

1886 — Allain (l'abbé E.). *La question d'enseignement en 1789*. Paris, Renouard, in-12 de 260 p. (4).

1886 — Azaïs (l'abbé). *Une école de village fondée par un Pape au XIVe siècle*. Nîmes, Gervais-Bedot, in-8° de 6 p. (Extr. du *Bull. du Comité de l'art chrétien*).

(1) Voir pour les anciens colléges, à partir de la p. 123.
(2) Renseignements sur l'état des colléges.
(3) Notice bien étudiée sur le Collége.
(4) Résumé très fidèle et très clair des vœux envoyés en 1789 aux Etats généraux par les divers Etats.

1886 — BABEAU (A.). *Les Bourgeois d'autrefois*. Paris, Didot, in-8° (1).

1886 — BARCKAUSEN (H.). *Statuts et règlements de l'ancienne Université de Bordeaux*, publiés avec préface et notice. Libourne et Bordeaux, G. Bouchon, in-4° de LIV-168 p.

1886 — BARTHÉLEMY (Ed. de). *Le Collège de Champagne à Orléans*, in-8° de 4 p. (*Bull. de la Soc. archéol. et hist. de l'Orléanais*).

1886 — BAZIN (Hipp.). *Le Collège de la Trinité à Lyon au XVIe siècle* [Discours] (*Revue de l'enseignement secondaire et supérieur*), in-8° de 14 p.

1886 — BENET (Arm.). *Pont-Audemer. Projet d'établissement du collège en 1717. Documents* (*Revue de l'enseignement secondaire et supérieur*). In-8° de 3 p.

1886 — BENET (Arm.). *L'Université de Caen, statuts du XVe siècle*. Documents (*Revue de l'enseignement secondaire et supérieur*). In-8° de 9 p.

1886 — BENET (Arm.). *Collège d'Arnay-le-Duc*. Traitement des régents d'Arnay-le-Duc au XVIIe et au XVIIIe siècle (Document dans la même *Revue*). In-8° de 4 p.

1886 — BENET (Arm.). *Collège de Beaumont en Auge* (Document dans la même *Revue*). In-8° de 12 p.

1886 — BIRBENET (E.). *Les Écoliers de Picardie et de Champagne à l'Université d'Orléans*. Orléans, Herluison, in-8°.

1886 — BIZOS (Gaston). *Fénelon éducateur*. Paris, Lecène et Oudin, in-8°.

1886 — [BONET-MAURY (G.).] *Répertoire des ouvrages pédagogiques du XVIe siècle* (Bibliothèques de Paris et des départements). Paris, Hachette, Delagrave, Alph. Picard, gr. in-8° de XVI-733 p. (2).

1886 — BOUCHOT (H.). *Notice sur la vie et les travaux d'E. Martellange*. (*Bibliothèque de l'École des Chartes*, t. XXXXVII).

1886 — CARNÉ (de). *Les Pages des Écuries du Roy. L'École des Pages*. Nantes, Vincent Forest et Émile Grimaud, in-18 de XI-207 p.

1886 — CHAVANNES (Alex.-César). *Essai sur l'éducation intellectuelle*, 1787. Nouvelle édition publiée par quelques amis de la Réforme scolaire. Paris, Fischbacher, pet. in-8°.

1886 — CORLIEU (Dr A.). *L'ancienne Faculté de Médecine de Reims* (Paris médical).

1886 — CORLIEU (Dr A.). *Ambroise Paré* (Paris médical).

1886 — COUARD-LUYS. *Le Collège de Clermont en Beauvaisis*, ses origines et ses principaux, du XVIe siècle à la Révolution (Extr. du *Bull. de la Soc. de l'histoire de Paris et de l'Île de France*). In-8° de 66 p.

1886 — COURNUT. *Collège de Provins*. Document (*Revue de l'enseignement secondaire et supérieur*). In-8° de 13 p.

1886 — COURNUT. *Documents sur le Collège de Coutances* (*Revue de l'enseignement secondaire et supérieur*).

(1) Un chapitre entier, le chap. XI, est consacré à l'instruction.

(2) Cet ouvrage fait partie des *Mémoires et documents scolaires* publiés par le Musée pédagogique, fasc. n° 3.

1886 — DANIEL (l'abbé). *Notice sur les ruines et le collège des Bernardins de Paris.* Paris, Téqui, in-8° de 118 p.

1886 — DOINEL (J.). *Liste des étudiants scandinaves à l'Université d'Orléans (1384-1687).* In-8° de 16 p. (*Bull. de la Soc. archéol. et histor. de l'Orléanais*).

1886 — DOINEL (J.). *Notice sur les deux Bérauld, protestants du xvi° siècle* (*Bull. de la Soc. archéol. et histor. de l'Orléanais*).

1886 — ENGEL (Carl.). *Das Schulwesen in Strassburg vor der Gründung des protestantischen Gymnasiums, 1538.* Strassburg, Heitz, in-8° (Les écoles de Strasbourg avant la fondation du gymnase protestant).

1886 — FAYET (P.). *Une guerre de trente ans (1811-1843) entre huit bourgeois d'une petite ville du Berry et toutes les forces réunies de l'Université impériale et royale.* Châteauroux, A. Majesté, in-8° de 35 p. (Extr. de la *Revue du Centre*).

1886 — FIRMVILLE (Ch.). *Une grammaire latine inédite du xiii° siècle.* Paris, imp. nat., in-8°.

1886 — GERMAIN (A.). *Les anciennes thèses de l'Ecole de Médecine de Montpellier.* Montpellier, Boëhm et fils, in-4° de 196 p.

1886 — GONTARD DE LAUNAY. *Les avocats d'Angers, depuis 1250 jusqu'en 1789* (*Revue hist. de l'Ouest*, n° de mai).

1886 — GUIBERT (L.). *Les collégiens d'autrefois* (Extr. de la *Réforme sociale*, 15 oct.).

1886 — GUILLAUME. *Histoire du diocèse de Toul.* Nancy, Thomas et Pierron, 5 vol, in-8°.

1885-1886 — HAVARD (O.). *Les écoles primaires, depuis les origines jusqu'au vénérable de la Salle* (*Bulletin de l'Œuvre du vénérable de la Salle* (1)).

1886 — HENNET (L.). *L'École militaire de Paris (1751-1776)* (*Journal des Sciences militaires*, mai, juin).

1886 — HÉRISSON (F.). *Pestalozzi, élève de J.-J. Rousseau.* Paris, Ch. Delagrave, in-8°.

1886 — HÉRISSON (F.). *De puerili institutione apud Athenienses* (thèse. — Paris). Parisiis, Croville-Morant et Foucart, in-8°.

1886 — ISSAURAT (C.). *La pédagogie, son évolution et son histoire.* Paris, Reinwald, in-8°.

1886 — JACQUET (A.). *La vie littéraire dans une ville de province sous Louis XIV. Etude sur la société dijonnaise.* (Thèse-Paris). Paris, Garnier frères, in-8° (2).

1886 — KOHLER (X.). *De l'Instruction publique à Porrentruy, du xvi° au xix° siècle.* Porrentruy, imp. Michel, in-8°.

1886 — LACOME (D°). *L'Instruction publique à Samatan* (*Revue de Gascogne*) t. XXVII, p. 184 et 207).

1886 — LAURIE (S. S.) *Lectures on the rise and early constitutions of Universities. With a survey of medieval education.* A. D. 1200-1350.

(1) Ce travail, qui touche par beaucoup de points au haut enseignement, a été commencé en juillet et octobre 1885 et continué en 1886.

(2) Voir notamment le chapitre : *l'Étudiant dijonnais.*

Londres, Kegan Paul, Trench and C°, pet. in-8° (Leçons sur
l'origine et la constitution primitive des Universités au
moyen âge).

1886 — LAVAL (D' Vict.). *Inscriptions inédites de l'Université d'Avignon*,
publiées avec notice (Extr. des *Mém. de l'Acad. de Vaucluse*).
Avignon, Séguin frères, in-8° de 32 p.

1886 — LECLERC (l'abbé A.). *Pouillé du diocèse de Limoges*, dédié à
Mgr d'Argentié (1773) et publié par A. Leclerc. Limoges, Ducourtieux, in-8° de 100 p.

1886 — LEFÈVRE (Petrus). *Les Écoles de Gisors avant la Révolution* (*Mém.
de la Soc. d'hist. et d'archéol. de Pontoise et du Vexin français*,
t. X). In-8° de 10 p.

1886 — LOISELEUR (J.). *L'Université d'Orléans pendant sa période de décadence*. Orléans, Herluison, in-8° de 79 p. (Extr. des *Mém. de la
Soc. des Sciences et Arts d'Orléans*).

1886 — MARTIN (Alex.). *Notes sur la pédagogie classique au XVI° et au
XVII° siècle* (*Revue de l'Enseignement secondaire et supérieur*).
In-8° de 17 p.

1886 — MASSEBIEAU (L.). *Schola Aquitanica*. Programme d'études du Collège de Guyenne au XVI° siècle, publié pour la première fois
par Elie Vinet, en 1583, réimprimé avec une préface, une traduction française et des notes. Paris, Delagrave, in-12 de 76 p.
(Dans les *Mém. et documents scolaires publiés par le Musée
pédagogique*).

1886 — MICHAUX (A.) *Histoire de Villers-Cotterets*. Paris, Marchal et Bil-
lard, in-8° (1).

1886 — MONOD. *Collège de Morlaix*. Document (*Revue de l'enseignement
secondaire et supérieur*). In-8° de 17 p.

1886 — MOUFFLET (P. Stan.). *Notice sur le Collège de Saintes* (1571-1850), avec
notes et appendice par M. L. Audiat. Saintes, lib. Montreuil,
gr. in-18 de 217 p. (Extr. du *Bull. de la Soc. des Archives hist.
de la Saintonge et Aunis*).

1886 — PIOLIN (Dom Paul). *Quelques étudiants manceaux en l'Université d'Orléans au XVII° siècle* (*Revue hist. et archéol. du Maine*), in-8° de 4 p.

1886 — PLANTÉ (A.). *L'Université protestante de Béarn*. Documents inédits du XVI° siècle. Pau, Léon Ribout, in-8° de 149 p. (2).

1886 — RÉAUME (Eugène). *Rabelais et Montaigne pédagogues*, avec introduction, études et notes explicatives. Paris, Eug. Belin, in-12
262 p.

1886 — SAINT-CHARLES (L.). *Collège de Périgord*, fondé à Toulouse par le
Cardinal T. de Périgord (*Mém. de l'Acad. des Sciences, Inscriptions et Belles-lettres de Toulouse*, 8° série. T. VIII).

1886 — SAISSET. *Le Collège d'Étampes*. (Discours de distribution des
prix.) Étampes, imp. Lecesne, in-16.

_____

(1) Voir en ce qui concerne le Collège, les pages 59-61.
(2) Cette étude avait déjà été publiée dans le *Bulletin de la Société des
Sciences, Lettres et Arts de Pau*, 2° série, t. XV, 1884-1885, p. 185 et ss.

1886 — SALEMBIER (l'abbé L.). *Petrus de Alliaco* (Thèse-Théologie). Insulis ex typis Lefort, in-8° de XLIX-386 p.

1886 — SÉE (Jul.). *Mémoires des RR. PP. Jésuites du Collège de Colmar* (1698-1750), publiés par J. Sée, avec préface de M. Mossmann. Paris, Sandoz et Fischbacher, in-12 de V-VII 193 p.

1886 — SOUBIELLE (l'abbé). *Le grand séminaire de Bayonne avant la Révolution.* Pau, Vignancour, gr. in-8° de 37 p.

1886 — THÉNARD (J. F.) *Mémoire relatif à la réorganisation du Collège de Montpellier en 1762 (Revue de l'enseignement secondaire et supérieur),* in-8° de 14 p.

1874-1886 — TOUSTAIN DE BILLY (R.). *Histoire ecclésiastique du diocèse de Coutances* (publiée par MM. Dolbet et Héron). Rouen, Méterie, 3 vol. in 8°.

1886 — TRANCHAU (H.). *Une thèse de droit au XVII° siècle,* in-8° de 26 p. *(Bull. de la Soc. archéol. et hist. de l'Orléanais).*

1886 — TRIGER (Robert). *Le Collège de Crannes et Thomas-François Dalibart, naturaliste et physicien.* Le Mans, Monnoyer, in-8° de 20 p. (Extr. du *Bull. de la Soc. d'agriculture, sciences et arts de la Sarthe).*

1886 — VATTIER. *Documents sur le Collège de Séez (Revue de l'enseignement secondaire et supérieur,* 1er juillet), in-8° de 21 p.

1886 — VEUCLIN (E.). *Notes historiques sur l'Instruction publique avant la Révolution dans la ville de Bernay et les environs.* Bernay, Veuclin, in-8° de 30 p.

1886 — VEUCLIN (E.), *L'ancien Collège de Bernay,* Bernay, Veuclin, in-8° de 54 p.

1886 — VIOLLET (Paul.). *Précis de l'histoire du droit français,* accompagné de notions de droit canonique et d'indications bibliographiques. Paris, Larose, in-8° (1).

1887 — ADAM (C.). *Pascal et l'Instruction intellectuelle (Rev. de l'enseignement secondaire et supérieur,* novembre).

1887 — ADAM (C.). *Un séjour de Pascal en Auvergne (Rev. de l'enseignement secondaire et supérieur,* 1er juin).

1887 — ARNAUD (Charles). *Quid de pueris instituendis senserit Ludovicus Vives* Thesim facultati litterarum parisiensi proponebat. Parisiis, apud Alph. Picard, in-8° de 112 p.

1887 — BENET (Arm.). Vernon, *Institution du Collège en 1606.* Document *(Revue de l'enseignement secondaire et supérieur),* in-8° de 6 p.

1887 — BÉRENGIER (Dom Théophile). *Vie de Mgr H. de Belzunce,* évêque de Marseille. Paris, Delhomme et Briquet, 2 vol. in-8° (2).

1887 — BERTY (Ad.) et TISSERAND (L.-M.). *Histoire générale de Paris.* Topographie du vieux Paris. Région occidentale de l'Université. Paris, imp. nat., in-fol.

(1) Une nouvelle édition vient de paraître.
(2) Renseignements sur les collèges de Marseille et de la Ciotat.

1887 — BONDURAND (Ed.). *L'éducation Carolingienne;* le Manuel de Dhuoda. Paris, Alph. Picard, in-8° de 271 p.

1887 — CADET (Félix). *L'éducation à Port-Royal* (Saint-Cyran, Arnauld, Lancelot, Nicole, de Sacy, Guyot, Corstel, Fontaine, Jacqueline Pascal). Paris, Hachette, in-18 de 320 p.

1887 — CARRÉ (I.). *Les Pédagogues de Port-Royal.* Paris, Delagrave, in-12 de 348 p.

1887 — CHAPOTIN (O. P.). *Souvenirs dominicains dans le diocèse de Saint-Brieuc* (Extr. de la *Revue historique de l'Ouest*).

1887 — COUARD-LUYS. *Revenus et charges de l'Instruction publique,* d'après l'enquête de 1791-1792. Beauvais, D. Père, in-8° de 46 p.

1887 — DESCHAMPS (E.). *Une querelle littéraire au commencement du XVIII° siècle* (1715). Collèges d'Harcourt et de Clermont (*Mém. de l'Académie des Sciences, Inscriptions et Belles-lettres de Toulouse*), in-8° de 62 p.

1887 — DESPONTS (Dr). *Jean Pardiac et la communauté des chirurgiens d'Auch (Revue de Gascogne,* septembre et octobre).

1887 — DUMAY (Gab.). *Journal d'un professeur à l'Université de Dijon* (1742-1774). (*Mercure Dijonnais,* 1748-1789) (*Mém. de l'Acad. de Dijon*), in-8° de 377 p. (1).

1887 — ETAT DE L'UNIVERSITÉ DE DOUAI. *Mémoire et réponse aux questions posées par Messieurs du département du Nord,* 1790. (*Bull. de l'œuvre des Facultés catholiques de Lille*). In-8°.

1887 — FAVRE (Mme Jules). *Montaigne moraliste et pédagogue.* Paris, Fischbacher, in-12 de 341 p.

1887 — FÉLIX et THOMAS PLATTER à Montpellier. *Voyage et séjour de deux étudiants bâlois au milieu et à la fin du XVI° siècle.* Traduit de l'allemand par M. Kieffer et annoté par M. Gaudin, 2 vol. in-8° (publication de la *Société des Bibliophiles de Montpellier*).

1887 — FEUVRIER (Julien). *Le Collège de l'Arc à Dôle.* Monographie accompagnée de dessins et de plans inédits, avec une préface de M. H. Bouchot. Dôle, Paul Chaligne, in-12 de VII-254 p.

1887 — FOURNIER (Marc.). *Une corporation d'étudiants en droit en 1441.* Paris, Larose et Forcel, in-8°.

1887 — GERMAIN (A.) et CHABANEAU. *Mémorial des Nobles* (*Mém. de la Soc. archéol. de Montpellier*).

1887 — GODARD (Charles). *Histoire de l'ancien Collège de Gray* (1557-1792). Gray, A. Roux, in-12 de IX-258 p.

1887 — GONTHIER (l'abbé J.-F.). *Histoire de l'instruction publique avant 1789 dans le département de la Haute-Savoie et dans l'ancien diocèse de Genève.* Annecy, Niérat, in-8° de 104 p.

1887 — GRÉARD (Oct.). *Éducation et enseignement.* Paris, Hachette, 4 vol. in-8°.

1887 — GUILLAUME (l'abbé G.). *Les Écoles de Gap et d'Embrun avant 1790* (*Bull. de la Soc. d'Études des Hautes-Alpes,* avril et juin).

(1) Journal de J.-B. Nicault, 1793.

1887 — GUYOT. *Collège de Châtillon-sur-Seine*. Document. (*Revue de l'enseignement secondaire et supérieur*), in-8° de 4 p.

1887 — JOURDAN (Eug.). *Collège de Draguignan*. Convention de 1644 entre la communauté de Draguignan et les Frères de la doctrine chrétienne. Document (*Revue de l'enseignement secondaire et supérieur*), in-8° de 7 p.

1887 — LABROUE. *Collège de Bergerac*. Lettres patentes de Charles IX. Document (*Revue de l'enseignement secondaire et supérieur*), in-8° de 13 p.

1887 — LACROIX (P.). *L'ancienne France, l'École et la Science jusqu'à la Renaissance*. Paris, F. Didot, gr. in 8°.

1887 — LAUSSEDAT (le colonel). *Histoire du Conservatoire des Arts et Métiers, depuis sa fondation*. Paris, imp. nat., in-8°.

1887 — LECLERC (G.). *La maison des Champs du Collège Louis-le-Grand* (*Mém. de la Soc. de l'histoire de Paris et de l'Ile-de-France*).

1887 — MÉTAIS. *L'instruction publique à Vendôme pendant la Révolution*. Vendôme, Le Mercier, in-8° de 150 p.

1887 — MOLARD (Fr.). *Le petit séminaire de Cerny* (*Annuaire de l'Yonne*).

1887 — MONLÉON (de). *L'Église et le droit romain*. Paris, Poussielgue, in-8°.

1887 — MOREL. *Les Écoles dans les anciens diocèses de Beauvais, Noyon et Senlis*. Compiègne, Lefebvre, in-8° de VIII-160 p.

1887 — NOLHAC (P. de). *Les études grecques de Pétrarque* (*Comptes rendus de l'Académie des Sciences, Inscriptions et Belles-lettres*, octobre et décembre).

1887 — PARFOURU. *L'instruction publique à Fleurance avant 1789*. Auch, Cocharaux frères, in-8° de 16 p.

1887 — PASCAL (G.). *La médecine et la pharmacie en 1740* (*Bull. de la Soc. d'études des Hautes-Alpes*, déc.).

1887 — PINET (G.). *Histoire de l'École polytechnique*. Paris, Aubry, in-4° (1).

1887 — PLUZANSKI. *Essai sur la philosophie de Duns Scott* (*Thèse-Paris*). Paris, E. Thorin, in-8°.

1887 — POUY. *Le Lycée d'Amiens et les écoles secondaires à leurs origines*. Amiens, Delattre-Lenoël, in-8° de 19 p.

1887 — PUECH (Dr) *Les Clercs du Palais ou la Basoche à Nîmes durant le XVIe siècle* (*Revue du Midi*, juin).

1887 — RANCE (l'abbé A.-J.). *Une thèse de rhétorique au Collège des Jésuites d'Arles* (26 août 1683), précédée d'un aperçu historique sur le Collège d'Arles. Marseille, Imp. marseillaise, in-8° de 39 p.

1887 — RANCE (l'abbé A.-J.). *Une fête scolaire au Collège des Jésuites d'Aix* (1713). Paris, Champion, in-8° de 27 p.

1887 — REDER (l'abbé). *La vie scolaire à Rome*. Les maîtres, les écoliers, les études (Discours). Lyon, Schneider, in-8°.

1887 — RICHARD COPLEY CHRISTIE. *Étienne Dolet, le martyr de la Renaissance, sa vie, sa mort* (Traduction de l'anglais par Casimir Stryienski). Paris, Fischbacher, in-8° de XIX-567 p.

(1) Voir le chapitre premier, l'École, de 1794 à 1808.

1887 — Rogie. *Histoire du B. P. Fourier*. Verdun, Laurent, 3 vol. in-8°.

1887 — Rousseau (Mlle). *Saint Ignace et son temps* (*Revue du monde latin*, septembre), in-8° de 20 p.

1887 — Salomon (H.). *La réforme de l'enseignement secondaire en Bretagne après l'expulsion des Jésuites* (*Revue internationale de l'enseignement*).

1887 — Sicard (l'abbé Aug.). *Les études classiques avant la Révolution*. Paris, Perrin, in-12 de ix-590 p.

1887 — Souviron (l'abbé). *Histoire de l'enseignement à Orthez* (Discours de distribution des prix) (*Bull. cathol. du diocèse de Bayonne*, p. 531).

1887 — Tamizey de la Roque. *Wendelin et Forcalquier* (*Journal de Forcalquier et de la haute Provence*, n° du 24 juillet).

1887 — Tardif (Adolphe). *Histoire des sources du droit canonique*. Paris, Alph. Picard, in-8° de iii-409 p. (1).

1887 — Teule (E. de). *Chronologie des docteurs en droit civil de l'Université d'Avignon* (1303-1791). Paris, libr. historique des Provinces, Emile Lechevalier, in-8° de iii-171 p.

1887 — Toulouse. *Histoire, archéologie monumentale, facultés, académies*. Toulouse, Privat, in-8° (2).

1887 — Trucher (l'abbé). *Saint-Jean-de-Maurienne au xvi° siècle*. Chambéry, Jacquelin et Cie, in-8° (3).

1887 — Vauchade et Quintard. *Mémoire de l'Université de Poitiers pour les États généraux de 1789* (*Revue internationale de l'enseignement*).

1887 — Vidal (L.). *Le Vivarais avant la Révolution* (*Revue du Monde latin*, juin).

1887 — Verdière (le P. Ch.-H.). *Histoire de l'Université d'Ingolstadt, des ducs ses patrons et de ses Jésuites*, jusqu'à la paix de 1626 due à ses élèves, l'empereur Ferdinand II et l'électeur Maximilien I°, les Congrégations primitives et les *Directions du Vénérable P. Rem*, principaux faits jusqu'en 1872. Paris, Lethielleux, 2 vol. in-8° de 662 p.

1887 — Vimont (E.). *L'Enseignement sous la Révolution*. Argentan, imp. du *Journal de l'Orne*, in-8° (4).

1887 — Vinot. *Notice historique sur l'ancienne école militaire de Brienne et le séjour de Napoléon I°* dans cette école. Troyes, Brunart, in-8° de 9 p.

1888 — Allaire. *La Bruyère dans la maison de Condé*. Paris, F. Didot, 2 vol. in-8° (5).

(1) Voir notamment le livre XII (page 285 à 364), le droit canonique dans l'enseignement des Universités et les écrits des Jurisconsultes.

(2) C'est une statistique de la situation présente de ces institutions, avec un rapide aperçu sur les temps anciens.

(3) Voir sur le collège p. 81-98.

(4) Extrait d'une *Étude sur la Révolution dans l'Orne* (*Bulletin mensuel de la société scientifique Flammarion*).

(5) Voir du chapitre VIII au chapitre XX ce qui est relatif à l'éducation du prince de Conti.

▼ 1888 — Barckhausen (Th.). *Une enquête sur l'Instruction publique au XVIIe siècle*. Paris, Leroux, in-8° de 27 p. (1).

1888 — Baudel. *L'Ecole centrale du Lot*. Cahors, Laytou, in-8°.

1888 — Beauchamp (Arth de). *Projets de lois. Médecine et pharmacie (1789-1803)*. Paris, imp. nat., in-4° de 756 p.

1888 — Belin (Ferd). *La Faculté des arts au XVIIIe siècle dans l'Université d'Aix*. (Discours à la séance solennelle de rentrée des Facultés). Aix, Remondet-Aubin, in-8° de 24 p.

1888 — Benet (Arm.). *L'Université de Caen en 1790 (Revue de l'enseignement secondaire et supérieur*, 15 avril).

1888 — Benet (Arm.). *L'Université de Caen en 1792 (Revue de l'enseignement secondaire et supérieur*).

1888 — Benet (Arm.) *Le Collège de Vire* (même *Revue*).

1887-1888 — Berthelot (Marc) et Ruelle (Ch. Emile). *Collection des anciens alchimistes grecs*. Paris, G. Steinhal, 4 vol. in-4°.

1888 — Besancenet (de). *Wandelincourt, évêque constitutionnel de Langres (Revue de Champ. et de Brie*, août) (2).

1888 — Bigot (Léon). *L'Université de Paris et l'Ecole chez nos pères* (Discours de distribution de prix). Paris, Dentu, in-8° de 14 p.

1888 — Borrel (l'abbé). *L'Instruction en Tarentaise avant la Révolution*. Moutiers, Cane, in-8° de 16 p.

1888 — Bourdais (D^r). *L'Education des humanistes près des Eglises (Revue des Sciences ecclésiastiques*).

1888 — Boutillier (l'abbé F.). *Les exercices publics dans le Collège de Nevers avant la Révolution*. Nevers, Vallière, in-8° de 26 p.

1888 — Brunetière. *Cartésiens et Jésuites (Revue des Deux-Mondes*, in-8° de 59 p.).

1888 — Carré (Gustave). *L'enseignement secondaire à Troyes, du moyen âge à la Révolution*. Paris, Hachette, in-8° de IV-387 p. (3).

1888 — Chatelain (E.). *Notice sur les manuscrits du Collège de Maître Gervais*, Imprimé pour le mariage Dareste-Girard, 5 juillet 1888. Paris, Lanier, in-12 de 16 p.

1888 — Chatellier (du). *Evêché et ville de Kemper* (Documents inédits). Paris, Rétaux, Bray, in-8°.

1888 — Chevalier (U.). *Répertoire des sources historiques du moyen âge. Bio-Bibliographie*, supplément. Paris, Société bibliographique, in-4° (4).

1888 — Cotecque (Ern.). *Notice sur l'ancien Collège des Dix-Huit (1180-1829)*. Nogent-le-Rotrou, Daupeley-Gouverneur, in-8°. (Extr. du *Bull. de la Soc. de Paris et de l'Ile-de-France*).

(1) C'est l'enquête faite par ordre du Roi, en 1767 : instruction du Roi, réponse de l'Université, plus un curieux mémoire sur le collège des Jésuites de Bordeaux.
(2) Wandelincourt est un ancien principal de Langres, bien connu comme pédagogue ; il devint évêque constitutionnel et fit partie de la convention.
(3) De nombreux fragments de cet ouvrage avaient paru dans les *Mémoires de l'Académie de Troyes*.
(4) Ce supplément porte à 2,348 le nombre des colonnes de l'ouvrage.

1888 — Damseaux (Eug.). *Histoire de la Pédagogie*, à l'usage des élèves des Ecoles normales et des membres du corps enseignant. Liège, H. Dessain, in-12 de vii-591 p. (1).

1888 - Dignat. *Histoire de la médecine et des médecins à travers les âges.* Paris, H. Laurens, in-12 de 357 p.

1888 — Documents sur le collège de Chatillon-sur-Seine (*Revue de l'enseignement secondaire et supérieur*, 1er avril).

1888 — Douarche (A.). *L'Université de Paris et les Jésuites au xvie et au xviie siècle* (Thèse-Paris). Paris, Hachette, in-8° de ix-327 p.

1888 — Drapeyron (L.). *Les origines et la réforme de l'enseignement géographique en France. Les deux Buache et l'éducation géographique de trois rois de France, avec documents inédits.* Paris, Delagrave, in-8° de 80 p.

1888 - Drapeyron (L.). *Un professeur et un cours de géographie à la fin du règne de Louis XIII* (*Revue de Géographie*, août).

1888 — Ducoudray (Gust.). *Le Collège de Sens en 1788* (Discours de distribution de prix). Sens, Duchemin, in-8°.

1888 — Duroux (Dr Edm.). *Le moyen âge médical. Les médecins au moyen âge ; les grandes épidémies ; démonomanie ; sorcellerie ; spiritisme ; la médecine dans la littérature au moyen âge ; historiens, poètes, auteurs dramatiques.* Paris, Meurillon, in-8° de viii-372 p.

1888 — Fage (René), *Le vieux Tulle*, n° viii. Le Collège. Tulle, Crauffon, in-8° de 95 p.

1888 — Favier (Jul.). *Notes sur l'éducation d'un jeune cardinal de Lorraine à l'Université de Pont-à-Mousson* (*Mém. de la Soc. d'Archéologie lorraine*).

1888 — Fournier (Marcel). *La nation allemande à l'Université d'Orléans au XIVe siècle*. Paris, Larose, in-8° de 50 p.

1888 — Fournier (Marcel). *La Bibliothèque de la Faculté de décret de l'Université de Paris en 1475*. Documents (*Bull. de la Soc. de l'histoire de Paris et de l'Ile de France*).

1888 — Faizon (l'abbé Nicolas). *Petite bibliothèque verdunoise*. Verdun, Ch. Laurent, in-12, t. IV (2).

1888 — Genty (Lucien). *La Basoche notariale*. Origine et histoire du xixe siècle à nos jours, de la cléricature notariale et de la cléricature en général, clercs de procureur ou d'avoué, d'huissier et de commissaire-priseur. Paris, Delamotte fils et Cie, in-8° de vii-265 p.

1888 — Gillant (l'abbé). *Histoire de l'Instruction publique à Clermont en Argonne avant la Révolution*. Verdun, Laurent, in-8° de 37 p.

1888 — Grimaux (Ed.). *Lavoisier, d'après sa correspondance, ses manuscrits, ses papiers de famille*. Paris, Félix Alcan, in-8°.

(1) Cet ouvrage peu ordonné, contient des analyses assez exactes des doctrines et s'inspire des écrivains français plutôt que des Allemands.

(2) Voir dans la troisième partie : *Charte touchant l'érection et institution du Collège de Verdun, 1570*.

1888 — GUIBERT (L.). *L'Instruction primaire en Limousin sous l'ancien régime.* Limoges, Ducourtieux, in-12 de 52 p. (1).

1888 — GUYOT. *Fondation du Collège de Châtillon-sur-Seine (Revue de l'enseignement secondaire et supérieur,* 1er avril).

1888 — HAMEL (Ch.). *Histoire de l'Abbaye et du Collège de Juilly depuis leurs origines jusqu'à nos jours.* (3e édition.) Paris, Jules Gervais, in-8e de XXIII-577 p. (2).

1888 — HAUTECLOQUE (de). *Les représentations dramatiques et les exercices littéraires dans les Collèges de l'Artois avant 1789.* Abbeville, imp. du *Cabinet historique de l'Artois et de la Picardie,* nos de janvier et février, in-8e de 130 p.

1814-1888 — *Histoire littéraire de la France.* T. XIII-XXX. Paris, Didot, in-4e (3).

1888 — JADART (H.). *Les Ecoles de Reims et de son arrondissement en 1774 (Revue de Champagne et de Brie,* mars). In-8e de 24 p.

1888 — JADART et PILLOT. *Maître Robert de Sorbon et le village de Sorbon.* Reims, Monce, in-8e de XIV-82 p. (4).

1888 — JAUBERT (Dom). *Marie de Montlaur ou le rétablissement du culte catholique à Aubenas (Bull. d'histoire ecclésiastique et d'archéol. du diocèse de Valence,* mars, avril).

1888 — JOURDAIN (Ch.). *Histoire de l'Université de Paris au XVIIe et au XVIIIe siècle.* Paris, Didot, 2 vol. in-8e.

1888 — JOURDAIN (Ch.). *Excursions archéologiques et philosophiques à travers le moyen âge.* Paris, Firmin-Didot, in-8e de 647 p.

1888 — KAUFFMANN. *Die Geschichte der Deutschen Universitäten,* t. Ier. Stuttgard, Cotta, in-8e.

1888 — LACROIX (C.). *Histoire du Collège de Châteaudun.* Châteaudun, Pouillier, in-18 de VII-223 p.

1888 — LALLEMAND (le P. P.). *Essai sur l'éducation dans l'ancien Oratoire de France.* (Thèse-Paris). Paris, Thorin, gr. in-8e de XII-474 p.

1888 — LALLEMAND (le P. P.). *De Parnasso Oratoriano* (Thèse-Paris). Parisiis, Thorin, in-8e.

1888 — LAUZUN (Phil.). *Notice sur le Collège d'Agen, depuis sa fondation jusqu'à nos jours (1581-1888).* Agen, Michel et Médan, in-8e de IX-132 p.

1888 — LEGRAND (Léon). *L'Université de Douai.* Douai, Crépin, in-8e de 78 p.

1888 — LEGRAND (Léon). *Les Quinze-Vingts, depuis leur fondation jusqu'à leur translation au faubourg Saint-Antoine (XIII-XVIII).* Paris,

(1) On trouve dans ce travail beaucoup de faits relatifs au haut Enseignement.
(2) Beaucoup de documents se trouvent aux pièces justificatives qui touchent à l'histoire générale de l'Oratoire.
(3) Cette histoire, commencée par des religieux bénédictins, a été continuée depuis 1814 par des membres de l'Institut; elle a été imprimée chez Didot jusqu'en 1870. Les quatre derniers volumes sont sortis des presses de l'Imprimerie nationale.
(4) Notice publiée à l'occasion du monument élevé à Sorbon dans son pays natal.

Champion, in-8° (Extr. des *Mém. de la Soc. de l'histoir: de Paris et de l'Ile-de-France).*

1886 — LIARD (Louis). *L'Enseignement supérieur en France* (1789-1889). 1er vol. Paris, Armand Collin, in-8° de 474 p.

1888 — MAGGIOLO (L.). *Le théâtre classique en Lorraine* [1574-1736] (*Mém. de l'Académie de Stanislas*) (1).

1888 — MAINDRON (Ern.). *L'Académie des Sciences.* Paris, Félix Alcan, in-8°.

1888 — PARIS-JALLOBERT. *L'ancien Collège de Dol,* fêtes à l'occasion de sa bénédiction (*Revue de Bretagne et de Vendée,* avril).

1888 — PARMENTIER (J.). *De l'influence de Locke sur Rollin* (*Bull. de la Faculté des Lettres de Poitiers,* mai).

1888 — PÉRY (G.). *His..?re de la Faculté de Médecine de Bordeaux* et de l'enseignement médical dans cette ville. Paris, O. Doin ; Bordeaux, H. Duthu, in-8° de xiv-438 p.

1888 — PINGAUD (Léonce). *L'Instruction publique à Besançon en 1789* (*Mém. de la Soc. d'Émulation du Doubs*), in-8° de 18 p.

1888 — PRAROND (Ern.). *Les grandes Ecoles et le Collège d'Abbeville.* Paris, Alph. Picard, in-12 de xv-574 p.

1888 — PRUDHOMME (A.). *Histoire de Grenoble.* Grenoble, A. Gratien, in-8°.

1888 — RANGE (l'abbé A. J.). *Le P. Albert Daugières* (*Revue de Marseille*).

1888 — ROSSIGNOL (J.-P.). *De l'éducation et de l'instruction des hommes et des femmes chez les anciens.* Paris, Labitte, in-8°.

1888 — ROUQUETTE (l'abbé). *Les écoles publiques de Millau sous l'ancien régime.* Millau, Artières et J. Maury, in-16 de 54 p.

1888 — ROUSSEL (l'abbé). *Nouveaux renseignements sur l'évêque Wandelaincourt* (*Revue de Champagne et de Brie,* août).

1888 — SICARD (l'abbé A.). *Les deux maîtres de l'enfance,* le prêtre et l'instituteur. Paris, Perrin, in-8° de 324 p.

1888 — THIBAUT (François). *Quid de puellis instituendis senserit Vices.* (Thèse-Paris). Paris, Ern. Leroux, in-8° de 108 p.

1888 — VEUCLIN (E.). *Nouvelles glanes historiques sur l'Instruction publique avant et pendant la Révolution.* Bernay, Veuclin, in-8° de 60 p.

1888 — VILLENEUVE (Dr). *La chirurgie à Marseille* (Discours à la séance de rentrée). Aix, Remondet-Aubin, in-8° de 22 p.

1889 — ANCIEN OFFICIER (Un). *Histoire de l'Ecole navale et des institutions qui l'ont précédée.* Paris, Quantin, in-4° (2).

1889 — ARNOUX (Jules). *Collège et Lycée de Digne.* Etude historique. Digne, Chaspoul, Constans et Ve Barbaroux, in-8° de 120 p.

1889 — ARVERT (d'). *La pédagogie de la Renaissance.* Les luthériens et les jésuites (*Revue internationale de l'enseignement*).

(1) Ce travail complète celui que M. Maggiolo avait fait en 1866.
(2) Ce qui se rapporte aux écoles qui, avant la Révolution, étaient analogues, à l'Ecole navale actuelle, va jusqu'à la page 132.

1889 — Aucoc (Léon). *L'Institut de France. Lois, statuts et règlements concernant les anciennes académies et l'Institut de 1635 à 1889.* Paris, imp. nat. in-8° de ccviii-445 p. (1).

1889 — Babeau (Albert). *Les Etablissements d'instruction à Paris en 1789.* (Correspondant du 10 juin).

1889 — Baguenault de Puchesse. *L'Instruction dans l'Orléanais avant la Révolution.* (Ext. du Compte-rendu des travaux de l'assemblée provinciale en 1889). Orléans, Herluison, in-8°.

1889 - Bardon (Ach.) *Les Ecoles à Alais sous l'ancien régime (1289-1789* (Extr. des Mémoires de la Soc. scientifique et littéraire de la ville d'Alais). Nîmes, Chastanier, in-8° de 75 p.

1889 — Barthélemy (L.). *Histoire d'Aubagne, chef-lieu de Baronnie, depuis son origine jusqu'en 1789.* Marseille, Barlatier et Barthelet, 2 vol. in-8°.

1889 — Batcavé (Louis). *L'Instruction publique à Orthez avant 1789) L'enseignement supérieur.* Pau, Garet, in-8° de 20 p. (Extr. du Bulletin de la Soc. des Sciences, Lettres et Arts de Pau, t. XVIII).

1889 — Bellet (P.). *Essai sur l'Ecole de théologie protestante de Montpellier (1598-1617).* Montauban, Granié, in-8° de 80 p.

1889 — Benet (Arm.). *Ecole centrale du Calvados.* Programme de distribution de prix (Revue de l'enseignement secondaire et supérieur).

1889 — Biré (Edmond). *La dernière distribution des prix de l'Université* (Extrait de Samedi-Revue).

1889 — Bonet-Maury (G.). *De opera Scholastica Fratrum vitæ communis in Nederlandia* (Thèse-Paris). Paris, Cerf, in-8° de 100 p. (2).

1889 — Bonet-Maury (G.). *Le Protestantisme français au xvie siècle dans le Universités d'Orléans, de Bourges et de Toulouse* (Bull. de la Soc. de l'histoire du protestantisme français, février, juin).

1889 — Bonnabelle (C.). *Notice sur Saint-Mihiel.* Bar-le-Duc, Contant-Laguerre, in-8°.

1889 — Champeval. *L'instruction avant 1789 dans la Corrèze.* (Annuaire du Limousin pour la Corrèze). Limoges, Ducourtieux, in-8° de 10 p.

1889 — Chatel (A.). *Etude historique et critique de l'enseignement du droit dans la Faculté de Droit de Rennes avant 1789.* Rennes, Oberthur, in-8° de 26 p.

1889 — Chatelain (E.). *Notice sur les manuscrits du Collège de Boissy.* Imprimé pour le mariage Lévy-Bloch. Paris, Delalain, in-12 de 32 p.

1889 — Chatelain (E.). *Notice sur les manuscrits du Collège de Cholet.* Imprimé pour le mariage Jacob-Azéma. Paris, Delalain, in-12 de 20 p.

---

(1) Cette collection a été publiée sous la direction de la commission administrative centrale.

(2) Il y a dans ce travail une bonne bibliographie des Frères de la vie commune.

1889 — CHAVERNAC (D^r) *Histoire de l'Université d'Aix.* 1er fascicule. Aix, Makaire, in-8° de 149 p.

1889 — CHAUVIN. *Les Oratoriens instituteurs,* à propos de deux ouvrages récents. Paris, au journal l'*Instruction publique,* in-8° de 42 p.

1889 — CLERVAL (l'abbé). *L'enseignement des Arts libéraux à Chartres et à Paris dans la première moitié du* XIIe *siècle,* d'après l'*Hepta-teuchon* de Thierry de Chartres. Paris, Bureau des *Annales de philosophie chrétienne,* gr. in-8° de 24 p.

1889 — CLERVAL (l'abbé). *Les distributions de prix au séminaire de Saint-Chéron pendant le* XVIIe *siècle,* in-8° de 4 p. (Extrait de la *Voix de Notre-Dame de Chartres,* août).

1889 — DAUSSY (H.). *Les Écoles d'Albert au* XVIIIe *siècle.* Amiens, Jeunet, in-12 de 80 p.

1889 — DELACHENAL (R.). *Histoire de Crémieu.* Grenoble, Allier père et fils, in-8°.

1889-91 — DENIFLE (le P. H.) et CHATELAIN (Emile). *Chartularium Universitatis parisiensis sub Auspiciis consilii generalis Facultatum parisiensium, ex diversis bibliothecis, tabulariis que collegit et cum authenticis Chartis contulit* Henricus Denifle, O. P., in Archivio apostolicæ sedis Romanæ Vicarius, Academiarum Vindobonensis et Berolinensis socius, auxiliante Œmilio Chatelain, Bibliothecæ Universitatis in Sorbona conservatore adjuncto. Tomus I. Parisiis, ex typis fratrum Delalain, Viâ a Sorbona dicta. In-folio de XXXVI-713. p.

1889 — DERVON (J.-M.) *Histoire d'un Collège municipal aux* XVIe, XVIIe *et* XVIIIe *siècles.* (Les Echevins, le Clergé, les Ordres religieux et l'Instruction secondaire à Bayonne avant 1789.) (Thèse-Toulouse). Agen, Michel et Médan, gr. in-8° de LXXXVIII-440 p.

1889 — DUBOUCHET. *Un Collège médical à Montpellier pendant le moyen âge,* sa fondation, ses statuts, sa bibliothèque. Étude historique d'après les documents originaux. (Thèse de Médecine-Montpellier). Montpellier, Ch. Boëhm, in-8° de 82 p.

1889 — DUBOURG. *Épisode des luttes de l'Université et du Capitole de Toulouse* (Extr. des *Mém. de l'Académie de Toulouse*).

1889 — DUPUIS. *L'Enseignement supérieur en Bretagne avant et depuis la Révolution.* In-8° de 20 p. (*Annales de Bretagne.*)

1889 — ERRRI (Michel). *Renaudot et l'introduction de la médecine chimique.* Montpellier, Ch. Coulet, in-8° de 129 p.

1889 — EYSSETTE (Alex.). *Histoire administrative de Beaucaire, depuis le* XIIIe *siècle jusqu'à la Révolution de 1789.* Beaucaire, Elysée Aubanel fils, 2 vol. in-8°.

1889 — FÉLICE (Paul (de). *Les lois collégiales de l'Académie de Béarn* (1568-1580), publiées pour la première fois avec une introduction historique et des notes. Paris, imp. nationale, in-8° de III-79 p. (1).

_____

(1) Dans les *Mémoires et Documents scolaires* publiés par le *Musée pédagogique,* fascicule 2.

1889   FEUVRIER (Julien). *Un collège franc-comtois au XVIᵉ siècle*. Etude
historique et pédagogique accompagnée de notes biogra-
phiques et bibliographiques. Dôle, Alph. Krugell, in-16 de
213 p.

1889 — FINOT (Ed.). *Port-Royal et Magny*. Fondation de l'abbaye ; la
Réforme, les solitaires, les petites écoles, le jansénisme, l'Au-
gustinus, les cinq propositions, le formulaire, la destruction
du monastère, les ruines, les tombes et les corps de Magny.
Paris, Chamerot, in-8° de XIV-384 p. avec deux plans.

1889 — FOURNIER (Marc.). *Une enquête dans un collège de Droit de l'Université de Montpellier au XIVᵉ siècle (Revue internationale de
l'enseignement)*.

1889 — FRANÇOIS (L.). *Documents sur le Collège de Semur (Revue de l'enseignement secondaire et supérieur, 1ᵉʳ février)*.

1889 — GARDÈRE (J.). *L'instruction publique à Condom sous l'ancien régime*
(Les Ecoles avant le Collège, — le Collège sous les principaux
laïques et sous les Oratoriens. — Les régents abécédaires ou
les maîtres écrivains. — Les Ecoles de filles. — Le séminaire
diocésain). — Auch, Foix, gr. in-8° de 228 p.

1889 — GIRARD (P.). *L'éducation athénienne au Vᵉ et au IVᵉ siècle avant
Jésus-Christ*. Paris, Hachette, in-8° de IV-340 p.

1889 — GODARD (Ch.). *Notice sur le nouveau Collège de Gray (1789-1889)*.
Gray, G. Roux, in-16 de V-176 p.

1889 - GUELLIOT (O.). *Les thèses de l'ancienne Faculté de Médecine de
Reims*. Reims, F. Michaud, in-8° de 179 p.

1889 — GUILLAUME (J.). *Procès-verbaux du Comité d'Instruction publique de
l'Assemblée législative*, publiés et annotés. Paris, imp. nat.,
in-4° de XXIV-540 p.

1889 — JANICKE (F.), et Schurig (G.). *Geschichte der Methode des Unterrichts
in den mathematischen Lehrfächern*. Gotha, Thienemann, in-8°.
(Histoire de la méthode d'enseignement pour les mathématiques.)

1889 — JADART (Henri). *Cahier de doléances de la Faculté de droit de
Reims en 1789*, suivi d'une notice sur René Viellard, professeur en cette Faculté, député de Reims en 1789, président à
la Cour de Cassation. Reims, Matot-Braine, in-8° de 18 p.

1889 — KLEUTGEN (le P. Joseph, S. J.) *De Scholarum institutione pristina
et recenti dissertatio*. Parisiis, sumptibus P. Lethielleux, in-8°
de 179 p.

1889 — LARRIEU (Félix). *Histoire de la Médecine*. Guy Patin, doyen de la
Faculté de Médecine de Paris, sa vie, son œuvre, sa théra-
peutique (1601-1672). Paris, Alph. Picard, in-8°.

1889 — LAVAL (le Dʳ Victorin). *Histoire de la Faculté de Médecine d'Avignon. Ses origines, son organisation et son enseignement*
(1303-1791). T. Iᵉʳ. Les origines et l'organisation. Avignon,
Seguin frères ; Paris, Lechevalier, gr. in-8° de V-485 p.

1889 — LAVAL (Dʳ Vict.). *Etat de l'Université d'Avignon en 1789*. Avignon, Seguin frères ; Paris, E. Lechevalier, in-8° de 24 p.

1889 — LOISELEUR (Jules). *Les privilèges de l'Université de lois d'Orléans, à propos d'un document inédit du xv⁵ siècle. (Mémoires de la Soc. archéologique et hist. de l'Orléanais)*, in-8⁵ de 52 p.

1889 — MAGGIOLO (L.). *Les Ecoles avant et après 1789 dans la Meurthe, la Meuse, la Moselle, les Vosges. 1ʳᵉ partie : Avant la Révolution.* Nancy, E. Busy, in-8⁵ de 48 p.

1889 — MARIE-CARDINE (Arm.). *Document sur le Collège de Lisieux* — (Discours sur la bienfaisance et cause littéraire) —, in-8⁵ de 3 p. (*Revue de l'enseignement secondaire et supérieur*).

1889 — MARIE-CARDINE (Arm.). *Les décrets du 24 messidor an xii et 28 décembre 1875 sur les préséances* (Documents), in-8⁵ de 16 p. (même *Revue*, 15 juillet).

1888-1889 — MARIE-CARDINE (Arm.). *Histoire de l'enseignement dans le département de la Manche, de 1789 à 1808, d'après des documents inédits.* Saint-Lô, Prével, 2 vol. in-8⁵ de XIV-585 et 566 p.

1889 — MAUMUS (le P. E.-V.). *Saint Thomas d'Aquin et la philosophie cartésienne. Etude de doctrine comparée.* Paris, V. Lecoffre, 2 vol. in-12.

1889 — MAURICET (Dʳ). *Monographie du Collège de Vannes* (Revue de l'enseignement secondaire et supérieur, 1ᵉʳ juin).

1882-1889 — MAXIMILIEN-MARIE. *Histoire des sciences mathématiques et physiques.* Paris, Gauthier-Villars, 12 vol. in-12.

1889 — ONIEUX. *Essai sur l'Instruction publique en France sous la première Révolution* (Discours). Nantes, Mellinet et Cie, in-8⁵ de 28 p.

1889 — PEISSON (l'abbé). *Le Musée Guimet et l'enseignement officiel des religions en Europe* (Revue des Religions, 3⁵ fascicule).

1889 — PIGNOL (Dʳ). *Gérard du Berry et l'Ecole de Médecine de Montpellier au xiii⁵ siècle* (Annales du Midi, 1ᵉʳ juillet).

1889 — PÉRIEUX. *Etude sur l'Instruction publique à Lectoure* (Revue de Gascogne, à partir de mars 1888).

1889 — QUERUAU-LAMERIE (E.). *L'Instruction publique à Laval avant le xix⁵ siècle* (Bulletin de la Commission historique et archéologique de la Mayenne, 2⁵ série, t. Iᵉʳ). In-8⁵ de 57 p.

1889 — REVON (Michel). *L'Université de Grenoble.* Grenoble, Xavier Drevet, in-18 de 38 p.

1889 — RIBAULT DE LAUGARDIÈRE. *Monographie de la ville et du canton de Nontron*, avec introduction de Dujarric-Descombes. Périgueux, Emile Laporte, in-8⁵ (1).

1888-1889 — RICORDEL (l'abbé). *L'enseignement secondaire ecclésiastique dans le diocèse de Nantes après la Révolution* (Revue historique de l'Ouest).

1889 — RIGOUT. *Un projet barisien d'éducation publique en 1790.* Bar-le-Duc, libr. de l'Indépendance de l'Est, in-8⁵ de 16 p.

1889 — ROCHEMONTEIX (le P. Camille de). *Un collège de Jésuites aux xvii⁵*

_____

(1) Voir chapitre VII, *Régime scolaire*, p. 250-258.

et XVIII° *siècles.* Le Collège Henri IV de La Flèche. Le Mans, Leguicheux, 4 vol. in-8° de IV-309, 332, 353, 444 p.

1889 — SICARD (l'abbé A.). *L'Episcopat français à la veille de la Révolution (Correspondant).*

1889 — SILVY (A.). *Les Universités en France sous l'ancien régime* (Extr. de la *Réforme sociale).*

1889 — SOCIÉTÉ NATIONALE D'ÉDUCATION DE LYON. *L'Instruction publique à Lyon avant 1789.* Lyon, Pitrat, in-8° de 177 p. (1).

1889 — SOIL (Eugène). *Les maisons de la Compagnie de Jésus, à Tournai.* Bruges, Desclée, de Brouwer et Cie, in-8° de VIII-397 p. (2).

1889 — STATISTIQUE DE L'ENSEIGNEMENT SUPÉRIEUR. *Enseignement, examens, grades, recettes et dépenses en 1886, actes administratifs jusqu'en août 1888.* Paris, imprimerie nationale, gr. in-4° de de XXXI-792 p.

1889 — STATISTIQUE DE L'ENSEIGNEMENT SECONDAIRE EN 1887. 1re partie : *Enseignement secondaire des garçons.* Paris, impr. nat., gr. in-4° de CXIV-523 p.

1889 — STATISTIQUE DE L'ENSEIGNEMENT SECONDAIRE EN 1887. 2e partie : *Enseignement secondaire des jeunes filles.* Paris, impr. nat., gr. in-4° de LXXI-249 p.

1889 — THIRION (le P.). *Histoire de l'arithmétique.* Bruxelles, Vromant, in-8° de 164 p.

1889 — TRANCHAU (H.). *Jean Marrois, professeur de mathématiques à Orléans au* XVIII° *siècle et son Album amicorum.* (*Mém. de la Soc. archéol. et histor. de l'Orléanais*).

1889 — TRANCHAU (H.). *Etude sur les représentations théâtrales, les exercices publics et les distributions de prix du collège d'Orléans au* XVIII° *siècle* (*Mém. de la Soc. archéol. et histor. de l'Orléanais*).

1889 — VIGIÉ (J.). *De l'Université de Montpellier, son passé, son avenir.* Montpellier, impr. Ricard, in-8° de VIII-44 p.

1890 — ANGOT (l'abbé A.). *L'Instruction populaire dans le département de la Mayenne avant 1790,* avec une préface du R. P. dom Paul Piolin, bénédictin de la Congrégation de France. Paris, Alph. Picard; Laval, Aug. Goupil, in-8° de LXXVI-277 p.

1887-1890 — AUBERT (Félix). *Le Parlement de Paris, de Philippe le Bel à Charles VII (1314-1422).* Paris, Alph. Picard, 2 vol. in-8° (3).

1890 — BERLUC DE PÉRUSIS (A. de). *Wendelin en Provence.* Digne, Chaspoul, Constans et Vᵉ Barbaroux, in-8° de 33 p.

(1) Cet ouvrage contient : 1° de l'Enseignement à Lyon avant la Révolution, par A. Bonnel; 2° les Collèges de la Trinité et de Notre-Dame de Bon-Secours, par A. Clerc; 3° Sociétés savantes et bibliothèques, par J. Bonnel; 4° l'Enseignement de la théologie, par l'abbé Petit; 5° l'Enseignement de la médecine et des sciences médicales, par E. Chappet; 6° l'Enseignement du Droit à Lyon, en 1789, par Gairal. Le travail de M. A. Bonnel est une sorte d'introduction qui relie ces diverses monographies.

(2) Il est curieux de voir comment la longue occupation de la France à Tournai n'y gêne en rien la liberté des familles.

(3) Confér. chap. II, n° VI : *le Parlement, les Universités, les Collèges.*

1890 — BERTHELOT (Marcellin). *La révolution chimique, Lavoisier.* Paris, Félix Alcan, in-8°.

1890 — BOISSIER (Gaston). *Le sixième centenaire de l'Université de Montpellier (Revue des Deux-Mondes,* juillet).

1890 — BOURGAIN (L.). *Étude sur les biens ecclésiastiques avant la Révolution.* Paris, L. Vivès, in-8° (1).

1890 — BUTEL (Fernand). *L'Éducation des Jésuites autrefois et aujourd'hui. Un collège breton.* Paris, Firmin-Didot, in-8° de VIII-529 p. (2).

1890 — CARTULAIRE DE L'UNIVERSITÉ DE MONTPELLIER. T. Ier (1186-1400). Montpellier, Ricard, in-4° de XXXIX-176-736 p. (3).

1890 — CHÉNON (E.). *Les anciennes Facultés de droit de Rennes* (1735-1792). Rennes, Caillière, in-8° de II-207 p.

1890 — CORLIEU (le Dr A.). *L'enseignement au Collège de Chirurgie,* depuis son origine jusqu'à la Révolution française. Paris, bureaux du *Paris médical* et librairie J.-B. Baillière et fils, in-8° de 64 p.

1890 — CROISET. *L'ancienne Université de Montpellier (Revue internationale de l'enseignement).*

1890 — DELALAIN (Paul). *Galliot du Ré, libraire parisien de 1512 à 1560.* (Ext. du *Journal général de l'imprimerie et de la librairie,* 6 décembre) in-8° de 15 p.

1890 — DELFOUR (J.). *Histoire du lycée de Pau,* avec une introduction et des notes, par V. Lespy. (Jésuites. — Éducateurs de Saint-Denis. — Bénédictins. — Université de Pau. — École centrale. — Lycée. — Livre d'or (1622-1878). Pau, Garet, in-8° de XXVIII-479 p.

1890 — DELISLE (Léopold). *Le formulaire de Tréguier et les élèves bretons des écoles d'Orléans au commencement du XIVe siècle.* Orléans, Herluison, in-8° de 26 p.

1890 — DELOUME (Ant.). *Tableau des professeurs de la Faculté de droit de Toulouse depuis sa fondation (Revue des Pyrénées,* t. II, 3e trimestre, p. 645).

1890 — DIGARD (Georg.). *La Papauté et l'étude du droit romain au XIIIe siècle* à propos de la fausse Bulle d'Innocent IV *Dolentes (Biblioth. de l'École des Chartes,* p. 380 et suiv.).

1890 — DONAT. *Ars Minor,* traduction française, d'après l'incunable unique de l'Université d'Utrecht. Paris, Alph. Picard, 9 p.p. et 4 feuilles in-4°.

1889-1890. — DOUAIS (l'abbé E.). *L'enseignement dans le haut Languedoc,* spécialement dans le diocèse de Toulouse avant 1789 (*Revue des Pyrénées,* t. Ier (1889), p. 485-534, t. II (1890), p. 84-151.

1890 — DUVAL (L.). *La ville de Sées au XVIIIe siècle (Annuaire normand).*

1890 — FLACH (J.). *Études critiques sur l'histoire du droit romain au moyen âge.* Paris, Larose, in-8°.

(1) Contient une bibliographie du sujet.
(2) C'est l'histoire du Collège de Vannes avant et depuis la Révolution.
(3) L'histoire de l'Université de Montpellier, par Germain; comprend la deuxième pagination de 167 p.

1890 — FOURNIER (Marcel). *La Bibliothèque de l'Université d'Orléans vers 1420 (Nouvelle Revue historique du droit français et étranger).*

1890 — FOURNIER (Marcel). *Les bibliothèques des collèges de l'Université de Toulouse (Bibliothèque de l'École des Chartes).*

1890 — FOURNIER (Marcel). *Une règle de travail et de conduite pour les étudiants en droit au XIVe siècle (Revue internationale de l'enseignement).*

1890 — FOURNIER (Marcel). *L'Église et le droit romain au XIIIe siècle*, à propos de l'interprétation de la bulle *Super specula* du Pape Honorius III, qui interdit l'enseignement du droit romain à Paris (*Nouv. Rev. hist. de droit français et étranger*), in-8° de 44 p.

1890 — FOURNIER (Marcel). *La Nation du Maine à l'Université d'Angers au XVe siècle.* In-8° de 33 p. (*Rev. histor. et archéol. du Maine*, t. XXVII, 1er semestre).

1890 — FOURNIER (Marcel). *Notes et documents sur les anciens professeurs en France.* Lanjuinais, professeur de droit canon à Rennes (*Nouv. Revue du droit français et étranger*).

1890 — FOURNIER (Marcel). *Les statuts et privilèges des anciennes Universités françaises depuis leur fondation jusqu'en 1789.* T. Ier : Universités d'Orléans, d'Angers et de Toulouse. Paris, Larose et Forcel, in-4°.

1890 — GALLOIS (L.). *De Orontio Finæo Gallico geographo* (Thèse-Paris). Paris, Leroux, in-8°.

1890 — GILLARD. *Lassay, ses Écoles, ses Collèges.* Laval, Moreau, in-8° de 45 p.

1890 — GUIRAUD (Mlle). *Les fondations du pape Urbain V à Montpellier.* Le Collège des douze médecins ou Collège de Mende (1369-1561). Montpellier, Martel, in-8° de 108 p.

1890 — GUIRAUD (Mlle). *Les fondations du pape Urbain V à Montpellier.* Le Collège Saint-Benoît, le Collège Saint-Pierre, le Collège du Pape (Collège de Mende ; deuxième période). Montpellier, Martel, in-8° de XXXVII-270 p.

1890 — LACOSTE (F.). *L'Instruction publique à Bourg sous l'ancien régime* (*Revue catholique de Bordeaux*, p. 743-754) (1).

1890 — LACROIX (l'abbé L.). *Quid de instituendo principe senserit Valerius.* (Thèse-Paris.) Paris, Letouzey et Ané, in-8° de 72 p.

1890 — LEBEUF (l'abbé). *Histoire de la ville et de tout le diocèse de Paris.* Justifications et additions, par Bournier. Paris, Champion, in-8° (2).

1890 — LECOY DE LA MARCHE (Alb.). *Le bagage d'un étudiant en 1347* (Extr. des Mém. de la Soc. des Antiquaires de France). In-8° de 23 p.

1890 — LEFRANC (Abel). *Notes sur la nation d'Allemagne à l'Université de Paris au XVe siècle* (Extr. du Bull. de la Soc. d'histoire et de géographie de Liège). In-8° de 20 p.

(1) Il y avait à Bourg, au XVIIIe siècle, un régent de latin.
(2) Nombreux renvois aux documents d'archives.

1890 — LE TÉO (Charles). *Etudes sur la Révolution à Autun.* L'autel de la Patrie, l'enseignement républicain à Autun. Paris, imprim. Poirson, in-8° de 70 p. (1).

1890 MAGGIOLO (L.). *Les Ecoles avant et après 1789 dans la Meurthe, la Meuse et les Vosges.* Deuxième partie (1789-1802). (Extr. des *Mém. de l'Acad. de Stanislas*). In-8° de 98 p.

1890 — MASSIP (Maurice). *Le Collège de Tournon en Vivarais,* d'après les documents originaux inédits. Paris, Alph. Picard, gr. in-8° de III-323 p.

1890 — MÉCHIN (l'abbé Ed.). *Annales du Collège royal Bourbon d'Aix,* depuis les premières démarches faites pour sa fondation jusqu'au 7 ventôse an III, époque de sa suppression. Marseille, J. Evesque et Cie, t. Ier, in-4° de XII-363 p.

1890 — MOIREAU (A.). *La journée d'un écolier au moyen âge.* Paris, Quantin, in-4°.

1890 — MORANVILLÉ (H.). *Remontrances de l'Université et de la ville de Paris à Charles VI.* sur le gouvernement du royaume. in-8° de 23 p. (Extr. de la *Bibliothèque de l'Ecole des Chartes*.)

1890 — MUNTZ (Engène). *Les Constructions du Pape Urbain V à Montpellier (1364-1370),* d'après les archives secrètes du Vatican. Paris, Leroux, in-8° de 19 p.

1890 — NICAISE (E.). *La grande Chirurgie de Guy de Chauliac,* chirurgien, Maître en médecine de l'Université de Montpellier, avec des notes et une introduction sur le moyen âge. Paris, Félix Alcan, in-8° (2).

1890 — OMONT (Henri). *Documents sur les jeunes de Langues et l'Imprimerie orientale à Paris en 1719* (Bull. de la Soc. de l'hist. de Paris et de l'Ile-de-France). In-8° de 16 p.

1887-1890 — PACHTLER (le P. G.-M.). *Ratio studiorum et institutiones scholasticæ societatis Jesus olim per Germaniam vigentes.* T. I-III. Berlin, A. Hofman, in-8° (3).

1890 — PAIRS (un). *Les Thèses bretonnes illustrées aux XVIIe et XVIIIe siècles* (Revue hist. de l'Ouest).

1890 — PÉGUIGNOT. *Notice sur l'ancien collège de Dreux (1563-1794 et 1819-1831).* Dreux, Lemenestrel, in-8° de 122 p.

1890 — PÉANS (l'abbé G.). *La Faculté de droit dans l'ancienne Université de Paris (1160-1793).* (Thèse de doctorat en droit canon-Institut catholique de Paris.) Paris, Alph. Picard, in-8° de 391 p.

1890 — PÉANS (l'abbé G.). *Le style de chancellerie de l'ancienne Faculté de droit de Paris* (Nouvelle Revue historique du droit français et étranger, mars, avril).

1890 — PÉANS (l'abbé G.). *Les thèses de l'ancienne faculté de droit de Paris* (Revue internationale de l'enseignement, n° du 15 avril).

(1) Quelques renseignements sur l'École centrale.

(2) Les renseignements historiques vont de la page IX à la page LXXVII de l'introduction.

(3) Ce sont les trois premiers volumes d'une collection qui est annoncée comme devant se composer de 8 volumes et qui est consacrée à la Compagnie de Jésus, dans les *Monumenta Germaniæ pedagogica.*

1890 — Requin (l'abbé). *L'imprimerie à Avignon en 1444.* Paris, Alph. Picard, in-8° de 20 p. avec fac-simile.

1890 — Roger (J.). *Les médecins normands du XII° au XIX° siècle.* Biographie, Bibliographie. Paris, G. Steinheil, in-8° (1).

1890 — Urseau (l'abbé Ch.). *L'instruction primaire avant 1789 dans les paroisses du diocèse actuel d'Angos.* Paris, Alph. Picard, in-12 de III-344 p. (2).

1890 — Vimont (E.). *Les écoles et les collèges dans le pays d'Argentan depuis le moyen-âge jusqu'à nos jours.* In-8° de 110 p. (*Bulletin de la Société scientifique Flammarion*).

1890 — Vimont (E.). *Histoire du collège de Rabodanges (1698-1804).* Argentan, imp. du *Journal de l'Orne*, in-8° de 62 p.

1891 — Allain (l'abbé E.). *L'enquête scolaire de 1791-1792.* (Ext. de la *Revue des questions historiques.*) In-8° de 63 p.

1891 — Allain (l'abbé E.). *L'œuvre scolaire de la Révolution (1789-1802).* Paris, Didot, in-8° de 436 p.

1891 — Audiat (L.). *Note sur l'instruction primaire en Saintonge-Aunis avant 1789.* Paris, Alph. Picard, in-8° de 38 p. (3).

1891 — Babeau (Albert). *L'intervention de l'État et l'instruction primaire en Provence sous la Régence.* In-8° de 12 p. (Extrait de la *Revue historique,* juillet, août).

1891 — Barckhausen (H.). *Une réforme de collège sous Louis XV* (*Revue internationale de l'enseignement,* mars), in-8° de 5 p. (4).

1891 — Barckhausen (H.). *Statistique des étudiants de l'ancienne Université de Bordeaux* (*Bull. de la Société des Amis de l'Université de Bordeaux,* n° 1, p. 21-23).

1891 — Berthelé (J.). *L'imprimerie des Oratoriens de Niort* (*Revue Poitevine et Saintongeaise,* février).

1891 — Bouquet (abbé H.-L.). *L'ancien Collège d'Harcourt et le Lycée Saint-Louis.* Notes et documents pour la plupart inédits, avec un dessin de G. Rochegrosse et plus de soixante-dix vignettes, sceaux, etc. Paris, Delalain frères, in-8° de XV-734 p.

1891 — Bréal (Michel). *La tradition du latin en France* (*Revue des Deux-Mondes,* 1er juin), in-8° de 20 p.

1891 — Bréal (Michel). *De l'enseignement des langues anciennes,* conférences faites aux étudiants en lettres de la Sorbonne. Paris, Hachette, in-12 de 174 p.

1890-1891 — Brun-Durand (J.). *Les amis de Jean Dragon, professeur à l'Académie protestante de Dié.* (*Bull. de la Société archéol. de la Drôme*).

(1) Cette série de biographies et de bibliographies médicales est spécialement consacrée au département de la Seine-Inférieure.

(2) Nombreux détails sur les écoles latines.

(3) C'est la critique d'un concours ouvert sur ce sujet entre les instituteurs du département.

(4) Il s'agit du collège de la Magdeloine, à Bordeaux, en 1764.

1891 — Buisson (F.). *Sébastien Castellion, sa vie et son œuvre (1515-1563)* (Thèse-Paris). Paris, Hachette, in-8° de 778 p. (1).

1891. — Chatelain (E.) et Maire (Albert). *Essai d'une bibliographie de l'ancienne Université de Paris* (Collection de la Bibliothèque de l'Université, à la Sorbonne). Paris, E. Bouillon, in-8° de 144 p.

1891 — Chatelain (E.). *Les étudiants suisses à l'École des hautes-études (1865-1891)* avec un appendice sur les étudiants suisses de Paris aux xv° et xvi° siècles. Paris, E. Bouillon, in-8°.

1891 — Clair (le P. Ch.). *La vie de saint Ignace de Loyola*, d'après P. Ribadeneira, son premier historien. Paris, Plon et Nourrit, t. vol. in-8° de 479 p.

1891 — Clerval (l'abbé A.). *Hermann le Dalmate et les premières traductions latines des traités arabes d'astronomie au Moyen-Âge*. Paris, Alph. Picard, in-8° de 11 p.

1891 — Colas de la Noue (Ed.). *Un précurseur de l'enseignement. L'abbé de Pontmorant*. Angers, Germain et Grassin, in-8° de 23 p.

1891 — Delaborde (Comte Henri). *L'Académie des Beaux-Arts depuis la fondation de l'Institut de France*. Paris, Plon et Nourrit, in-8°.

1891. — Delalain (Paul). *Etude sur le libraire parisien, du xiii° au xv° siècle*. Paris, Delalain, in-8° de xliii-76 p.

1891 — Delaporte (P.-V.). *De historia Galliæ publica, privata, litteraria, regnante Ludovico XIV, latinis versibus a Jesuitis scripta* (Thèse-Paris). Parisiis, apud Retaux et filium, in-8° de 180 p.

1891 — Denifle (le P. H.) et Chatelain (E.). *Chartularium Universitatis parisiensis... T. II, ab anno mcclxxxvi ad annum mcccl.*. Parisiis, ex typis fratrum Delalain, in-fol. de xviii-808 p.

1891. — Didio (H.). *La querelle de Mabillon et de l'abbé de Rancé* (Revue des sciences ecclésiastiques, mars).

1891 — Douais (l'abbé C.). *Les établissements d'instruction publique dans le Midi avant la Révolution*. Toulouse, Privat, in-8° de 33 p.

1891 — Douais (l'abbé C.). *Les Universités françaises avant 1789* (Revue des Questions historiques, octobre).

1891 — Dupont (abbé H.). *Monographie du Collège de Saint-Calais. Le Mans, Leguicheux, in-8° de 64 p.

1891 — Fargues (Louis). *Requête d'un étudiant à Jeanne d'Albret en 1571* (Bull. de la Soc. de l'hist. du protestantisme français, mai-juin).

1891 — Fayel (C.). *La Faculté de Médecine de Caen, de 1436 à 1808*. Caen, Delesques, in-8° de 50 p.

1891 — Fayet (P.). *L'Œuvre scolaire de l'Eglise et de la Révolution en Berry*. Résumé de la Révolution de l'Enseignement écrit à la hâte pour le Comité de Défense de l'Indre, mars 1889. Châteauroux, A. Majesté, in-8° de 51 p.

1891 — Frijon (Paul de). *L'ancienne Université du Béarn* (Bull. de la Soc. de l'histoire du protestantisme français).

1891 — Fournier (Marc.). *Notes et documents sur les anciens professeurs de*

(1) Voir les chapitres II-V sur l'enseignement à Lyon, sur l'humanisme avant le Protestantisme, sur l'enseignement à Strasbourg et le collège de Genève. Cet ouvrage a paru, depuis, en deux volumes.

9

droit. II. Jacques Clate et l'Université de Nantes à la fin du
xvᵉ siècle (*Nouv. Revue hist. du droit français et étranger*, septembre et octobre).

1891 — FOURNIER (Marc.). *Statuts et privilèges des anciennes Universités
françaises depuis leur fondation jusqu'en 1789. T. II : Moyen
âge. Universités de Montpellier, Avignon, Cahors, Perpignan,
Orange, Grenoble, Studium de Reims, Lyon, Narbonne, Gray,
Alais, Pamiers, Gaillac, Albi, Nîmes. Paris, Larose et Forcel,
in-4ᵉ de 833 p.

1891 — FOURNIER (Marc.). *Les bibliothèques de l'Université et des Collèges
d'Avignon pour les étudiants en droit* (*Nouv. Revue hist. du
droit français et étranger*, février).

1891 — FOURNIER (Marc.). *Une association entre professeurs pour l'enseignement des Arts à Perpignan* (*Bibliothèque de l'Ecole des
Chartes*, mai-juin).

1891 — FRANKLIN (Alfred). *La Vie privée d'autrefois. Les Médicaments.*
Paris, Plon, Nourrit et Cie, 1 vol. in-12 de IV-270 p.

1891 — GAUDEAU (Bernard). *De Petri Johannis Perpiniani vita et operibus.
Accedunt nonulla opera Perpiniani nondim edita.* (Thèse-
Toulouse). Parisiis, Retanx-Bray, in-8ᵉ de 207 p. (1).

1887-1891 — GLASSON (Ernest). *Histoire du droit et des institutions de la
France.* T. I-IV. Paris, Larose et Forcel, in-8ᵉ (2).

1891 — GUERLIN DE GUER (E.). *L'enseignement public et la Révolution.*
Nancy et Paris, Berger-Levrault, in-8ᵉ de 46 p.

1891 — GUILLAUME (J.). *Procès-verbaux du Comité d'instruction publique de
la Convention nationale*, publiés et annotés. T. Iᵉʳ (15 octobre
1792-2 juillet 1793. Paris, Hachette, gr. in-8ᵉ de XII- 699 p.

1891 — JEAN (le P. Armand). *Les évêques et archevêques de France depuis
1682 jusqu'en 1801.* Paris, Alph. Picard ; Mamers, G. Fleury
et Dangin, in-8ᵉ de XXV-544 p. (3).

1891 — LAMBERT (Maurice). *L'enseignement du droit en Franche-Comté.*
In-8ᵉ (*Annales franc-comtoises*).

1891 — LAVEILLE (l'abbé A.). *L'Eglise institutrice de la France sous la dy-
nastie mérovingienne.* Coutances, Salettes, in-8ᵉ de 69 p.

1891 — LEFRANC (Abel). *Nouvelles recherches sur les origines du Collège de
France.* Collège des jeunes Grecs fondé à Milan par François Iᵉʳ
(1520-1522) (*Revue internationale de l'enseignement*, octobre).

1891 — LEFRANC (Abel). *Le Collège de France pendant la Révolution et le
premier Empire* (*Revue internationale de l'enseignement*, décembre).

1891 — LUCHAIRE (H.). *Les statuts et privilèges des Universités françaises*
(*Revue internationale de l'enseignement*).

1891 — MAGGIOLO (L.). *Les Ecoles en Lorraine* (Meurthe-et-Moselle, Meuse,

(1) Voir notamment les chapitres IV et V de la première partie sur les commencements des Collèges des Jésuites de Lyon et de Paris.
(2) Bibliographies détaillées.
(3) Les Évêques ayant, à cette époque, l'administration de l'enseignement, il
est bon de se renseigner sur la direction doctrinale de chacun d'eux.

Vosges) avant et après 1789 (3ᵉ partie, 1802-1890). Nancy, imp. Berger-Levrault, in-8° de 128 p.

1891 — MARTIN (l'abbé E.). *L'Université de Pont-à-Mousson* (1572-1768) (Thèse-Nancy). Paris, Champion, in-8° (1).

1891 — MEUNIER (P.). *L'École centrale de Nevers en 1795.* Nevers, imp. Vollière, in-8° de 14 p.

1891 — NARBONNE (L.). *L'Instruction publique à Narbonne avant 1789.* Narbonne, imp. Caillard, in-8° de 104 p.

1891 — OMONT (H.). *Supplique de l'Université au Pape pour la fondation d'un collège oriental à Paris.* In-8° de 3 p. (*Bull. de la Soc. de l'hist. de Paris et de l'Ile-de-France*).

1891 — OMONT (H.). *Documents sur la vente des manuscrits du Collège de Clermont à Paris* (1764) (*Bull. de la Soc. de l'hist. de Paris et de l'Ile-de-France*).

1891 — PAVIE (E.). *Marin Liberge.* (Extr. des *Mém. de la Soc. nat. d'agriculture, sciences et arts d'Angers*). Angers, imp. Lachèse et Dolbeau, in-8° de 76 p. (2).

1891 — PÉRIES (l'abbé G.). *L'ancien Collège du Mans à Paris* (*Revue historique et archéologique du Maine*, 4ᵉ livraison).

1891 — PFISTER (Ch.). *Discours sur l'Université de Nancy.* Nancy, Berger-Levrault, in-8°.

1891 — PICAVET (François). *Les Idéologues.* Essai sur l'histoire des idées et des théories scientifiques, philosophiques, religieuses en France en 1789. Paris, Félix Alcan, in-12.

1891 — PLION (A.). *L'Instruction publique à Compiègne avant la Révolution.* Histoire du Collège de Compiègne depuis son origine jusqu'en 1790. Compiègne, Dumont, in-8° de 366 p.

1891 — PUECH (Dᵣ Alb.). *L'Instruction à l'époque de la Renaissance* (*Revue du Midi*, février et mars).

1891 — REUSS (Rod.). *Histoire du gymnase protestant de Strasbourg pendant la Révolution* (1789-1804). Paris, Fischbacher, in-8°.

1891 — RISTELHUBER (P.). *Strasbourg et Bologne.* Recherches biographiques et littéraires sur les étudiants alsaciens immatriculés à l'Université de Bologne, de 1289 à 1562. Paris, Leroux, in-8° de IV-157 p.

1891 — ROUZAUD (H.). *La fête du sixième centenaire de l'Université de Montpellier.* Montpellier, Masson, in-4°.

1891 — SAMOUILLAN (l'abbé A.). *Études sur la chaire et la société française au XVᵉ siècle.* Olivier Maillard, sa prédication et son temps (Thèse-Toulouse). Toulouse et Paris, Privat et Alph. Picard, in-8° de 353 p. (3).

— SAMOUILLAN (l'abbé A.). *De petro Brunello Tolosano ejusque amicis* (1499-1546). Toulouse et Paris, Impr. Chauvin et Thorin, in-8° de 121 p.

(1) Bonnes bibliographies : travail fort utile.
(2) Célèbre professeur des Universités de Poitiers et d'Angers au XVIᵉ siècle. Le travail de M. Pavie contient beaucoup d'excellents renseignements.
(3) Cf. surtout le chapitre IV du livre III. Revue des principaux états : gens de justice, avocats et notaires, écoliers, régents, médecins, apothicaires, etc.

1890-1891 — SOMMERVOGEL (le P. C.). *Bibliothèque de la Compagnie de Jésus.* 1ᵉ partie : *Bibliographie,* par les PP. Augustin et Aloys de Backer; 2ᵉ partie : *Histoire,* par le P. Auguste Carayon. Nouvelle édition par Carlos Sommervogel, S. J., strasbourgeois, publiée par la Province de Belgique. *Bibliographie,* t. Iᵉʳ : *Abad-Boujart.* T. II : *Boulanger-Disederi.* Bruxelles, Oscar Schepens; Paris, Alph. Picard, gr. in-4°, XVII-1928 col. — XII-1964-XIV.

1891 — SOULLIER (le P.). *Le plain-chant, Charlemagne et les Ecoles françaises (Etudes religieuses, philosophiques, historiques et littéraires,* mai).

1891 — VALABRÈGUE (E.). *La vie universitaire à Montpellier au XVIᵉ siècle.* Montpellier, Ricard, in-8°.

1891 — VEUCLIN (E.). *Ce que doit être le livre d'or du collège de Bernay.* Documents inédits sur ce collège. Bernay, Veuclin, in-8° de 8 p.

1891 — WALLON (H.). *Notice sur M. Germain* (Dans les Comptes rendus de l'Académie des Inscriptions et Belles-Lettres) (1).

1891 — WEISS (N.). *Le Collège de Nevers et Mathurin Cordier (Revue pédagogique).*

1892 — ACKERMANN. *La notion de liberté chez Duns Scot et chez Descartes (Annales de philosophie chrétienne).*

1892 — ALLAIN (le chanoine E.). *L'Enquête scolaire de l'an IX.* Paris, Bureau de la Revue des Questions historiques, in-8° de 48 p.

1892 — BABEAU (Alb.). *Le testament d'un moraliste au XVIIᵉ siècle (Réforme sociale,* 1ᵉʳ octobre) (2).

1892 — BATCAVE (Louis). *L'Instruction publique à Orthez. Enseignement secondaire.* Pau, Veuve Léon Ribaut, in-8° de 17 p.

1892 — BÉCOURT. *Histoire de l'enseignement secondaire en Alsace et à Belfort depuis le XVIIᵉ siècle* (Discours). Belfort, Spitzmuller, in-8° (3).

1892 — BELIN (Ferd.). *Histoire de l'ancienne Université de Provence ou histoire de la « fameuse » Université d'Aix depuis sa fondation* (1400-1409) *jusqu'en* 1793. 1ᵉʳ fascicule. Aix, Garcin et Didier, in-8° de 220 p. (4).

1892 — BERTHAUD (l'abbé A.). *Gilbert de la Porée, évêque de Poitiers et sa philosophie* (1070-1154). (Thèse-Besançon). Poitiers, Oudin et Cie, in-8° (5).

1892 — BOURGAIN (l'abbé L.). *Les Congrégations religieuses et l'État au moyen âge (Revue des Facultés catholiques d'Angers,* février).

1892 — BOYS (Emile du). *Soutenance d'une thèse de philosophie au Collège de*

(1) Bibliographie complète des travaux de M. Germain qui, on l'a vu, se rapportent, en grand nombre, à l'histoire de l'Université de Montpellier.

(2) Le traité de pédagogie de Fortin de la Hoguette eut un grand succès au XVIIᵉ siècle; de 1668 à 1695, il eut douze ou treize éditions.

(3) Avait paru dans le *Bulletin de la Soc. Belfortaise d'émulation.*

(4) Extrait des *Mémoires de l'Académie d'Aix.*

(5) Voir surtout le chapitre Iᵉʳ : *Etudes de Gilbert de la Porée. Ses Maîtres,* et le chapitre II : *Le Professeur, la Philosophie scolastique. Le Professorat de Gilbert.*

*Limoges en 1789.*Limoges,Veuve H.Ducourtieux,gr.in-8° de 20 p.

1892 BRUN (Ant.). *Pédans et Escholiers d'autrefois ; maîtres et élèves d'aujourd'hui* (Rev.de l'Enseignement secondaire et supérieur, n° d'oct.).

1892 — BRUN-DURAND (J.). *Règlement de l'Académie protestante de Die*
(1604-1663). Paris, Leroux, in-8° de 20 p.

1892 — CARDON (Georges). *La Fondation de l'Université de Douai* (Thèse-
Paris). Paris, Félix Alcan, in-8° de III-543 p.

1892 — CARLEZ (C.). *Une réforme scolaire au XVIII° siècle.* (Ext. des *Mémoires de l'Acad. des sciences, arts et belles lettres de Caen,*
in-8° de 26 p.

1892 — CHANCEREL (D' R.). *Les Apothicaires et l'ancienne Faculté de Médecine de Paris* (1312-1780). Dijon, imp. Darantière, in-8° de 123 p.

1892 — CHATELAIN (E.). *Le « Livre » ou « Cartulaire de la nation d'Angleterre et d'Allemagne dans l'ancienne université de Paris* (Ext.
des *Mémoires de la société de l'histoire de Paris et de l'Ile de
France.* T. XVIII, 1891).

1892 — CHATELAIN (E.). *Observations critiques sur les statuts et priviléges
des universités françaises* publiées par M. Marc. Fournier.
(*Revue des bibliothèques*) (1).

1892 — CHÉROT (le P. H.). *La première Jeunesse de Louis XIV (1649-
1653), d'après la correspondance inédite du P. Ch. Paulin, son
premier confesseur.* Lille, Société de Saint-Augustin, Desclée
et de Brouwer, in-8°.

1892 — CLÉMENT-SIMON (G.). *Histoire du Collège de Tulle depuis son origine
jusqu'à la création du lycée* (1567-1887). Paris, Champion,
in-8° de 393,p. (2).

1892 — COLETTE et BOURDON (les abbés). *Histoire de la maîtrise de Rouen.*
1'° partie : *depuis les origines jusqu'à la Révolution,* par
M. l'abbé Colette (C.). II° partie : *depuis la Révolution jusqu'à
nos jours,* par l'abbé Bourdon (A.). Rouen, Cagniard, gr.
in-8° de XX-286 p.

1892 — COMPAYRÉ (Gabriel). *Les vieilles Universités.* Discours de rentrée
des Facultés de Poitiers (*l'Avenir de l'Orne*).

1892 — DAUCHEZ (D'). *Essai de sigillographie. Saint Luc, patron des
anciennes Facultés de Médecine.* Paris, Poussielgue, in-8° de 35 p.

1892 — DELAPORTE (le P. P.-V.). *Jean-Jacques Rousseau et l'Université*
(*Études religieuses, philosophiques, etc.,* n° de mai).

1892 — DENIFLE (le P. H.). *Les Universités françaises au moyen âge.* Avis
à M. Marcel Fournier. Paris, Bouillon, in-8° de 99 p.

1892 — DENIFLE (le P. H.). *Les délégués des Universités françaises au concile
de Constance.* Nouvelle rectification aux ouvrages de M. Marcel
Fournier. (*Revue des Bibliothèques.*)

1892 — DENIS (l'abbé P.). *Notes sur l'enseignement public dans l'ancien diocèse du Mans* (*Revue historique et archéologique du Maine*).

---

(1) Ce travail réuni à celui du P. Denifle sur *les délégués des Universités françaises au concile de Constance* forme une brochure de 31 p.
(2) Extr. du *Bulletin de la Soc. des Lettres, etc., de la Corrèze.*

1892 — Deschamps (E.). *Le latin moderne, étude d'histoire littéraire* (*Mém.de l'Acad. des sciences, inscriptions et belles-lettres de Toulouse*).

1892 — Dreyfus-Brisac (Edm.). *Petits problèmes de bibliographie péda gogique*. Paris, Armand Colin et Cie, in-8° de 40 p. (Extr. de la *Revue internationale de l'Enseignement*, 15 oct.) (1).

1892 — Dumesnil (G.). *La Pédagogie révolutionnaire* (1780-1800). Nouvelle édition. Paris, Delagrave, in-12.

1892 — Faidherbe (A.-J.). *Les Médecins et Chirurgiens de Flandre avant 1789.* Lillle, imp. Danel, in-4° de 437 p.

1892 — Favier (Jules). *Harangue des Etudiants de Pont-à-Mousson au duc de Lorraine Henri II, 1614.* Nancy, Sidot, in-8° de 80 p. (Extr. des *Mém. de la Soc. d'archéologie lorraine*).

1892 — Féret (l'abbé P.). *Les origines de l'Université de Paris et son organisation aux* xii° *et* xiii° *siècles* (*Revue des Questions historiques*, 1ᵉʳ oct.), in-8° de 53 p.

1892 — Fitting (Hermann). *Le scuole di diritto in Francia durante l' XI secolo* (*Bolletino dell' Istituto di diritto romano*). (Les Écoles de droit en France pendant le xiᵉ siècle).

1892 — Fournier (Marcel). *L'organisation de l'enseignement du droit dans l'Université de Montpellier au moyen âge* (1200-1500) (*Revue internat. de l'Enseignement*).

1892 — Fournier (Marcel). *Histoire de la science du droit en France,* t. III. *Les Universités françaises et l'enseignement du droit en France au moyen âge*. Paris, Larose et Forcel, in-8° (2).

1892 — Fournier (Marcel). *Alciat à Avignon et le recrutement des professeurs de droit au* xviᵉ *siècle* (*Nouvelle Revue historique du droit français et étranger*).

1892 — Fournier (Marcel). *Les statuts et privilèges des anciennes Universités françaises depuis leur fondation jusqu'en 1789,* t. III. Aix, Nantes, Dôle, Besançon, Poligny, Caen, Poitiers, Bordeaux, Valence, Bourges, Studium de Besançon, supplément général. Paris, Larose et Forcel, in-4°.

1892 — Franklin (Alfred). *La vie privée d'autrefois. Les Médecins.* Paris. Plon et Nourrit, in-8° de xi-308 p.

1892 — Franklin (Alfred). *La vie privée d'autrefois. Les Écoles et les Collèges.* Paris, Plon et Nourrit, in-8° de xi-314 p.

1892 — Gilbert (E.). *La Pharmacie à travers les siècles* (antiquité, moyen âge, temps modernes). Toulouse, impr. Vialelle, in-8° de 450 p.

1892 — Grasset (le Prof. Joseph). *Conférence sur Théophraste Renaudot, docteur en 1606 de la Faculté de Montpellier; sa vie et ses œuvres.* Montpellier, imp. Ricard frères, in-8° de 38 p.

1892 — Gréard (O.). *Un souvenir des examens de l'ancienne Sorbonne; le*

_____

(1) Après avoir examiné rapidement si le *Rapport sur l'Instruction publique* présenté à l'Assemblée Nationale par Talleyrand, et le *Travail sur l'Éducation,* publié, sous le nom de Mirabeau, par Cabanis, sont bien de Talleyrand et de Mirabeau, l'auteur cherche à établir que le volume qui parut en 1763 sous ce titre : de l'*Éducation publique*, doit être attribué à Diderot.

(2) Les cinq autres volumes paraîtront ultérieurement. L'ouvrage aura six volumes.

cardinal de Retz et Bossuet (Séance de l'Institut du 25 octobre, dans les *Séances et travaux de l'Académie des sciences morales et politiques*).

1892 — GUIBERT (Louis). *Les manuscrits du Séminaire de Limoges*. Notice et catalogue. Limoges, Veuve Ducourtieux, in-8° de 107 p.

1892 — GUILLAUME (J.). *Le Collège du Mans en 1793*. Documents (*Revue pédagogique*), in-8° de 10 p.

1892 — HAMY (le P. Alfred). *Documents pour servir à l'histoire des domiciles de la Compagnie de Jésus dans le monde entier, de 1540 à 1773*. Paris, Alph. Picard, in-4° de 96 p.

1892 — JABLONSKY (L.). *L'Armée française à travers les âges*. Paris, Charles Lavauzelle, 3 vol. in-12 de 496-476-538 p.

1892 — JOURDY (G.). *Un médecin du vieux temps, Claude-Antoine Bougauld, d'après son livre de raison et ses papiers de famille* (1650-1724) (*Annales Franc-Comtoises*).

1892 — JOUVENCY (le P. J.). *Enseignement des Jésuites. L'élève de rhétorique* (Candidatus rhetoricæ) *au collège Louis-le-Grand de la Société de Jésus au XVIII° siècle*. Traduction par H. Ferté. Paris, Hachette, 1 vol. in-16.

1892 — JOUVENCY (le P. J.). *De la manière d'apprendre et d'enseigner* (De ratione discendi et docendi). Traduction par H. Ferté. Paris, Hachette, 1 vol. in-16.

1892 — JOVY (Paul). *Le Collège de Vitry-le-François et la poésie latine*. In-8° de 37 p. (1).

1892 — HUGUES (le P.). *Loyola and the educational system of the Jesuits*. New-York, Ch. Scribeer's son, in-12 de IX-302 p. (2).

1892 — LACROIX (A.). *Le collège de Chabeuil* (Bull. de la Société d'archéologie de la Drôme).

1892 — LAHARGOU (P.) *De schola Lerinensi ætate Merovingiaca* (Thèse-Bordeaux). Paris, Retaux et fils, in-8° de 118 p.

1892 — LEFRANC (Abel). *Histoire du Collège de France depuis ses origines jusqu'à la fin du premier Empire*. Paris, Hachette, gr. in-8°.

1892 — LIÈVRE (A.-F.). *Une fête scolaire en Agenais au V° siècle* (Bulletin de la Faculté des Lettres de Poitiers, juin).

1892 — LOISELEUR (J.). *Eugène Bimbenet* (Mém. de la Soc. d'Agriculture, Sciences, Belles-Lettres et Arts d'Orléans).

1892 — LYS (R. du). *Preuves de noblesse pour les Ecoles militaires* (Revue Hist. de l'Ouest, janv.).

1892 — MARDIÈRE (D° de la). *Note sur le Collège des Deux-Frères à Poitiers*. (Bulletin de la Société des Antiquaires de l'Ouest).

1891-1892 — MÉCHIN (l'abbé Ed.). *Annales du collège royal Bourbon d'Aix, depuis les premières démarches faites pour sa fondation jusqu'au 7 ventôse an III, époque de sa suppression*, t. II-III. Paris et Aix, Alph. Picard et A. Dragon, gr. in-8° de 534 p. et 503 p.

(1) Dans les *Etudes et Recherches* de M. Paul Jovy, publiées à Vitry-le-François, chez Pessey.

(2) C'est un résumé des trois volumes publiés par le P. Pachtler dans les *Monumenta Germaniæ pædagogica*.

1892 — MOULARD (P.). *Documents inédits sur le Collège de l'Oratoire du Mans (1784-1788) (Revue hist. et archéol. du Maine, t. XXXII, 3e livraison).*

1892 — NICAISE (E.). *La Pharmacie et la matière médicale au XIVe siècle (Revue scientifique, 30 avril).*

1892 — NICOLLET (F.-N.). *Notice historique sur l'École centrale de Gap (Bulletin de la Société d'Études des Hautes-Alpes).*

1892 — NICOLLET (F.-N.). *Biens et revenus du Collège d'Embrun avant la Révolution (Bulletin de la Société d'Études des Hautes-Alpes).*

1892 — NOLHAC (P. de). *Pétrarque et l'humanisme* (Thèse-Paris). Paris, E. Bouillon, in-8e de x-439 p.

1892 — PARMENTIER (J.). *Du plan d'éducation de Milton, imité de celui de Rabelais (Bull. de la Faculté des Lettres de Poitiers, sept.).*

1892 — PLION (A.). *Les discours de prix dans les collèges d'autrefois.* (Discours de distribution de prix). Compiègne, imp. Caillard, in-8e.

1892 — PORÉE (l'abbé Ad.-André). *L'abbaye du Bec et ses Écoles (1045-1790).* Evreux, imprim. de l'Eure, in-8e de viii-106 p.

1892 — RÉGNON (le P. Théod. de). *Études de Théologie positive sur la sainte Trinité*, t. II. *Théorie scolastique.* Paris, Victor Retaux et fils, in-8e (1).

1892 — REUSENS (le chanoine E.) *Documents relatifs à l'histoire de l'Université de Louvain (1425-1793).* T. III, Collèges et Pédagogies. Louvain, Ch. Peeters, in-8e de 614 p.

1892 — SICARD (l'abbé A.). *L'Église de France avant la Révolution; les Évêques.* Paris, Lecoffre, in-8e (2).

1892 — SOMMERVOGEL (le P. Carlos). *Bibliothèque de la Compagnie de Jésus.* 1re partie : *Bibliographie*, des PP. Aug. et Al. de Backer. Nouvelle édition par le P. Sommervogel, t. III. Desjacques-Gzowski. Bruxelles et Paris, Osc. Schepens et Alph. Picard, gr. in-4e de 1984 col.

1892 — TERRIEN (le P.). *Histoire du P. de Clorivière.* Paris, Poussielgue, in-16 de vii-614 p. (3).

1892 — TORREILLES (l'abbé Ph.) *L'Université de Perpignan avant et pendant la Révolution française.* Perpignan, Ch. Latrobe, in 8e de 114 p.

1892 — TRANCHAU (H.). *Souvenirs du collège d'Orléans, depuis l'expulsion des Jésuites (1762).* Orléans, Herluison, in-8e de 52 p.

1892 — TRANCHAU (H.). *Les derniers écoliers de l'Université de lois d'Orléans.* (Bull. de la Société archéol. et hist. de l'Orléanais).

1892 — *** UN COLLÈGE DE JÉSUITES EN 1713 (Rev. internat. de l'Enseignement, n° de mai).

(1) Voir notamment les chapitres : Du mouvement des études; de la Théologie avant les écoles de Charlemagne; de la Philosophie au XIIe siècle; Écoles épiscopales; Écoles de Saint-Victor; Roscelin; Abailard; Pierre Lombard, etc.

(2) Consulter le chapitre : *Les Évêques et l'Instruction publique à la fin de l'ancien régime*, et le chapitre : *Les Évêques et le Jansénisme.*

(3) Entré au noviciat de Paris en 1756, le P. de Clorivière subit toutes les péripéties de l'expulsion de France en 1762, puis celles de la suppression en 1773, et celles de la Révolution.

ADDENDA

1763 — Verdier (Jean). *Jurisprudence de la médecine en France*, ou traité historique et juridique des établissements..... concernant cette science. Alençon et Paris, Guillyn, 3 vol. in-4%.

1841 — Namèche (A.-J.). *Mémoire sur la vie et les écrits de J.-L. Vivès.* (Dans le *Recueil des Mémoires couronnés par l'Académie de Bruxelles.*) Bruxelles, Hayez, in-4°.

1845 — Hirtz (Mathieu). *Des principes généraux qui se sont perpétués à travers les révolutions des doctrines médicales* (Thèse). Strasbourg, G. Silbermann, in-4° de 80 pages.

1850 — Anglada (Dr Ch.). *Quels sont les avantages de l'histoire de la Médecine pour la Médecine elle-même?* (Thèse-concours). Montpellier, J. Martel aîné, in-4°.

1850 — Jaumes (Dr A.). *De l'influence des doctrines philosophiques de Descartes et de Bacon sur les progrès de la Médecine* (Thèse-concours). Montpellier, J. Martel aîné, in-4°.

1866 — Dehaisnes (l'abbé Ch.). *L'Université de Douai.* Lettres et Mémoires de Placide de Baillencourt, publiés avec d'autres documents. Douai, L. Crépin, in-8° de 63 pages.

1875 — Boutaric (E.). *Vincent de Beauvais et la connaissance de l'antiquité classique au XIIIe siècle.* (*Revue des questions historiques.*)

1875 — Verhaegen (G.). *Les Clercs de la Basoche* (Conférence). Bruxelles, E. Muquardt, in-8° de 44 pages.

1876 — Gonnet (l'abbé). *De sancti Cyrilli Hierosolymitani archiepiscopi catechesibus* (Thèse-Paris). Paris, Thorin, 1 vol. in-8° (1).

1877 — Bourquard (L.-C). *De A. M. Severino Boetio Christiano Viro philosopho ac Theologo.* Parisiis, apud P. Lethielleux ; Andegavi, Germain et Grassin, in-8°.

1877 — Mullinger (J. B.). *The schools of Charles the Great and the restauration of education in the ninth century.* London, Longman Green and Cº, in-8°. (*Les Écoles de Charlemagne et la restauration de l'Éducation au IXe siècle.*)

1879 — Chételat (Paul). *Quid de studiis meruerit Gallicanum oratorium.* Parisiis, Thorin, in-8°.

1879 — Gutersohn (Jul.). *Port-Royal. Eine Erziehungsschule aus dem XVII. Jahrhundert.* Schaffhausen, Meier, in-8° de 79 p. (Port-Royal, une cole au XVIIe siècle.)

1880 — Valois (Noël). *De arte scribendi epistolas apud Gallicos medii ævi scriptores rhetoresve.* Paris, Alph. Picard, in-8° de 95 pages.

1883 — La Sicotière (Léon de). *L'association des étudiants en droit de Rennes avant 1789.* (*Mélanges historiques et littéraires publiés par les bibliophiles bretons*, t. II), in-8° de 74 pages.

1886 — Tougard (l'abbé Albert). *L'hellénisme dans les écrivains du moyen âge.* Paris, Lecoffre, in-8°.

1888 — Robinet (l'abbé N.). *Pouillé du Diocèse de Verdun*, t. Ier. Verdun, Ch. Laurent, in-8°.

1890 — Desilve (Jul.). *De schola Elnonensi sancti Amandi a sæculo IX ad XII usque* (Thèse-Rennes). Lovanii, apud Carolum Peeters, in-4° de 206 pages.

1890 — Tardif (Ad.). *Histoire des sources du Droit français.* Paris, Alph. Picard, in-8°.

1891 — Trouillet (Aug). *Le lycée Saint-Louis.* Son histoire. Quelques remarques au point de vue de son hygiène scolaire (Thèse-médecine). Paris, H. Jouve, in-4° de 199 pages.

(1) Renseignements sur les Écoles de la primitive Église.

ERRATA

Page 12, ligne 10. Au lieu de *S. N.*, lisez *A. Chesneau.*
— 13, — 16. Au lieu de *Valadier*, lisez *Valladier (le P. A.).*
— 19, — 9. Au lieu de 1709-1736, lisez 1736.
— —, — 11. Ajouter, comme nom d'éditeur, *Vve d'Olivier Avril.*
— 20, — 26. Supprimer de *Livonnière. Dissertation, etc...*, comme étant compris dans le volume de 1736.
— 21, — 1. Au lieu de *Saugrin*, lisez *Saugrain.*
— 24, note 2. Au lieu de 1768-1769, lisez 1778-1779.
— 26, ligne 23. Au lieu de *apparitions*, lisez *appariteurs.*
— 29, — 29. Au lieu de *Bouillot*, lisez *Boulliot (J. B. J.).*
— 33, — 34. Au lieu de *Dupré-Lassalle*, lisez *Dupré-Lasale.*
— 35, — 23. Au lieu de *Pont-le-Voy*, lisez *Pont-Levoy.*
— 37, — 19. Au lieu de *Guynodie*, lisez *Guinodie.*
— 37, — 43. Au lieu de *T. Z.*, lisez *F. Z.*
— 40, — 24. Au lieu de *la liber*, lisez *le liber.*
— 44, — 40. *Dupré* doit être placé même page après *Digot.*
— 44, — 15. *Lourde-Rocheblave (J.)* doit être porté, en 1855, à la suite de *Lenient.*
— 47, — 18. Ajouter, comme nom d'éditeur, *Costenoble.*
— 52, — 40. *Papillon (L.). Collège de Vervins*, le supprimer; il est p. 79.
— 53, — 38. Reporter *Deschamps. Notes sur...* Niort à la p. 50 après de *Belbœuf*, année 1861.
— 55, — 42. Au lieu de *de Vauguyon*, lisez *de la Vauguyon.*
— 56, — 7. Au lieu de *Histoire de...*, lisez *Note sur...*
— 57, — 3. Au lieu de *Ghyss*, lisez *Gyss.*
— 57, — 42. Au lieu de *on the author*, lisez *by the author.*
— 62, — 9. Au lieu de *Chapelier*, lisez *Chapellier.*
— 63, — 3. Au lieu de *ordens*, lisez *Ordens.*
— 63, — 14. Au lieu de *Noirmoutier*, lisez *Marmoutier.*
— 63, — 15. Ajoutez le nom de l'éditeur *Guilland-Verger.*
— 66, — 22. Au lieu de *les Écoles à Belfort*, lisez *Les classes latines, etc..., au XVIIIᵉ siècle.*
— 69, — 23. *Port (Célestin)*, le supprimer; il est p. 78.
— 69, — 26. Au lieu de *Pravel*, lisez *Prével (L.).*
— 70, — 1. Au lieu de *Vianson*, lisez *Viansson (E.).*
— 70, — 27. *Bimbenet. Fuite de l'Université*, le supprimer; il est p. 77.
— 72, — 13. Au lieu de *Lurcin*, lisez *Surcin.*
— 72, — 19. Au lieu de 1875 *Carlez*, lisez 1876 *Carlez.*
— 72, — 26. *Chardon (abbé). État général...*, le supprimer; il est p. 87.

— 74, — 24. Au lieu de *under*, lisez *und des*.
— 75, · · 18. Au lieu de *Desjardins*, lisez *Desjardin*.
— 77, — 42. Au lieu de *Curie-Simbre*, lisez *Curie-Seimbres (A.)*.
— 80, — 26. Au lieu de *Choteau*, lisez *Chéreau (D' A.)*.
— 81, — 31. Au lieu de *Gullibert*, lisez *Guillibert*.
— 82, — 38. Au lieu de *and*, lisez *und*.
— 84, — 43. Au lieu de *Gontier de Biran*, lisez *Biran (Elie de)*.
— 87, — 15. Au lieu de *Dubois*, lisez *du Bois de la Villerabel (Art.)*
— 88, . — 8. *Lunet. Histoire du Collège...*, le *supprimer;* il est p. 92
— 89, en note. Au lieu de *73-74*, lisez *41-89*.
— 92, ligne 1. Au lieu de *Tarron (le Past.)*, lisez *Tarrou (le Past.)*.
— 92, — 11. *Bigot (L.).* Le *supprimer;* il est p. 108.
— 93, — 3, Supprimer le *Collège... (Levroux)*.
— 98, — 45. Au lieu de *Herlinson*, lisez *Herluison*.
— 99, — 38. Au lieu de *le P. H.*, lisez *le P. J. M.*
— 99, — 19. Au lieu de *Marbot (L.)*, lisez *Marbot (E.)*.
— 100, — 25. Au lieu de *Weyss*, lisez *Weiss*.
— 104, — 3. *Sée (J.).* Le *supprimer;* il est, p. 65, au mot *Mémoires des PP...*
— 105, — 7. Au lieu de *O. P.*, lisez *H. D.*
— 105, — 45. Au lieu de *Guillame (l'abbé G.)*, lisez *Guillaume (l'abbé P.)*.
— 106, — 35. Au lieu de *cleres*, lisez *clercs*.
— 110, — 16. Au lieu de *Pillot*, lisez *Pellot (P.)*.
— 113, — 36. Au lieu de *Dupuis*, lisez *Dupuy (A.)*.
— 117, — 12. Au lieu de *de droit*, lisez *des droits*.
— 117, — 40. Au lieu de *Douais (l'abbé E.)*, lisez *(l'abbé C.)*.
— 120, — 40. Au lieu de *Dié*, lisez *Die*.
— 127, — 27. Placer *Hugues (le P.)*, même page, *avant Jablonsky*.

TABLE

Abadie (B.), 100.
Abel (Ch.), 61.
Abram (le P. Nicolas), 61.
Academiarum quæ aliquando fuere, 12.
Achard (F.), 61.
Achard (Paul), 43, 60.
Ackermann, 124.
Adam (C.), 104.
Adry (le P. J.-F.), 29, 100.
Advielle (Vict.), 61.
Affre (H.), 40, 68.
Aguesseau (le chancelier H.-Fr. d'), 30.
Aigrefeuille (Ch. d'), 20.
Alde (Mathias), 32.
Allain (l'abbé Ernest), 82, 86, 94, 100, 120, 124.
Allaire (Et.), 107.
Altmeyer (J.-J.), 64.
Amoreux (P.-J.), 26.
Ampère (J.-J.), 31, 35.
Anciens Collèges d'Eure-et-Loir, 35.
Ancien officier (Un), 111.
André (l'abbé), 22.
André (H.), 65, 70.
Andrieu (J.), 94.
Anglada (Dʳ Ch.), 68, 129.
Angot (l'abbé A.), 116.
Annales d'un collège chrétien, 77.
Anne de France, 77.
Anspach, 30.
Antonini (P.), 79.
Arbaumont (J. d'), 62. Cf. Beaune.
Arbois de Jubainville (H. d'), 44, 47, 80.
Arnaud (C.), 104.
Arnaud (D.), 61, 64, 70.
Arnaud, 94.
Arnoux (Jules), 111.
Arnstedt (Th.), 38.

Arvert (d'), 111.
Astre (Fl.), 60.
Astruc (Jean), 24.
Aubergé (E.), 77.
Aubert (Félix), 116.
Aubert (F.-J.-P.), 28.
Aubertin (Ch.), 89.
Aucoc (L.), 112.
Aude (l'abbé André), 80.
Audemard (A.), 57.
Audiat (L.), 97, 120. Cf. Pellisson et Tilly.
Auger (l'abbé Ath.), 27.
Aurigny (Gilles d'), 11.
Auzias-Turenne (Ch.), 83.
Auzière, 33.
Azaïs (l'abbé P.), 56, 80, 100.

Babeau (Albert), 70, 74, 83, 86, 101, 112, 120, 124.
Backer (les PP. Aug. et Aloys de), 60.
Baduel (Claude), 11.
Baguenault de Puchesse, 112.
Baillet (Adrien), 19.
Bala, 72.
Baldit (l'abbé), 50.
Bannache (le P. Ch.), 89.
Baras (Marc-Antoine), 28.
Barckhausen (H.), 101, 108, 120.
Bardin (le général E.-A.), 41.
Bardinet (Léon), 83.
Bardon (Achille), 97, 112.
Baron (H.), 21.
Barruel (Et.), 29.
Barthélemy (E. de), 65, 101.
Barthélemy (L), 92, 112.
Barthéty (Hilarion), 64.
Baschet (Armand), 30.
Basset (C.-A.), 30.

Bataillard (Ch.), 58.
Batault (Henri), 64.
Batcave (L.), 94, 112, 124.
Batteux (l'abbé Ch.), 25.
Baudel (J.), 64, 65, 68, 72, 74, 80, 108. Cf. Malinowsky.
Baudoin (A.), 51, 72, 86.
Baudoin (l'abbé N.), 20.
Baunard (l'abbé Louis), 49.
Bayle (G.), 89.
Bayle (Pierre), 19.
Bazille, 41.
Bazin (A. de Raucou), 33.
Bazin (Hipp.), 101.
Beauchamp (Arthur de), 94, 108.
Beaume (Maxime de la), 60.
Beaume (René de), 13.
Beaune (H.), 55, 57, 60, 62, 83, 97. Cf. d'Arbeaumont.
Beaurepaire (Ch. de), 52, 64.
Beaussire (Emile), 59.
Beauvais (l'abbé de), 24.
Beauvillé (Victor de), 47
Bébin (J.), 57.
Bécourt, 124.
Bédu (l'abbé), 55.
Bégin (Emile), 39.
Belbœuf (Marquis Godard de), 50.
Belin (Ferd.), 108, 124.
Bellée (Armand), 70.
Bellet (P.), 112.
Bellot-Herment (F.-Al.-Th.), 52.
Belmont (A.), 89.
Benech, 38, 44.
Benet (Armand), 97, 101, 104, 108, 112.
Benezet (B.), 68.
Benoist (Ant.), 74.
Benoist (Charles), 37.
Benoit (Arthur), 57.
Bérengier (Dom Théophile), 104.
Berluc de Pérusis (A. de), 116.
Bernard (l'abbé E.), 92.
Bernier (l'abbé H.), 42.
Berriat Sain-Prix (Jacques), 30, 31, 33.
Berthaud (l'abbé A.), 124.
Berthault (E.-A.), 70.

Berthelé (J.), 120.
Berthelot (Marc.), 108, 117. Cf. Ruelle.
Berthre de Bournisseaux (P.-V.-J.), 31.
Berty (Ad.), 104. Cf. Tisserand.
Besancenet (de), 108.
Besnard (Fr.-Yves), 83.
Besson (L.), 37.
Bétant (A.), 56.
Bibliothèque de l'Ecole des Chartes, 34.
Biccii (Greg.), 16.
Bigot (A.), 59.
Bigot (L.), 108.
Bimbenet (Daniel), 83.
Bimbenet (E.), 40, 42, 44, 55, 74, 77, 101.
Biot (J.-B.), 29.
Biran (Elie de), 84.
Biré (Edmond), 112.
Bizos (Gaston), 101.
Blanc (l'abbé), 80.
Bodin (Dom R.), 97.
Bois de la Villerabel (Arthur du), 87.
Bois (L. du), 37.
Bois (M.), 94. Cf. Durier.
Boislille (Arth. de), 86.
Boissier (Gaston), 89, 92, 117.
Bombal, 80.
Bondurand (Ed.), 105.
Bonet-Maury (G.), 77, 97, 101, 112.
Bonhomme (l'abbé J.), 60.
Bonnabelle (C.), 112.
Bonnier (Edouard), 39.
Bordier (H.), 83.
Borrel (l'abbé), 108.
Bossuet (J.-B.), 31.
Bouchard (Ern.), 64, 98.
Bouchel (Laurent), 14.
Boucher de Molandon (R.), 65.
Bouchet (Ch.), 53, 86.
Bouchon-Brandely (G.), 66.
Bouchot (H.), 101.
Bouchut (Dr E.), 53.
Bougy (Alfred de), 38.
Bouhours (le P. Dominique), 18.
Boulainvilliers (Cte H. de), 20.

TABLE 135

Boulay (Egasse-César du), 16, 17.
Boulliot (l'abbé J.-B.-J.), 29.
Bouquet (l'abbé H.-L.), 120.
Bourbon (G.), 72, 75.
Bourquard (L. C.), 129.
Bourchenin (Daniel), 89.
Bourdais (Dʳ), 108.
Bourdon (l'abbé A.), 125. Cf. Co-
lette.
Bourgain (L.), 80, 117, 124.
Bourgeat (l'abbé J.-B.), 45.
Bourgon (J.), 34.
Bourgueille (Ch. de), 12.
Bourguignon (E.), 39.
Bourmont (Cte A. de), 92, 94.
Bourret (l'abbé Jos.-Christ.), 44.
Bousson de Mairet (Emm.), 43.
Boutaric (E.), 129.
Bouteillier (J.-A.), 55.
Boutillier (l'abbé F.), 108.
Boutiot (Théoph.), 55.
Boyer (A.), 63.
Beyer (L.), 64, 75, 92.
Boys (Emile du), 125.
Boysse (Emile), 62.
Bréal (Michel), 120.
Bréard (Ch.), 80.
Brécourt (le chevalier de), 21.
Bretagne, 75.
Brives-Cazes (E.), 48, 80.
Broglie (Albert de), 39.
Brossard (J.), 63, 64.
Brouchoud (C.), 50, 55. Cf. Ménière.
Broutin (A.), 59, 63.
Brun (Ant.), 125.
Brun-Durand (J.), 68, 120, 125.
Bruneau (A.), 18.
Brunel (L.), 94.
Brunet, 95.
Brunetière (F.), 108.
Brunsfels, 10.
Busche (Ph.), 22.
Budé (Eug. de), 95.
Budé (Guil.), 10, 11.
Budinsky (Dʳ Alex.), 72.
Buisson (F.), 124.
Bujeaud (V.), 49.
Bulengerus (Petrus), 12.

Bullet. de la Soc. de l'hist. du pro-
test., 43.
Bulteau (l'abbé M.-J.), 77.
Burigni (Jean Lévesque de), 22.
Burnier (L.), 53.
Bury (Richard de), 27.
Butel (Fern.), 117.
Buzy (J.-B.), 87.

Cabrol (Etienne), 49.
Cadet (Félix), 105.
Cagny (l'abbé Paul de), 60.
Cahaignes (Jacques de), 13.
Cahour (le P. Arsène), 36, 42.
Cailhat, 36.
Caillemer (Ex.), 55, 75, 80, 92.
Caillet (J.), 47.
Cajot (Dom Charles), 27.
Campion (A.), 70.
Camus (Armand-G.), 32. Cf. Dupin.
Canron (Aug.), 70.
Carayon (le P. A.), 52, 53, 57.
Cardevacque (A. de), 89.
Cardon (Georges), 125.
Carlez (C.), 125.
Carlez (J.), 72.
Carlier (l'abbé Cl.), 24.
Carné (Gaston de), 101.
Carré (l'abbé), 47.
Carré (Gustave), 108.
Carré (J.), 92, 105.
Caro (E.), 80.
Cartulaire de l'Univers. de Montpel-
lier, 117.
Castan (A.), 60.
Castelnau (J.), 35, 40.
Catalogue de la Bibl. des Jésuites,
24.
Catherinot (Nicolas), 17.
Cauly (l'abbé E.), 98.
Cauvet (Jules), 47, 66, 72.
Cauvin (Thomas), 31.
Cavrois (Louis), 57.
Cazals (Ant.-L.), 92.
Ceillier (Dom Remy), 51.
Cerutti (J.-Ant.-Joach.), 22.
Chabaneau, 105. Cf. Germain.

Chabrand (le Dr A.), 89.

Challe (A.), 37.

Chamoux (l'abbé), 53.

Champeval (J.-B.), 112.

Champion, 95.

Chancerel (Dr R.), 125.

Chantelauze (R. de), 48.

Chanteloup (de), 48.

Chapellier, 62.

Chapotin (le P. H.-D.), 62, 105.

Chardon (J.), 87.

Charles (L.), 66.

Charles (l'abbé R.), 72, 77.

Charma (A.), 47, 56, 57. Cf. Mancel.

Charmase (A. de), 77, 95.

Charpentier (J.-P.), 36.

Charpignon (Aug.), 62.

Charvet (E.), 77.

Charvet (Léon), 77.

Chatel (A.), 112.

Chatel (E.), 59, 89, 92.

Chatelain (Emile), 108, 112, 121, 125. Cf. Denifle et Maire.

Chatellain (abbé J.-C.-V.), 95.

Chatellier (P. du), 108.

Chauvelin (H.-P.), 22.

Chauvet (Emmanuel), 45.

Chauvin (A.), 113.

Chauvin (Victor), 56.

Chavannes (Alex.-César), 101.

Chavernac (Dr Félix), 80, 113.

Chêne (Arthur du), 83.

Chenevet, 26.

Chénier (M.-J.), 29.

Chénon (E.), 117.

Chételat (Paul), 129.

Christian Schools, 57.

Chenu (l'abbé), 70.

Chéreau (Dr A.), 52, 53, 56, 77, 80.

Chérot (le P. H.), 123.

Chéruel (Ad.), 30, 56.

Chevalier (U.), 75, 108.

Chipon (Maurice.), 98.

Chomel (J.-B.), 22.

Chorier (Nicolas), 17.

Choron (Et.), 55.

Chuquet, 35.

Clair (le P. Ch.), 72, 121.

Classen (G.), 48.

Clément-Simon (G.), 125.

Clère (Jules), 42, 47.

Clerval (l'abbé A.), 113, 121.

Clos (J.-A.), 31.

Clos (Léon), 83.

Closmadeuc (Dr G. de.), 51, 60.

Cloyseault (le P. Ch.-Ed.), 80.

Coët (Em.), 83.

Colas de la Noue (Ed.), 121.

Colette (l'abbé C.), 125. Cf. Bourdon.

Collection des procès-verbaux des assemblées du clergé..., 26.

Collignon (A.), 95.

Collombet (F.-Z.), 37.

Colomb (le P. Fort.), 14.

Colonia (le R. P. dom. de), 14.

Combalusier (François de Paule), 21, 23.

Combes (Anacharsis), 38.

Combet, 58.

Combier (Amédée), 93.

Compayré (G.), 80, 92, 125.

Condillac (Et. de), 23.

Condorcet (J.-A. de), 92.

Conil (F.), 92.

Conringius (Herm.), 13.

Considérations sur les changements de l'instruction depuis 1789, 31.

Cop (Nicolas), 10.

Cordara (le P. Jules), 21, 40, 48.

Cordouan (F.), 53.

Corlieu (le Dr A.), 66, 75, 80, 83, 101, 117.

Corneille St-Marc, 52.

Coste (Pierre), 18.

Coste (U.), 83.

Couard-Luys (E.), 101, 103.

Coudirolle (Joseph), 98.

Cougny (E.), 58.

Couppey (A.), 35.

Courajod (L.), 68.

Cournot (Ant.-Aug.), 53.

Cournut (G.), 101.

Courtépée (Cl.), 39.

Courtet (J.), 80.

Cousin (V.), 32.

Coussemaker (Ign. de), 77.

TABLE 137

Couture (E.), 58, 80.
Coyecque (Ernest), 108.
Coyer (l'abbé G.-F.), 25.
Coyssard (le P. Michel), 12.
Cramail (A.), 75.
Crétineau-Joly (J.), 38, 39.
Crevier (J.-B. Louis), 22.
Croisollet (Fr.), 60.
Croiset (M.), 117.
Croix-du-Maine (Fr. de la), 12.
Crozat (l'abbé J.), 92.
Cucherat (l'abbé Fr.), 41.
Cuissard (E.), 83.
Cuissard-Gaucheron (Charles), 70, 92.
Cyrie-Seimbres (A.), 77.

D.., M. apost..., 36.
Daire (R.-P. Louis F.), 24.
Dagoumer (Guill.), 19.
Damseaux (Eug.), 109.
Dancoisne (l'abbé L.), 80, 83.
Danglard (J.), 53.
Daniel (J.-L.), 39.
Daniel (le P. Ch.), 42, 80, 81, 83.
Daniel (l'abbé), 102.
Danzas (le P. Antoine), 98.
Daremberg (Ch.), 41, 53.
Dario (Émile), 68.
Darsy (F.), 89.
Dassier (Dr), 45.
Dauchez (Dr), 125.
Daumesnil (J.), 81.
Daunou (P.-Cl.-F), 27, 28.
Daussy (H.), 113.
David, 28. Cf. Mathieu.
Dazès, 24.
Découverte bibliographique (Etudiants en droit de Rennes avant 1789), 85.
Deloris (Dom J.-P.), 24.
Dehaisnes (l'abbé Ch.), 55, 89, 129.
Dejob (Ch.), 87, 95.
Delaborde (Cte Henri), 121.
Delachenal (R.), 98, 113.
Delalain (Paul), 117, 121.
Delambre (J.-B.), 29, 30.

Delaporte (P.-V.), 121, 125
Delaruelle (E.), 58.
Delayant (Léopold), 59.
Deleuze (J. F.), 31.
Delfour (J.), 117.
Delhaye (L.), 60.
Delisle (L.), 41, 45, 60, 98, 117.
Dellard (A.-J.), 29.
Deloume (Ant.), 117.
Demante (Gab.), 53.
Demimuid (l'abbé Maurice), 66.
Demogeot (J.), 33.
Denais (J.), 66, 68, 72.
Denifle (le P. H.), 95, 98, 113, 121, 125. Cf. Chatelain.
Denis (A.), 89.
Denis (l'abbé P.), 126.
Depping (G.-B.), 39.
Deramecourt (l'abbé Aug.), 95.
Deribier du Châtelet (Ch.), 48.
Derode (V.), 52.
Desbarreaux-Bernard (le Dr T.), 55.
Deschamps (E.), 53, 105, 126.
Deschamps de Pas (L.), 89.
Description du Bas-Rhin, 60.
Desessarts (Vic.-T.), 29.
Desgarets (chanoine Nicolas), 42.
Desjardin (F.), 75.
Desilve (Jul.), 129.
Desmazes (Ch.), 53, 72.
Desplagnes (Albert), 95.
Despois (Eug.), 59.
Desponts (Dr), 105.
Destombes (l'abbé), 42.
Devals (J.-U.), 66.
Dezeimeris (G.), 33.
Dezeimeris (Reinhold), 54.
Didier (Ch.), 70.
Didier-Laurent (le P.), 89.
Didio (H.), 121.
Dietrich (J.), 66.
Difficultés présentées à M. de la Chalotais, 23.
Digard (Georges), 117.
Dignat (le Dr Paul), 109.
Dion (A. de), 84.
Dissard (Paul), 81.
Dittes (Fréd.), 84.

10

Divers : sur l'influence des Univer-
  sités pendant les xvᵉ, xvıᵉ, xvııᵉ
  siècles, 36.
Documents sur Levroux, 36.
Documents sur le collège de Châ-
  tillon, 109.
Documents sur l'École des Langues
  orientales, 84.
Doinel (Jules), 87, 89, 102.
Dolet (Étienne), 11.
Donat, 117.
Donaud-Duplan, 87.
Dorlan (A.), 45.
Dorner (J.-A.), 62.
Douais (l'abbé C.), 89, 91, 98, 117,
  121.
Douarche (A.), 84, 109.
Donjat (Jean), 17.
Drapeyron (L.), 100.
Drevon (J.-M.), 113.
Dreyfus-Brisac (Ed.), 126.
Dreyss (Ch.-I.), 43, 48.
Dubarle (Eug.), 32.
Dubois (E.), 64.
Dubord (l'abbé R.) 66, 77.
Dubouchet (A.), 93, 113.
Dubourg (A.), 113.
Duboys (Melchior), 98.
Dubreton (A.), 14.
Dubreuil (Jacques), 16.
Duchasseint, 58.
Ducis (Chan.), 87.
Ducoudray (Gust.), 109.
Duflos (D.), 87.
Dufor (Yves-D.), 94.
Duguet (J.-J.), 20.
Duilhé de St-Projet (l'abbé L.), 50.
Dujarric-Descombes (A.), 87.
Dumay (G.), 59, 78, 103.
Duméril (A.), 84.
Duméril (Henri), 96.
Dumesnil (G.), 126.
Duminy (E.), 92.
Dumont (Dʳ Joseph), 51, 54.
Dunand, 38.
Dupain-Triel (J.-Louis), 27.
Dupin (André), 33. Cf. Camus.
Dupin (Charles), 33.

Dupin (Ellies), 19.
Duplessis d'Argentré (Ch.), 19.
Dupont (l'abbé H.), 121.
Dupouy (Dʳ Ed.), 109.
Dupré (Al.), 35, 41, 58, 59, 63.
Dupré-Lasale (A.), 33.
Dupuy (A.), 81, 113.
Dupuy (Ant.), 81.
Durand (Henri), 45.
Durand de Laur (H.), 64.
Durand de Maillane (P.-Toussaint)
  25.
Durier (C.), 94. Cf. Bois.
Durieux (A.), 89.
Duruy (Albert), 90.
Duruy (Victor), 33. Cf. Laugier.
Dutilleul (E.), 38.
Dutilleul (H.-R.-J.), 14.
Duval (Guill.), 13.
Duval (L.), 81, 93, 117.
Duvergier (J.-J.), 33.
Duvernet (l'abbé Théoph.), 27.
Duvoisin (l'abbé C.), 52.

Eckstein, 90.
Ecoiffier (F.), 75.
Écoles de Castres au xvıᵉ siècle, 66.
Écoles de la Gaule romaine (les), 60.
Édits concernant la religion pré-
  tendue réformée, 98.
Egger (Émile), 32, 60.
Emery (Michel), 113.
Emond (G.), 37.
Engel (Carl), 102.
Erasme (Désiré), 10, 11.
Erectio et fundatio generalis studii.
  Pontimussi, 12.
Escobar (Don Alonso), 13.
Espinasse de Langeac (de l'), 30.
Espinois (Eugène de l'), 47.
Espinois (Henri de l'), 47.
Estiguard (A.), 58.
Établissement d'une académie et
  collège à Richelieu, 13.
État de l'Université de Douai, 105.
Eyrard, 26.
Eyselte (Alex.), 113.

TABLE 139

Fabry (J.-B.-G.), 31.
Fage (René), 100.
Faidherbe (A.-J.), 126.
Faillon (Et.-Michel), 66.
Fare (de la), 24.
Fargues (Louis), 121.
Fauché-Prunelle (A.), 50.
Faucher, 87.
Faucillon (J.-M.), 42, 47, 48, 49, 51.
Fauconneau-Dufresne (D'), 93.
Faure, 75.
Faure (H.), 62.
Favier (Jules), 78, 84, 87, 109, 126.
Favre (Mme Jules), 105.
Faye (H.), 98.
Fayel (C.), 121.
Fayet (P.), 47, 66, 68, 81, 84, 102, 121.
Félibien (Michel), 19. Cf. Lobineau.
Félice (Paul de), 84, 90, 113, 121.
Félix (J.), 93.
Félix et Thomas Platter, 105.
Féret (l'abbé P.), 93, 126.
Ferté (H.), 59.
Feugère (G.), 68.
Feugère (L.), 39.
Feugère (Prosper), 48.
Feuvrier (Julien), 105, 114.
Fierville (Ch.), 54, 59, 102.
Filleau (J.), 15.
Finot (Ed.), 114.
Fischer de Chevriers (Ch.), 93.
Fitting (Hermann), 126.
Flach (J.), 93, 117.
Fleury (l'abbé Claude), 18, 31.
Fleury (G.), 93.
Floquet (Pierre-Amable), 54.
Foix (le P. Ant. de), 18.
Fondation de la Maison de l'Oratoire à Effiat, 95.
Fons (Vict.), 51.
Fontenay (de), 24.
Fontenay (l'abbé Ch. de), 22.
Fontenay (H. de), 61.
Foppens (J.), 20.
Forest (J.-M.-H.), 98.
Forneron, 35.
Foucault (de), 30.

Fouché de Nantes (Joseph), 28.
Foulques de Villaret (Mlle A. de), 72.
Fourcy (Louis Lefébure de), 31.
Fournier (D' A.), 87.
Fournier (Marcel), 105, 109, 114, 118, 121, 122, 126.
Fournier (P.), 81.
François-Franquet, 72.
François (L.), 114.
Francklin (A.), 51, 52, 54, 55, 62, 71, 122, 126.
Fréron (Elie-Cath.), 22.
Fret (l'abbé L.-J.), 35.
Fringnet, 98.
Fritz (Th.), 35.
Frizon (l'abbé N.), 109.
Frœhly (l'abbé L.), 81.
Frœmmichen (Carl-Heinrich), 19.
Froment (Théod.), 68.
Frossart (le past.), 90.

Gadolle (Pierre), 28.
Gaillard (E.), 87.
Galabert (l'abbé), 90.
Gallandi (Petri), 11.
Gallois (L.), 118.
Gally (l'abbé), 42.
Garasse (le P. Fr.), 54.
Gardère (J.), 114.
Garet (Emile), 84.
Garnier (l'abbé J.-J.), 21.
Gasc (P.), 36.
Gatien-Arnoult (A.-F.), 55, 56, 75, 78, 81.
Gauban (Oct.), 66.
Gaubin (l'abbé), 66.
Gaudeau (Bernard), 122.
Gaudry (J.-Ant.-Joseph), 54.
Gaufrès (M.-J.), 59, 73, 84.
Gaujal (le baron M.-A. de), 45.
Gaume (l'abbé J.-Jos.), 41.
Gaullieur (E.), 68.
Gautier du Mottay (J.), 63.
Gautier (A.), 63, 73.
Gauthier (Fr.), 45.
Gazier (A.), 84.
Geffroy (A.), 47.

Genay (Louis), 73, 84.
Genty (l'abbé), 93.
Genty (Lucien), 109.
Gerdil (G.), 23, 25.
Gérin (Ch.), 62, 71.
Germain (A.), 41, 45, 49, 63, 64, 71, 73, 75, 81, 84, 87, 90, 93, 98, 102, 105. Cf. Chabaneau.
Germain-Sarrut, 33. Cf. St-Edme.
Germer-Durand, 35.
Gerson (J.), 31.
Gevry (Ant.), 75.
Gilbert (E.), 126.
Gill (John), 73.
Gillant (l'abbé), 109.
Gillard (l'abbé J.), 118.
Gillet (Mathurin), 93.
Gilly (l'abbé), 78.
Gimon (L), 90.
Girard-Corlieu, 11.
Girard (P.), 114.
Giraud (Ch.), 32.
Giraudet (L.), 66.
Glasson (Ernest), 122.
Godard (Ch.), 105, 114.
Godron (Alex.), 64.
Goguel (G.), 49.
Goiffon (l'abbé Étienne), 73.
Gomart (Ch.), 61.
Gomez (Christ.), 17.
Gonnet (l'abbé), 129.
Gontard de Launay, 102.
Gonthier (l'abbé J.-F.), 105.
Gosse (l'abbé), 27.
Goudé (l'abbé Ch.), 62.
Goujet (l'abbé Cl.-P.), 20, 22.
Goujon (A.), 71.
Goulet (Robert), 10.
Goulin (Jean), 25.
Gourraigne (G.), 85.
Goux (l'abbé Paul), 46.
Grafs, 42.
Crangier (Jean), 14.
Grasset (le prof. Jos.), 127.
Grateau (Ed.), 55.
Graves, 33.
Gréard (Oct.), 105, 127.
Grégoire (C.), 90.

Grégoire (H.), 73.
Grellois (G.), 78.
Griffet (le R. P. H.), 23.
Grignard (l'abbé), 95.
Grillet (Jean-Louis), 29.
Grimaux (Ed.), 109.
Grimot, 98.
Grouchy (E. de), 78. Cf. Travers.
Guardia (J.-M.), 45, 55, 61, 85, 95.
Guays-Destouches, 64.
Guelliot (O.), 114.
Guerlin de Guer (E.), 122.
Guibal (G.), 52.
Guibé, 93.
Guibert (L.), 102, 110, 127.
Guigue (G.), 66.
Guigonet (T.), 81.
Guillaume (l'abbé), 61.
Guillaume (J.), 114, 122, 127.
Guillaume (l'abbé P.), 105.
Guillaume de Toul (l'abbé), 102.
Guillemin (J.-J.), 39.
Guillibert (le chanoine), 81.
Guillon (S.), 87.
Guillotin de Corson (l'abbé A.), 95.
Guimps (Baron Roger de), 68.
Guinodie (Raymond), 37.
Guirand (Mlle), 118.
Guizot (Fr.), 30.
Gutersohn (Jul.), 129.
Guy-Allard (Louis-Bernard), 54.
Guyon (Symphorien), 15.
Guyot, 106, 110.
Guyton de Morveau (Louis-Bernard), 24.
Gyss (G.), 57.

Haag (E. et Em.), 48.
Hagelgans (J.-G.), 14.
Hahn (Ludwig), 39.
Halmagrand (Ch.-Nic), 37.
Hamel (Ch.), 110.
Hamelin (l'abbé F.), 66.
Hamy (le P. Alfred), 127.
Haristoy (l'abbé Pierre), 93.
Hauréau (Barthél.), 40.
Haussonville (Cte Othenin d'), 48.

TABLE 141

Hautecloque (Cte G. de), 93, 110.
Havard (O.), 102.
Havet (Julien), 93.
Hazon (J.-A.), 25, 26.
Heegard (Dr S.), 93.
Hegendorphinus (Christ.), 10.
Hélyot (le R. P. Pierre), 38.
Hémeré (Claude), 14.
Hennet (L.), 102.
Henricy (Ant.), 31.
Henrion (M. R.-Aug.), 32.
Hérelle (G.), 75, 87.
Hérisson (F.), 102.
Herluison, 98. Cf. Jarry.
Hermant (Godefroy), 15.
Hippeau (Célestin), 87, 93.
Hirtz (M.), 129.
Histoire du collège anglais de Douai, 23.
Histoire littéraire de la France, 20, 110.
Hiver, 59.
Hodgson, 87. Cf. Poyniet.
Hoeffel (J.), 65.
Houssaye (l'abbé M.), 65.
Huber (Dr J.), 71.
Hubert-Valleroux (le Dr), 48.
Huebner (J.-Al. de), 62.
Huet (P. D.), Évêque d'Avranches, 19.
Hugo (Hermann), 44.
Hugonin (l'abbé Flavien), 44.
Huguenin (A.), 45.
Hugues (Edmond), 54, 65.
Hugues (le P.), 127.
Hyver (l'abbé G.), 67, 69, 73, 78.

Imago primi saeculi Societatis Jesu, 43.
Imbert (H.), 63.
Ingold (A.-M.-P.), 85, 90, 93, 96.
Inventaire sommaire des fonds des Archives nationales, 63.
Issaurat (C.), 102.
Iung (Eug.), 65.

Jablonsky (L.), 127.

Jacquet (A.), 102.
Jadart (H.), 78, 85, 110, 114. Cf. Pellot.
Jaillot (J.-B.), 25.
Jalabert (Ph.), 67.
Jaloustre (Elie), 90.
Janike (F.), 114. Cf. Schurig.
Jarry de Mancy (Adrien), 31.
Jarry (L.), 98. Cf. Herluison.
Jaubert (Dom), 110.
Jaumes (Dr A.), 47, 129.
Jean (le P. Armand), 122.
Jeudy (R.), 69.
Jodocus Sincerus, 16, 49.
Jolibois (E.), 85.
Joly (A.), 47.
Joly (Claude), 16, 17.
Jordan (J.J.-B.), 31.
Joubert (André), 99.
Jourdain (A.), 36.
Jourdain (Ch.), 34, 48, 50, 51, 52, 61, 62, 63, 69, 71, 73, 78, 90, 93, 110.
Jourdan, 59.
Jourdan (Eug.), 106.
Jourdy (G.), 127.
Jousse (Daniel), 25.
Jousset, 67.
Jouvancy (le P. J.), 18, 19, 42, 127.
Jovy (Paul), 127.
Jullien (E.), 99.
Julliot (Gust.), 76.
Juste (Théod.), 36.

Kapp, 32.
Kauffmann (Georges), 110.
Keuffel (G.), 20.
Kilian (Et.)., 3?.
Kleutgen (le P. Joseph, S. J.), 114.
Koerner (Frédéric), 47.
Kohler (H.), 102.
Krug-Basse (J.), 76.
Kuhnoltz (B.-Achille), 35.
Kurth (G.), 78.

Laas (Ernst), 65.
Labbe (le P. Philippe), 15.

Labbey de Billy (Nic.-Ant.), 30.
Lablée (Jacques), 31.
La Bonnardière (Dr), 69, 81.
Laboulbène (A.) 78.
Labroue, 106.
La Chalotais (Louis-René Caradeuc de), 23.
La Chapelle (l'abbé de), 23.
Lacointa (J.), 85.
Lacombe (Paul). 96.
Lacome (Dr), 102.
Lacoste (F.), 118.
Lacretelle (P.L.), 27.
Lacroix (A.), 81, 90, 127.
Lacroix (C.), 110.
Lacroix (L.), 42.
Lacroix (l'abbé L.), 118.
Lacroix (Paul), 76, 78, 90, 106.
Lacroix (Silv.-Fr.), 32.
Laënnec (Ch.), 42.
Laferrière (Louis-V.-J.), 42.
Lafite, 39.
La Fondation du collège Mazarin, 16.
Laforest (P.), 51.
Laforêt (N.-J.), 41.
Lahargou (P.), 127.
Lahondès (J. de), 90.
Laisné (A.), 46.
Lakanal (Joseph), 34.
Lalanne (l'abbé C.), 49.
Lalanne (l'abbé J.-Phil.-Aug.), 41.
Lallemand (Alf.), 46.
Lallemand (le P. P.), 110.
La Luzerne (Mgr C. de), 44.
Lamare (Jules), 57, 96.
Lambelinot (Dom), 27.
Lambert (Maurice), 122.
Lambin (Denis), 12.
La Mothe (l'abbé de), 24.
La Mothe le Vayer (Fr. de), 15.
Lamothe (Léonce de), 44.
Landriot (l'abbé J.-F.-A.), 41, 46, 62.
Langeron (O.), 96.
Lantenay (Ant. de), 78, 99.
Lanthénas (Fr.), 28.
Lantoine (H.), 69.
Laplagne-Barris (P.), 93.
Larrieu (Félix), 114.

La Rue (l'abbé Gervais de), 30.
Lascombe (Adrien), 99.
Lassabathie, 49.
Laugier (Adolphe), 33. Cf. Duruy.
Launoy (J. de), 16, 17.
Laurendeau (M.), 41.
Laurentie (P.-S.), 65.
Laurie (S.-S.), 102.
Laussedat (le colonel), 106.
Lauweyrens de Roosendaele (L. de), 85, 90.
Lauzun (Phil.), 110.
Laval (Ant. de), 13.
Laval (Dr Vict.), 81, 85, 90, 96, 103 114.
Laveille (l'abbé A.), 122.
Laverdy (Cl.-Ch.), 23. Cf. Rolland d'Erceville, Terray.
Lavigerie (Ch. N. Allemand), 40.
Lavoisier (Ant.-Laurent), 27.
Leblanc (E.), 99.
Leblanc (H.-J.), 42, 62.
Lebœuf (l'abbé Jean), 20, 41, 52, 118.
Le Brasseur (Pierre), 19.
Le Bret (Henri), 16.
Lebrun (Emilien), 85.
Le Cerf de la Viéville (Ph.), 20.
Le Charpentier (Henri), 83.
Leclerc (l'abbé A.), 103.
Leclerc (G.), 106.
Lecomte (l'abbé J.-B), 76.
Lecoy de la Marche (Albert), 118.
Ledain (Bélisaire), 41.
Ledouble (l'abbé), 85.
Lefeuve (Ch.), 43.
Le Fevre (A. M.), 21.
Lefèvre (Petrus), 103.
Lefranc (Abel), 118, 122, 127.
Legay, 71.
Leglay (André-Ghislain), 40.
Legrand (Emile), 99.
Legrand (Léon), 110.
Le Lasseur (le P.), 78.
Leleu (G.), 87.
Lelong (Jacques), 19.
Lemaire (Fr.), 15.
Le Meur, 23.
Lenient (C.), 45.

TABLE 143

Lenormand (Charles), 67.
Lens (L. de), 65, 67, 69, 71, 73, 81, 85.
Le Page (H.), 43, 54.
Le Paige (André-René), 23.
Le Puillon de Boblaye (général Emile), 48, 51.
Leroux, 24.
Leroux (Alfr.), 88, 90, 93. Cf. Molinier et Thomas.
Le Roy (l'abbé Chrétien), 26.
Leroy (G.), 58.
Lespy (V.), 38.
Letellier (Ch.), 85.
Le Téo (Charles), 119.
Levavasseur (G.), 67.
Levet, 50.
Le Vieux Sedan, 38.
Lex (Léonce), 99.
Lhuillier (Th.), 96.
Liard (Fr.), 54.
Liard (Louis), 111.
Liborlière (B. de la), 37.
Lièvre (A.-F.), 127.
Limnœus (Jean), 16.
Livet (Ch. L.), 46, 49.
Lobineau (Guil.-Alex.), 19. Cf. Félibien.
Loiseau (Arthur), 57.
Loisel (Antoine), 42.
Loiseleur (Jules), 103, 115, 127.
Long (J.-D.), 46.
Lorry (Paul-Ch.), 24.
Louandre (Ch.), 85.
Louis XVI (Louis-Auguste), 55.
Lourde-Rocheblave (le pasteur J.), 44.
Loy (Michel de), 48.
Lucay (Hélion de), 88.
Luce (Siméon), 73, 82.
Luchaire (Ach.), 96, 122.
Luco (l'abbé), 96.
Ludovicus (M.-Godofredus), 19.
Lunet (B.), 91.
Lurbœus (Gabriel), 13.
Lys (R. du), 127.

Mabillon (le P. Jean), 18, 25.

Magen (Ad.), 91.
Maggiolo (L.), 52, 54, 56, 58, 62, 71, 73, 76, 82, 88, 91, 94, 99, 111, 115, 119, 123.
Maindrón (Ernest), 111.
Maire (Alb.), 121. Cf. Chatelain.
Maître (Léon), 57, 74, 91.
Malinowsky (J.), 72, 94. Cf. Baudel.
Malliard (de), 85.
Mancel (G.), 47. Cf. Charma.
Mangeonjean (J.-F.), 69.
Maran (G.), 14.
Marbot (l'abbé E.), 82, 99.
Marchand (Henri), 76.
Marchant de Burbure, 29.
Marchegay (P.-A.), 40, 45.
Marie-Cardine (Armand), 99, 115.
Marillier (l'abbé), 82.
Marion (H.), 78.
Marissal (L.-E.), 37.
Marlot (Dom Guillaume), 38.
Martianus Capella, 33.
Martin (Alex.), 82, 103.
Martin (l'abbé Ch.), 54.
Martin (l'abbé E.), 123.
Martin du Theil (l'abbé), 32.
Martonne (A. de), 46, 56.
Massebieau (Louis), 79, 99, 103.
Massip (Maurice), 119.
Masson (Fréd.), 88.
Masson (Hippolyte), 67.
Massougnes (Albert de), 85.
Mathieu (l'abbé D.), 79.
Mathieu, 28. Cf. David.
Maubert de Gouvest (J.-H.), 24.
Maumus (Justin), 99.
Maumus (le P. E.-V), 115.
Maupassant, 34.
Mauricet (Dr), 115.
Mayel (J.), 85.
Maximilien-Marie, 115.
Maynard (l'abbé M.-U.), 43.
Méchin (l'abbé Ed.), 119, 127.
Médicis (Estienne), 61.
Mège (Alex. du), 33.
Mège (Fr.), 96.
Meinadier (Albert), 79.
Meiners (Christophe), 29

Mémoire des Chanoines de St-Antoine, 22.
Mémoire des Prévots, etc. de Lyon, 23.
Mémoires du clergé, 26.
Mémoires des PP. Jésuites de Colmar, 65.
Mémoire sur l'école gratuite de dessin, 19.
Ménard, 36.
Ménard (l'abbé), 27.
Ménard (Léon), 22.
Mende (R. P. André de), 16.
Ménestrier (le P. Cl.-F.), 18.
Ménière (Ch.), 50. Cf. Brouchoud.
Menjoulet (l'abbé Maximien), 35, 54.
Ménorval (E. de), 65.
Menu (J.-R.), 85.
Métais (l'abbé Ch.), 106.
Metmann (Et.), 91.
Metz-Noblat (A. de), 50.
Meunier (Francis), 47.
Meunier (P.), 123.
Meyer (Ed.), 74.
Meynier (J.), 85.
Michaud (l'abbé Eug.), 58.
Michaux (A.), 103.
Michel (Ed.), 99.
Michels (Ovide Chrys. des), 32.
Michiels (Alfred), 43.
Michon (Dr Jos.), 50.
Middendorp (Jacques de), 12.
Millet, 79.
Millot (Gust.), 85.
Minois (Claude), 13.
Moët (E.), 49.
Moireau (A.), 119.
Molard (F.-B.), 106.
Molinier (A), 82, 93. Cf. Leroux et Thomas.
Molinier (Ch), 96.
Molshemense collegium, 14.
Monantheuil (H. de), 13.
Monin (L.-H.), 32.
Monléon (Ch. de), 106.
Monlezun (l'abbé Jean-Justin), 40.
Monneret (le P. F.), 74.
Monnier (Em.), 57.

Monnier (Francis), 43.
Monod, 103.
Montalembert (Cte Ch. de), 67.
Monteil (Alex.), 43, 67.
Montzey (C. de), 57, 61, 79.
Moranvillé (H.), 119.
Morel (Ch.), 91.
Morel (E.), 106.
Morellet (J.-N.), 44.
Morin (G.), 14.
Morlet (A.), 86.
Mortimer d'Ocagne, 67.
Mosnier (Henri), 91.
Moufflet (J.-P.-St.), 103.
Moulard (P.), 128.
Moulin (H.), 96.
Moureau (Jules), 46.
Moysant, 26.
Muller (Dr Johannes), 94.
Mullinger (J.-B.), 129.
Muntz (Eug.), 99, 119.
Muteau (Ch.), 91.
Nadal (l'abbé J.-C.), 50, 86.
Namèche (A.-J.), 129.
Narbey (l'abbé), 96.
Narbonne (L.), 123.
Naudé (Gabriel), 14.
Naudet (Joseph), 32.
Navarre (le P. Jean), 23.
Neiner, 35.
Nève (Félix), 40, 46.
Nicaise (E.), 119, 128.
Niceron (le P. J.-P.), 21.
Nicolas (M.), 44, 46, 65, 99.
Nicole (Pierre), 17.
Nicollet (F.-N.), 128.
Nolhac (Pierre de), 106, 128.
Normand (J.-B.), 63.
Notice sur le collège de Condom, 47.
Notices sur les établissements d'Instion publique (de l'Isère), avant 1789, 41.
Nourrisson (F.), 42, 46, 99.

Observations impartiales d'un royaliste sur l'Université, 31.
Ogée (J.), 43.

TABLE 145

Oliva (Jean), 22.
Olivier, 63.
Olleris (Alex.), 35.
Omont (H.), 96, 119, 123.
Opusculum de Academia Tolosana, 18.
Orieux (E.), 115.
Orlandini (Nicolas), 14.
Oorgand (Jacques), 56.
Ouvré (H.), 51.
Ozanam (Fréd.), 31.
Ozeray (M.-J.-Fr.), 54.

Pachtler (le P. G. M.), 119.
Pagès (E.), 33.
Paguelle de Follenay (l'abbé Jos.), 79.
Pajon de Moncetz (P.-A.), 26.
Pallavicini (Sforza), 37.
Palys (Cte E. de), 119.
Papillon (L.), 79.
Paquot (Jean-Noël), 21.
Parfouru (Paul), 106.
Paris-Jallobert (l'abbé), 111.
Paris (Louis), 94.
Parmentier (Ant.-Aug.), 36.
Parmentier (J.), 111, 128.
Parox (Jules), 59.
Parrot (A.), 56.
Pascal (G.), 106.
Passerat (Jean), 13.
Pasquier (Etienne), 13.
Pataud (l'abbé J.-J.-F.), 30.
Patrice (Fr.), 10.
Patron (l'abbé), 63.
Patru (G.-A.), 39.
Paulinier, 62.
Pauly (Alph.), 69.
Favie (E.), 123.
Péchenard (l'abbé P.-L.), 74.
Peigné-Delacourt (Achille), 71.
Peisson (l'abbé), 115.
Pellicier (l'abbé), 23.
Pellisson (J.), 76.
Pellot (P.), 110. Cf. Jadart.
Pemartin, 76.
Péquignat, 119.

Péréfixe (Hardouin de Beaumont de), 15.
Péries (l'abbé G.), 119, 123.
Perpinien (J.-P.), 13.
Perraud (le R. P. Adol.), 56.
Perraud (Ph.), 88.
Péry (G.), 111.
Petit Séminaire de Meaux, 96.
Petit (Ernest), 76.
Pétréquin (Dr J.), 54.
Peyran (Ch.), 38.
Pfister (Ch.), 123.
Philelphus (Fr.), 10.
Philippe (A.), 47.
Piales (J. J.), 22.
Picavet (Fr.), 123.
Piccard (l'abbé L.-E.), 91.
Picot (E.), 34.
Picot (G.), 65.
Picot (Michel-Jos.), 31.
Pierre (V.), 86, 88.
Pierron (Al.), 43, 57.
Piers (H.), 34.
Piganiol (J.-Aimard), 19.
Pignol (Dr J.), 115.
Pignot (J.-H.), 86.
Pillet (V.-E.), 36.
Pillot (Louis), 40, 82.
Pilot (J.-J.-M.), 46.
Pilotelle (E.), 52.
Pinet (A.), 86.
Pinet (G.), 106.
Pingaud (L.), 76, 96, 111.
Piolin (Dom Paul), 57, 103.
Piot (A.), 82.
Pitra (Dom J.-B.), 38.
Planchon (Gust.), 57.
Planté (A.), 103.
Plieux (Amable), 115.
Plion (A.), 123, 128.
Pluche (l'Abbé M.-A.), 21.
Pluzanski (E.), 106.
Pocquet de Livonnière (Cl.-Gab.), 19.
Poirson (A.), 46.
Police du collège de Besançon, 74.
Pompée (Philibert), 34.
Poncer (A.), 33.
Poncet (P.-F.), 56.

Pontal (Edouard), 76.
Poquet (l'abbé Al.-Eug.), 34.
Porée (l'abbé Ad.-André.), 128.
Port (C.), 58, 79.
Pouchet (F.-A.), 43.
Pouchet (G.), 94.
Poupart (l'abbé Vincent), 26.
Pourchot (Edme), 18.
Pouy (F.), 61, 106.
Poyntet, 87. Cf. Hodgson.
Praron (Ernest), 111.
Prat (le P. J.-M.), 37, 46,74, 99.
Prat (J.-G.), 67.
Prégnon (l'abbé), 46.
Prével (L.), 63.
Professeurs et agrégés en droit de Montpellier, 76.
Prosper (Dom), 99.
Prot (L.), 88.
Proth (Mario), 65.
Protois (l'abbé F.), 86.
Proyart (l'abbé L.-B.), 26
Prud'homme (A.), 96, 111.
Prunelle (Cl.-Fr. Vict. Gab.), 29.
Puech (Dr Albert), 88, 97, 106, 123.
Puiseux (l'abbé), 88.
Puiseux (Léon), 38, 53.
Puyol (Ed.), 74.

Quantin (Max), 69, 70.
Quatremère de Quincy (Ant.-Chrys.), 29.
Queruau-Lamerie (E.), 115.
Quesvers (Paul), 56.
Quicherat (J.), 54.
Quick (R. Hébert), 59.
Quintard, 107 Cf. Vaugelade.

Rabanis (Jos.-Fr.), 32, 40.
Radonvilliers (l'abbé Cl.-F. de), 25.
Raige-Delorme (le Dr Jacques), 34.
Rameau (l'abbé B.), 74, 88.
Ramus (Pierre), 11, 12.
Rance (l'abbé A.-J.), 99, 106, 111.
Rangeard (Pierre), 65.
Rathery (Edm.-J.-B.), 45.

Ratio atque institutio, 12.
Ratio studiorum, 13.
Raumer (Carl von), 44.
Ravenez (L.-W.), 58.
Ravignan (le P. G. de), 37.
Ravisius Textor, 10.
Raynaud, 39.
Raynaud (Maurice), 51.
Réaume (Eug.), 103.
Rebitté (D.), 38.
Rebuffi (Pierre), 11.
Recueil des fondations du roi Sta-nislas, 23.
Recueil des lois et règlements, 30.
Recueil de proclamations, lois et décrets concernant l'instruction publique, les écoles, etc., 28.
Régnon (le P. Théod. de), 128.
Reiffenberg (Baron de), 74.
Rémusat (Ch. de), 37.
Renauld (J.), 67.
Rendu (A.), 36.
René (Dr A.), 88.
René (l'abbé), 88.
Requin (l'abbé H.), 120.
Rétablissement du collège de Mor-laix, 100.
Reure (l'abbé Cl.), 88, 106.
Reusens (le Chanoine E.), 128.
Reuss (Rod.), 67, 88, 123.
Révillout (C.), 91.
Revon (Michel), 115.
Revue internationale de l'Enseig. supérieur, 91.
Rey, 91.
Reygnaud (Paul), 91.
Riancey (Henri de), 37.
Ribadeneira (le P. Pierre), 12.
Ribault de Laugardière, 115.
Ribbe (Ch. de), 58, 67.
Ricard (Mgr), 94.
Rich, 46.
Richard-Coppley (Christie), 106.
Richard (Simon), 18.
Richer (Edmond), 13, 21.
Richomme (Ch.), 35.
Ricordeau, 88.
Ricordel (l'abbé), 115.

TABLE 147

Rigault (H.), 46.
Rigoley de Juvigny (Jean-Ant.), 27.
Rigout, 115.
Riolan (Jean), 13.
Ristelhuber (P.), 123.
Rivain (C.), 71.
Rivard (D.-Fr.), 25.
Rivet (Fréd.), 16.
Rivier (A.), 71, 76.
Rivière, 69.
Rizzi-Zannoni, 24.
Robert (Edouard), 91.
Robespierre (Maximil.), 28.
Robineau (Désiré), 79.
Robinet (l'abbé N.), 129.
Robiou (Félix), 71.
Rochemonteix (le P. Cam. de), 115.
Rocher (J.-N.), 36.
Rocquain (Félix), 89.
Rodière (Aimé), 45, 50.
Roger (J.), 120.
Rogie (le P. J.), 107.
Rôle du personnel de l'Université de Reims en 1768, 91.
Rolland (J.), 82.
Rolland d'Erceville, 23, 24, 26. Cf. Laverdy (de), Roussel de la Tour et Terray.
Rollin (Ch.), 20.
Roparts (S.), 48, 54.
Roques (P.), 79.
Rosenzweig (L.), 49.
Rossignol (Elie), 71.
Rossignol (J.-P.), 111.
Rostan (L.), 67.
Rouet (l'abbé A.), 79.
Rouquette (l'abbé), 111.
Rousseau (J.-J.), 23.
Rousseau (Mlle), 107.
Roussel (l'abbé C.), 111.
Roussel (N.), 53.
Roussel de la Tour, 23, 24. Cf. Laverdy (de).
Rousselot (Paul), 94.
Roux (E.), 76.
Rouxel, 86.
Rouzaud (H.), 123.
Roy-Pierrefitte (l'abbé), 48.

Rozière (Eug. de), 62.
Rudel (Ant.), 28.
Ruelle (Ch. Emile), 108. Cf. Berthelot.
Rumeau (R.), 82, 91.

Sabatier (J.-C.), 33.
Sacchini (le P. F.), 14, 15, 16.
Sadolet (le Card. J.), 10.
Saint-Charles (L.), 91, 94, 97, 100, 103.
Saint-Edme, 103. Cf. Germain-Sarrut.
Saint-Ferréol (Amédée), 89.
Saint-Pierre (l'abbé Ch.-Ir. de), 20.
Saint Priest (comte Alexis de), 38.
Saint-René Taillandier, 36.
Saint Victor (de), 37.
Sainte-Beuve (Ch. Aug.), 58.
Sainte-Marthe (Scévole de), 13.
Saisset (Emile), 51.
Saisset, 103.
Salembier (l'abbé L.), 104.
Sallengre (H. de), 19.
Salles, 100.
Salomon (H.), 107.
Samouillan (l'abbé A.), 123.
Saugrain (Cl.-M.), 21.
Saussaye (Louis de la), 56.
Sauval (Henri), 19.
Savigny (Fréd.-Ch. de), 34.
Schmidt (Ch.), 34, 45, 82.
Schmidt (Dr L.-A.), 74.
Schmitz (J.-A.), 71.
Schurig (G.), 114. Cf. Janike.
Schwab (Joh.-Bap.), 34.
Schwalb (Aug.), 42.
Schuwer, 86.
Secrétan (David), 29.
Sédillot, (L.-Am.), 61.
Séguin (Edm.), 38.
Séguin (Richard), 30.
Seilhac (V. de), 100.
Sélis (Nicolas-Joseph), 28.
Semichon (Ernest), 51.
Sicard (l'abbé Aug.), 82, 86, 91, 97, 107, 111, 116, 128.

Sicotière (L. de la), 36, 129.
Silvy (A.), 100, 116.
Simon (Jules), 69.
Smyttère (Ph.-Emm de), 79.
Société d'éducation de Lyon, 116.
Soil (Eug.), 116.
Sommervogel (le P. Carlos), 97, 124, 128.
Sonnet (Martin), 17.
Sonnié-Moret, 59.
Soubielle (l'abbé), 104.
Soucaille (Antonin), 61.
Soucaret (l'abbé), 94.
Soulier (Pierre), 18.
Soullier (le P.), 124.
Souquet (Paul), 86.
Sous (G.), 69, 76.
Souviron (l'abbé), 107.
Spach (L.), 36.
Spera (P.-Ange), 15.
Stallaërt et Van der Haeghen, 43.
Statistique de l'enseignement secon-
    daire et supérieur (1865), 60.
Statistique de l'enseignement supé-
    rieur (1876), 79.
Statistique de l'enseignement supé-
    rieur (1886), 116.
Statistique de l'enseignement se-
    condaire des garçons (1887), 116.
Statistique de l'enseignement se-
    condaire des filles (1887), 116.
Statuts pour les chirurgiens des pro-
    vinces, 21.
Statuts des Facultés d'Angers, 82.
Stein (A.), 100.
Stein, 94.
Stoeber (A.), 49.

Taiée (Charles), 79.
Talleyrand de Périgord (Ch.-M.), 28.
Talpin (Jean), 12.
Tamizey de la Roque (Ph.), 67, 74, 82, 107.
Taranne (N. R.), 37, 38, 46.
Tardif (Adolphe), 107, 129.
Tarrou (le Pasteur), 92.
Tartière (H.), 61.

Tassin (Dom René-Prosper), 25.
Teissier (G.-F.), 32.
Teissier (Oct.), 58.
Terray (J.-M.), 23, 24. Cf. de Laverdy.
Terrien (le P.), 128.
Terris (l'abbé Paul), 94, 97.
Teule (E. de), 107.
Theiner (Aug.), 33.
Thénard (J.-F.), 104.
Théry (A.), 33, 34, 48, 53.
Thévenot (Arsène), 77.
Thiault, 74.
Thibaut (F.-R.), 111.
Thirion (le P.), 116.
Tholin (G.), 100.
Thomas (Eug.), 44, 58.
Thomas, 93. Cf. Leroux et Molinier.
Thomassin (le P. Louis de), 18.
Thurot (Ch.), 40, 41, 60, 62, 63.
Tilenus (Daniel), 14.
Tinnenbrock, 40.
Tisserand (l'abbé E.) 74.
Tisserand (L.-M.), 49, 104. Cf. Berty.
Torreilles (l'abbé Ph.), 128.
Tougard (l'abbé Albert), 129.
Toulgoët-Tréana (comte de), 97.
Toulouse. Histoire. Facultés, Aca-
    démies, 107.
Tourdes (D.-G.), 69.
Toustain de Billy (R.), 104.
Tranchau (H.), 104, 116, 128.
Travers (E.), 78. Cf. Grouchy (de).
Tresvaux (l'abbé), 48.
Triger (R.), 92, 104.
Trochon (l'abbé Ch.), 63, 79.
Troplong (Raymond), 37.
Trouillet (Aug.), 129.
Truchet (l'abbé Saturnin), 107.
Tuefferd (P.-Ed.), 47.

Un collège de Jésuites (1713), 128.
Union du collège de Boncourt et de
    Tournay au collège de Navarre, 16.
Université de Reims, 14.
Urseau (l'abbé Ch.), 120.

Vaïsse-Cibiel (E.), 56.

TABLE 149

Valabrègue (E.), 124.
Valladier (le P. André), 13.
Vallet de Viriville (A.), 40.
Vallois (G.), 54.
Valois (Noël), 129.
Van der Straeten, 52.
Vanière (Ignace), 22.
Varennes (Raymond de), 27.
Varillas (Ant.), 18.
Varin (P.), 38.
Vassal (de), 51.
Vattier, 104.
Vaugelade, 107. Cf. Quintard.
Vaugeois (Alb.-Aug.), 58.
Vaux (J. de), 16.
Vedel (L.), 107.
Verdier (Jean), 26, 129.
Verdière (le P. Ch.-H.), 82, 107.
Verhaegen (G.), 129.
Vérin (J.), 61.
Verlaque (V.), 71.
Vesque (Ch.), 56.
Veuclin (E.), 104, 111, 124.
Viansson (Ern.), 70.
Vidal, 97.
Vidal (P.), 100.
Vigié (J.), 116.
Vignolle (J.), 70.
Vignon (E.-J.-M), 53.

Villemain (Abel-Fr.), 37.
Villeneuve (Christ. de), 32.
Villeneuve (Dr D.-R.), 111.
Villequez (Fr.-Ferd.), 68, 72.
Villier (P.), 27.
Vimont (Eug.), 107, 120.
Vincent (P.), 100.
Vincent von Beauvais, 82.
Vinot, 107.
Viollet (Paul), 104.
Vissac (l'abbé J.-A.), 52.
Vissac (Marc de), 100.
Vivès (J.-Louis), 10, 11.
Vogel (A.), 77.
Voigt (Georges), 46, 89.

Waddington (Ch.), 45.
Wailly (Natalis de), 65.
Wallin (Georges), 19.
Wallon (H.), 124.
Walther (Ch.-F.), 36.
Weiss (N.), 97, 100, 124.
Wicquot (Aug.), 86.
Wieger, 100.
Wyart (Arth.), 77.
Xambeu (F.), 97, 100.
Zirngiebl (Dr Eberhard), 63.

Paris, — Imprimerie F. Levé, rue Cassette, 17.

PARIS. — IMP. F. LEVÉ, RUE CASSETTE, 17

www.ingramcontent.com/pod-product-compliance
Lightning Source LLC
Chambersburg PA
CBHW070802290326
41931CB00011BA/2114